U0780330

农业高校
思想政治教育实践探索

周安忠 刘效楠 段长元 / 编著

主　编：周安忠　　刘效楠　　段长元

副主编：刘丹丹　　姬志茹　　侯　丽

　　　　崔师睿　　邢世政

参　编：程华东　　李国锋　　李士珍

　　　　安江燕　　王　岩

辽宁人民出版社

ⓒ 周安忠 刘效楠 段长元　2025

图书在版编目（CIP）数据

农业高校思想政治教育实践探索 / 周安忠，刘效楠，段长元编著. -- 沈阳 ：辽宁人民出版社，2025. 3.
ISBN 978-7-205-11467-1

Ⅰ. G641

中国国家版本馆 CIP 数据核字第 2025Z83C68 号

出版发行：辽宁人民出版社
　　　　　地址：沈阳市和平区十一纬路25号　邮编：110003
　　　　　电话：024-23284325（邮　购）　024-23284300（发行部）
　　　　　http://www.lnpph.com.cn
印　　刷：沈阳绿洲印刷有限公司
幅面尺寸：185mm×260mm
印　　张：15.75
字　　数：285千字
出版时间：2025 年 3 月第 1 版
印刷时间：2025 年 3 月第 1 次印刷
责任编辑：张天恒　王晓筱
装帧设计：逸诺设计
责任校对：吴艳杰
书　　号：ISBN 978-7-205-11467-1

定　　价：78.00元

前　言

2019 年 9 月 5 日，习近平总书记在给全国涉农高校的书记校长和专家代表的回信中，明确指出"中国现代化离不开农业农村现代化，农业农村现代化关键在科技、在人才"，嘱托全国涉农高校要"继续以立德树人为根本，以强农兴农为己任，拿出更多科技成果，培养更多知农爱农新型人才"。习近平总书记的回信饱含着对涉农高校和"三农"学子建功农业强国建设的殷切期盼，为全国涉农高校坚持以立德树人为根本，以强农兴农为己任，加强农业科研创新、培育知农爱农型人才，推进农业农村现代化，筑牢农业强国建设的基础性、战略性支撑指明了方向。2022 年 12 月，教育部、农业农村部、国家林业和草原局、国家乡村振兴局联合印发《关于加快新农科建设推进高等农林教育创新发展的意见》，从"全面加强知农爱农教育""大力推进农林类紧缺专业人才培养""加快构建多类型农林人才培养体系"等十四个方面，明确了面向新农业、新乡村、新农民、新生态，加快新农科建设，推进高等农林教育创新发展，更好地支撑服务农业强国建设的方法与路径。《意见》将"全面加强知农爱农教育"放在首位，为涉农高校思想政治理论课发展明晰了特色，给涉农高校专业课的课程思政建设指明了方向。

本书以习近平总书记关于"三农"工作的重要论述为根本遵循，深入贯彻教育部等十部门印发的关于加强大思政课建设文件精神，发挥中华农耕文明中典范人物和当代农业领域先锋人物事迹的思政育人作用，结合涉农高校实践编写而成。内容共分 3 大板块，从见贤思齐、敏知笃行两个角度，在遵循思想政治工作规律、教书育人规律、学生成长规律上，紧密结合学科专业特点和学校特色，多角度挖掘思政元素，努力把做人做事的基本道理、把社会主义核心价值观的要求、把实现民族复兴的理想和责任融入专业课程教学，突出农科特色，紧跟形势政策，注重价值观培养。

在本书编辑过程中，周安忠负责统筹大纲拟定和组稿统筹，程华东、安江燕、李士珍、李国峰、王岩、姬志茹、邢世政、崔师睿、刘丹丹、侯丽负责章节内容的具体编辑、初审、校对等工作。特别感谢华中农业大学马克思主义学院程华东院长、河北农业大学马克思主义学院安江燕书记、内蒙古农业大学马克思主义学院李士珍院长、山东农业大学李国峰副院长经验分享和对本书编写的指导，感谢各位参与编写教师的辛苦工作。

本书在编写过程中广泛参阅了同行的相关研究成果，在行文中未能一一列明，在此一并表示诚挚的感谢。限于编者水平有限，恳请各位读者和专家不吝赐教，以使本书更加完善。

周安忠

2023 年 4 月

目　录

第二部分
敏知笃行——高校"大思政课"实践探索成果

第一部分

见贤思齐

——中国农业发展史上的杰出人物事迹

综　述

洪范八政，食为政首；务农重本，国之大纲。农业是国民经济的基础，被称为"人类的第一产业"。早在远古时代，农业就已经是人类抵御自然灾害和赖以生存的根本，农业养活并发展了人类，可以说没有农业就没有人类的一切，更不会有人类的现代文明，而人类也在为农业的发展进步作出贡献，改善耕作条件，更好地顺应自然发展，实现农业长久发展。

中国是一个农业历史悠久的文明古国，按照历史的先后顺序，从有文字记载的夏商周到春秋战国、秦汉、魏晋南北朝、隋唐、宋元明清、民国和中华人民共和国，横跨历史 3500 年。在漫长的历史长河中，农业领域有很多作出过卓越贡献的杰出人物。例如，从古代四大农书创始之人氾胜之、贾思勰、王祯、徐光启，到近现代主要农作物奠基人丁颖、冯泽芳等，再到中国"水稻之父"袁隆平，他们都是中国历史上有划时代贡献的农业科学家，能够对所处时代及后世的农业生产产生巨大贡献和深远影响的历史人物。他们虽然身处不同时代、不同环境、不同岗位，但他们身上所体现出来的崇高精神，在本质上是一致的。无论是艰苦创业的岁月，还是激情燃烧的年代，无论是搏击改革开放的大潮，还是投身全面建设小康社会的伟大事业，他们始终与祖国共命运、同呼吸、共奋进，用理想的光芒照亮人生之路，用青春的激情唱响奉献之歌。

党的十八大以来，中国特色社会主义进入新时代。十多年来，以习近平同志为核心的党中央，始终坚持把解决好"三农"问题作为全党工作重中之重，不断促进农业全面升级、农村全面进步、农民全面发展。

功以才成，业由才广。2017 年 6 月，习近平总书记在山西考察时强调，要完善农村工作领导体制机制，建设一支懂农业、爱农村、爱农民的干部队伍。党的十九大报告提出，培养造就一支懂农业、爱农村、爱农民的"三农"工作队，广阔天地，大有作为。新时代十年，乡村已成为干事创业的广阔舞台，一大批返乡青年、科技人员、党员干部下乡驻村进田，用知识、用汗水甚至是用生命书写乡村振兴的动人乐章。他们在一线岗位上经受考验、修炼本领、磨炼党性，也在服务群众、造福群众中，成为老百姓信任的"贴心人"，被乡亲们亲切地称为"新农人"。他们有的用玉米芯种出蘑菇，通过直播或短视频传授农业技术；有的用电商带货销售老区特产，将家乡的果苗卖到了国外；有的摸索生态农业模式，种出了不使用农药激素、保持本真味道的安全蔬菜水果；有的看到家乡土地撂荒严重，毅然返乡承包土地，在荒田上闯出新型农业之路，为国家粮食安全贡献了力量；有的研发和推广农业"黑科技"，让农业大户、合作社用上了植保无人机、农药喷洒机器人等农机新产品……

他们有着新型职业农民、农业科技人员、农业职业经理人等不同身份，展现了"新农人"群体"生活美好而不忘艰苦创业、岁月静好而不失努力奋斗"的精神风貌。他们爱农业、有文化、懂技术、善经营、会管理。很多人放弃了一线城市的工作职位，有的从服装设计师变成了果农，从互联网白领变成了核桃种植能手，生动诠释着现代农业舞台的大有可为。尽管创业之路并非一帆风顺，他们却乐在其中，不曾放弃。他们舍身忘我、艰苦奋斗的坚定信念，是激励我们推动"三农"发展的精神支柱；他们心系百姓、献身农业的高尚情操，是激励我们推动"三农"发展的强大支撑；他们尊重科学、开拓创新的优秀品格，是激励我们推动"三农"发展的不竭动力。

2023年是全面贯彻落实党的二十大精神的开局之年，建设农业强国、加快推进农业农村现代化、全面推进乡村振兴，将为全面建设社会主义现代化国家开好局起好步提供有力支撑。新时代的"新农人"是幸运的，他们站在了时代风口。乡村振兴战略带来的机遇，政府创业政策的激励，农业创业环境的持续优化，使农业成为他们创新创业的新蓝海。新时代的农业没有辜负他们的理想抱负，新时代的"新农人"也必将不会辜负时代，在斑斓的田野上大有作为！

一

中国古代涉农杰出人物精选案例

案例1 神农氏：中华农耕文明的开创者

案例呈现

"日出而作，日入而息。凿井而饮，耕田而食。帝力于我何有哉！"4000多年前也就是尧之时代，一位80多岁的老人在田野路边击壤而歌，怡然自乐。他所吟唱的这首《击壤歌》，勾画了一幅天下太平，百姓悠闲自在、无忧无虑的农耕生活场景。这种意境悠远、安详质朴，宛若世外桃源的农耕生活画面，在现在看来，依然令人神往不已。数千年来，中国古人就是以这种农耕生活的方式在中华大地上繁衍生息。作为中华儿女，也许我们都应永远铭记这位祖先，因为他就是中华农耕文明的开创者——神农氏。据《韩非子·五蠹》记载："上古之世，人民少而禽兽众，人民不胜禽兽虫蛇。"在《通志·三皇纪》中亦记载："厥初，先民穴居野处，圣人教之结巢，以避虫豸之害，而食草木之实……"由此推断，在农耕文明出现之前，远古先民应经历了一个极原始极漫长的渔猎文明。到神农氏时期，人口增多，仅靠渔猎已不能满足人们生活的需求，再加上各种疾病的困扰，人们生活苦不堪言。

为解决人们的生活与疾病问题，身为圣人王的神农氏便开始亲尝百草，分辨出365种草药，著成《神农本草经》。他在亲尝百草过程中，分辨出了五谷，并发明了一种耕田犁地的工具——耒耜。同时身体力行，教会百姓开垦土地、种植五谷；且教百姓种植葛、麻等作物，制作葛布、麻布，织布为衣。在神农氏的引领下，人类开始迈入了农耕文明时期。

神农氏开创农耕文明的过程，在诸多史籍中均有记载，有的还富有神话色彩。如《白虎通》中记载："古之人民皆食禽兽肉，至于神农，人民众多，禽兽不足，于是神农因天之时，分地之利，制耒耜，教民农作，神而化之，使民宜之，故谓之神农也。"也许正因为人们感念他的圣德，才将他"神而化之"。作为农耕劳作的开拓践行者，神农氏应算是史上第一个农民，而且是一个具有神奇色彩的农民，因而才会被尊为"神农"。

神农氏所开创的农耕文明，经逐步发展，独具中华特色，即聚族而居，精耕细作，自给自足。古中国与古埃及、古巴比伦、古印度并称为世界四大农耕文明古国。古埃及、古巴比伦、古印度的农耕文明均以灌溉农业为基础；而古中国的农耕文明，主要依赖土地资源，围绕土地制作工具进行劳作，可说是四大农耕文明中最原始、最艰苦的，然而却也是四大文明中唯一流传最广、传承最久、至今仍屹立不倒的农耕文明。

可以这样说，农耕文明也是中华文明的源头，其存在和发展，赋予了中华文明独特的内涵和特征，也是数千年来中华文化之所以绵延不断、长盛不衰的重要原因。

（资料来源：《团结报》，2023年2月25日）

思政述评

中国自古便是农业大国，华夏文明很大程度上就是农耕文明，中国人以炎黄子孙自称，"炎黄"指的就是炎帝与黄帝，黄帝为五帝之首，炎帝则为三皇的最后一人，也就是开创农耕时代的神农氏。神农氏发现和利用农业，对中国农业文明的形成和发展产生了巨大的影响，奠定了中国农业文明的基础，为中国历史和文化的发展作出了重要的贡献。

案例2　农神后稷：最早种稷和麦的人

案例呈现

司马迁《史记·周本纪》中记载："周后稷，名弃。其母有邰氏女，曰姜原。姜原为帝喾元妃。姜原出野，见巨人迹，心忻然悦，欲践之，践之而身动如孕着……初欲弃之，因名曰弃。"

后稷，原名弃，善于种植各种粮食作物，曾在尧舜时代担任农官，教民耕种，被认为是最早种稷和麦的人。

弃在很小的时候，兴趣志向就和平常的小孩儿不同。他玩游戏时，总喜欢收集各种野生的稻子、谷子、小麦、高粱，然后用自己的小手种到地里去，兴致勃勃地观察种子的发芽、生长，常常一看就是一整天。

长大成人后，弃成了远近闻名的种地好手，他很能因地制宜，适时播种，收割各类农作物。通过多年观察和实践，他总结出了一套播种的方法：选择湿润肥沃的土地，翻得松松的，将选好的良种种上。禾苗长出后，浇水、施肥，让它苗壮成长，杂草会影响禾苗的成长，就一一拔除。所以他种植的农作物，根茎长得又粗又壮，叶子长得又大又厚，大豆荚子弯又长，谷穗子沉甸甸，麻籽、麦子颗粒饱满，西瓜冬瓜又大又多。

民众发现弃能种植出良好的作物，便纷纷向他学习种植的技巧，后来越来越多的人仿效他，事情就传到了尧帝的耳朵里。于是，知人善任的尧帝便推举他担任农师的职位，希望借助他在农业方面的特殊能力，指导人民从事农业，增加农业产量。而弃也果然不负众望，在他的努力下，当时的农业知识传播很广，天下苍生都从中获益。

后稷在"教民稼穑"中吃苦耐劳、呕心沥血，终因劳累过度，死于稷王山（今稷山县南）。后人为了纪念他的功绩，在他教民稼穑的稷王山建了稷王陵和稷王庙，庙东南建了稷王塔，刻有"后稷明堂"4个字。人们后把他奉为"农业之神"。

（资料来源：《文史故事》，2021年1月13日）

思政述评

后稷诞生于"陶唐虞夏"之际，氏族林立、争斗激烈。后稷受母亲影响，不愿做功绩显赫的领袖，一心一意率领本族人发展农业生产。以其无与伦比的胆略和智慧，观察天时地理，不断总结经验，创制斧犁耒耜，钻研谷物栽培技术，引导人们种植谷物，开创了农耕文明之先河。在他的指导下，人们种下的秧苗齐整旺盛、秸秆高大，禾穗颗粒饱满、品质良好。后稷的不懈努力，使农业生产发展很快，姬姓部族很快强大起来。其他部族争相仿效，从而使中华民族从原始农业转化为文明农业，彻底结束了人们茹毛饮血、采撷渔猎的生活，中华民族的农耕文明领先世界1000多年。

案例3 商先公王亥：中国畜牧业和商业的创始人

案例呈现

商先公指商朝的建立者商汤之前的先辈，或称商先王。

西汉时期，司马迁在《史记·殷本纪》中第一次明确指出先商世系从契到商汤，共为十四代："殷契，母曰简狄，有娀氏之女，为帝喾次妃。三人行浴，见玄鸟堕其卵，简狄取吞之，因孕生契。契长而佐禹治水有功……封于商，赐姓子氏。契兴于唐虞、大禹之际，功业著于百姓，百姓以平。契卒，子昭明立。昭明卒，子相土立。相土卒，子昌若立。昌若卒，子曹圉立。曹圉卒，子冥立。冥卒，子振立。振卒，子微立。微卒，子报丁立。报丁卒，子报乙立。报乙卒，子报丙立。报丙卒，子主壬立。主壬卒，子主癸立。主癸卒，子天乙立，是为成汤。"据此，先商十四王分别是契、昭明、相土、昌若、曹圉、冥、振、微、报丁、报乙、报丙、主壬、主癸、天乙，均为父子相承。其中第七世振，就是王亥。

王亥驯服牛羊，以牛驾车作为运载的工具，因此被认为是中国畜牧业的创始人。王亥所处的时代为奴隶社会初期，以农业生产为主，生活水平相对低下。与此同时，王亥时期的商部落已经能饲养猪、牛、马等牲畜，于是王亥就着手驯化牛、马等，用来解放人力，后来还发展出了牛车用来搞运输，从而使畜牧养殖业从农业中分离出来。这样，既提高了人民的生活水平，又推动了社会的进步。这是生产力发展和提高的重要标志，王亥也因此受到后人的崇拜。

王亥的贡献还不止于饲养、放牧牲畜，他还掀起了一场更为深刻的经济革命，这就是商业贸易。在农业与畜牧业的发展进程中，商部落的经济实力不断增强，剩余的农产品及畜牧产品越来越多。为了让剩余的产品换回部落内部欠缺的物品，以发挥其更大的功用，王亥于是亲自赶着牛群，与四周部落进行以物易物的商业贸易活动。众多文献资料表明，王亥是中国历史上有记载的最早做生意的商人。如《山海经·大荒东经》曰："有困民国，勾姓而食。有人曰王亥，两手操鸟，方食其头。王亥托于有易，河伯仆牛，有易杀王亥，取仆牛。"商业贸易带动了经济的发展，王亥之后的商部落势力进一步扩大，他们沿袭王亥的传统，继续进行商业贸易活动。由于从事物品交换的人越来越多，于是逐渐形成了专门从事远方贩运货物进行贸易的商贾。由于这些贸易之人大多是来自于商部落，所以其他部落的人称商部落的人为"商人"，称他们带来的物品为"商品"。久而久之，商人也就成了经商之人的专有名词了，他们的交易活动就是"商业"活动；而作为最早进行贸易的王亥，便是"商业"始祖，即商人的祖先。

（资料来源：《文化中原》，2023年7月15日）

思政述评

王亥"服牛乘马"，商业的兴旺促进农业生产的发展，形成农、牧结合的经济，使这个部落很快兴旺起来。农业的发展促进了农业和畜牧业的分工，农业和手工业的分工也相应地扩大了。王亥的时候，开始利用牛作为负重的工具，在各部落间进行贸易。因此，商人与其他部落之间的交换也是比较活跃的。这是郭沫若在《中国史稿》中对"相土乘马，王亥服牛"深远意义的高度评价。从简单的以物易物发展到复杂的商品贸易，其漫漫脉络也就在这里找到了源头。王亥经商很大程度上推动了中华商文化文明播撒天下的进程。

案例4　郦食其：民以食为天

案例呈现

在看望参加全国政协十三届五次会议的农业界、社会福利和社会保障界委员时，习近平总书记语重心长地指出："粮食安全是'国之大者'。悠悠万事，吃饭为大。民以食为天。"他强调："在粮食安全这个问题上不能有丝毫麻痹大意，不能认为进入工业化，吃饭问题就可有可无，也不要指望依靠国际市场来解决。"这再一次提醒我们，即便在已经吃饱饭、能够吃好饭的今天，依然要铭记"民以食为天"的古训和道理，务必谨守"民以食为天"的启示与告诫。

"民以食为天"是一句家喻户晓的古语，源自秦末楚汉时期的一个历史故事。据班固所撰《汉书·郦食其传》记载：秦朝末年灾荒连年，再加上秦二世施行暴政，使得民不聊生。天下群雄群起反抗秦朝暴政，刘邦也起兵于沛县。那时有一个人叫郦食其，是陈留高阳人。他非常喜欢读书，但家境贫寒，穷困潦倒，只得当了一名卑微的小吏。尽管如此，县中的贤士和豪强依然不敢随便役使他，当时的人们称他为"狂生"。郦食其对刘邦十分欣赏，想跟着刘邦干一番大事业。一次，他去拜见刘邦，刘邦正在洗脚，并不搭理他。郦食其说道："您是想帮助秦国攻打诸侯呢，还是想率领诸侯灭掉秦国？"刘邦一听，大声骂道："你个奴才相儒生，天下的人同受秦朝的苦已经很久了，所以诸侯们才陆续起兵反抗暴秦，你怎么说帮助秦国攻打诸侯呢？"郦食其说："如果您下决心聚合民众，召集义兵来推翻暴虐无道的秦王朝，那就不应该用这种傲慢无礼的态度来接见长者。"刘邦一听，连忙停下了洗脚，把他请到了上宾的位置。郦食其提出了对当今时势的很多看法，分析得有理有据。后来，被刘邦封为"广野君"。

公元前204年，正值楚汉相争。当时刘邦守在荥阳，这里依山傍水，进可以攻，退可以守。重要的是在荥阳以北的敖山上，有一座小城，城内有许多储藏着大量粮食的仓库。项羽凭着兵力上的优势，向刘邦发起了猛烈的进攻，刘邦兵力不够，一时又调不来救兵，打得很艰难，渐渐感到支持不住了，被困在荥阳、成皋一带，于是刘邦计划后撤，把成皋以东的地区让给项羽。

郦食其得知刘邦的这个想法，便对刘邦说："我听说能知道天之所以为天的人，可以成就统一大业；而不知道天之所以为天的人，统一大业不可成。作为成就统一大业的王者，他以平民百姓为天，而平民百姓又以粮食为天。敖仓这个地方，天下往此地输送粮食已经有好长时间了，我听说此处贮藏的粮食非常多。楚国人攻克了荥阳，却不坚守敖仓，而是带兵向东而去，只是让一些罪犯来分守成皋，这是上天要把这些粮食资助给汉军。当前楚军很容易击败，而我们却反要退守，把要到手的利益反扔了出去，我私下里认为这样做是错了。更何况两个强有力的对手不能同时并立，楚汉两国的战争经久相持不下，百姓骚动不安，全国混乱动荡，农夫放下农具停耕，织女走下织机辍织，徘徊观望，天下百姓究竟心向哪一方还没有决定下来。所以请您赶快再次进军收复荥阳，占有敖仓的粮食，阻塞成皋的险要，堵住太行交通要道，扼制住蜚狐关口，把守住白马津渡，让诸侯看看如今的实际形势，那么天下的人民也就知道该归顺哪一方了。如今燕国、赵国都已经平定，只有齐国还没有攻打下来，而田广占据着幅员千里的齐国，田间带领着20万大军，屯兵于历城，各支田氏宗族都力量强大，他们背靠大海，凭借黄河、济水的阻隔，南面接近楚国，齐国人又多诈变无常，您即使是派遣数十万军队，也不可能在一年或几个月的时间里把它打下来。我请求奉您的诏命去游说齐王，让他归汉而成为东方的属国。"

刘邦觉得郦食其的话非常有道理，于是依计而行，坚守敖仓，终于收回荥阳，取得了胜利。

郦食其运用"民以食为天"思想，建议刘邦夺取贮粮非常丰富的敖仓，为统一大业奠定了基础。"水能载舟，亦能覆舟"。历来解决老百姓的吃饭问题是最紧要的问题，也是安定人心的最重要工作。一个家庭如此，一个国家更是。粮食是生存的根本。人们只有解决了温饱问题，才有能力去从事其他活动和创造。所以不管在何时，人们都要珍爱生存之本粮食。

（资料来源：光明网，2023年5月3日）

思政述评

"人是铁，饭是钢，一顿不吃饿得慌"，老百姓最朴素的话透出的是我国的国情。保障粮食安全是实现经济发展、保障社会稳定、维护国家安全的基础，在粮食安全这个问题上不能有丝毫麻痹大意。立足当前，"民以食为天"给予我们诸多启示。一是粮食问题、吃饭问题十分重要。"洪范八政，食为政首"。一米一饭，关系当前和长远，联通国家稳定和人民幸福。解决好人民的吃饭问题，在今天依然是头等大事。只有手中有粮，才能心里不慌。二是解决好农业农村农民问题十分重要。粮食生产系于"三农"，只有农业兴、农村好、农民富，粮食来源才能稳定、才有保障，人民群众的"菜篮子""米袋子""果盘子"才能丰足有余。心怀"国之大者"，筑牢国家粮食安全防线，把中国人的饭碗牢牢端在自己手中，我们应对各种风险挑战的底气就会更足，奋进新征程的步履就会更加坚实。

案例5 贾谊：驱民而归之农，皆著于本

案例呈现

贾谊是西汉著名的思想家和文学家，洛阳人，以才闻名，为汉文帝所赏识，23岁便官至太中大夫。贾谊的许多思想，如民本思想、经济思想、伦理思想、礼治思想、朴素唯物论和辩证法思想等，对后世产生了深远的影响。作为经济思想的"重农主义"，对后世的影响也是巨大的。贾谊是汉代较早而又较为全面地论述和发展"农本"思想的思想家。

汉初，经历连年的战争之后，不仅老百姓家徒四壁，就连帝王将相的日子也不

好过，皇帝"御驾"凑不齐四匹同样颜色的马，将相也只好坐牛车外出。汉高祖刘邦及其智囊团不得不迅速作出反应：一是总结秦亡教训以为借鉴；二是寻求恢复经济和安定社会的对策。他们认为大兴土木，穷兵黩武，严刑酷法，横征暴敛，直接造成民力耗尽、民心丧尽，秦朝因而灭亡；要避免重蹈覆辙，就必须改弦更张，以道家无为而治和儒家仁政惠民理论为治国指导思想，实行与民休息、省刑减罚和轻徭薄赋的政策。三者之中，与民休息是总纲，省刑减罚是政治方面的政策，轻徭薄赋是财政经济方面的政策，也是最有实质性意义的政策。

但是，文帝时期，社会上开始普遍出现了一种"背本趋末"的现象。这种情况下贾谊提出了为政治国必须"以民为本""以民为命""以民为功""以民为力"的主张。贾谊在著名的《论积贮疏》中指出："今背本而趋末，食者甚众，是天下之大残也；淫侈之俗，日日以长，是天下之大贼也。残贼公行，莫之或止；大命将泛，莫之振救。"对"趋末"的危害性予以高度重视。他还在《瑰玮》篇中批评"挟巧不耕"以事末业的人，多食农人之食，追求"雕文刻镂"之物，浪费了人力和物力，败坏了社会风气。

贾谊认为，发展农业就必须贬低甚至取消"末"业，他极力主张驱民归农，发展农业生产，并提出具体措施：爱惜民力，注意使民以时，不耽误农时季节；厉行节俭，加强粮食贮备，预防饥荒，以达到安百姓治天下，巩固汉王朝统治的目的。汉文帝采纳了他的建议，下令鼓励农业生产，这对恢复经济、建立封建统治的经济基础起了积极作用。

公元前177年，由于邓通等佞臣的谗言，贾谊被贬为长沙王太傅。文帝允许邓通自铸钱，"邓氏钱"遍布天下；又有吴王刘濞开豫章铜山铸钱，吴钱也遍布天下。这样，币制就混乱了。贾谊在长沙又向文帝上了《谏铸钱疏》，尖锐地指出，私人铸钱遍布天下，于国于民都很不利，建议文帝下令禁止。贾谊的这个建议在当时没有被采纳。

贾谊在长沙一共生活了4年，他在任内的活动和著述，对长沙和湖南地区文化和经济的发展产生了重要影响。他的民本思想也很快收到了明显效果，社会经济逐渐复苏，社会矛盾得到缓和，对两汉粮食基地的形成起了推动作用，为后来"文景之治"的出现奠定了基础。

（资料来源：《品读中华经典》，2023年8月9日）

思政述评

贾谊是一位才气横溢、眼光敏锐的思想家,他的许多思想如民本思想、经济思想、伦理思想、礼治思想、朴素唯物论和辩证法思想等,对后世产生了深远的影响。作为经济思想的"重农主义",对后世的影响也是巨大的。贾谊是汉代较早而又较为全面地论述和发展"农本"思想的思想家。他的农本思想以抑制工商业为条件,主张强本抑末,这是西汉前期社会经济条件下的产物。

"贾生才调更无伦",却不爱封侯拜相,以天下治安为己任,至廉至正。王安石评价贾谊"一时谋议略施行,何谓君王薄贾生。爵位自高言尽废,古来何啻万公卿"。历史是公正的,千载以降,庸碌无闻的帝王将相有如过江之鲫,却成就了一个盛名不衰的贾生。

案例6 氾胜之:从轻车使者到《氾胜之书》

案例呈现

西汉时期,在山东曹县,氾水之畔,有一户氾姓农家,儿子自幼对农作物生长和栽培就很感兴趣,喜欢研究农业技术,注意收集、总结家乡农民的生产经验,积累了丰富的农业知识。汉成帝时,他步入仕途,官居议郎。他就是氾胜之,中国古代著名的农学家。

带着汉成帝的重托,轻车使者氾胜之激情满怀地来到了工作地——关中平原。关中平原是汉朝的首都所在地,也是其发展农业生产的重点地区,有"膏壤沃野千里"之称。氾胜之在当地农民的帮助下,先从改良麦种入手。通过研究实践,他把动物骨头的骨汁、缫蛹汁、蚕粪、兽粪和雪水按一定的比例调成稠粥状的"溲水",用来浸渍种子。用"溲种法"培育的种子耐寒、耐旱、防虫,养分充足,根系发达。紧接着,他深入到农业生产实践中去,认真研究当地的土壤、气候和水利情况,因地制宜总结、推广各种先进的农业生产技术。经过实地考察、反复试验,他总结推广了新的耕作方法——区田法,就是把大块耕地分成许多小区,做成区田。每一块小区四周打上土埂,中间整平,每亩地划出多少小区,要依种什么庄稼而定,例如种麦种谷,1亩地可分3700个小区。

　　区田法有三个好处。其一，可以深翻和平整土地。由于每一小区面积很小，土地容易深翻整平。翻地的深度也依种什么庄稼而定：种瓜、瓠和芋，要深翻3尺；种禾、黍和麦，挖1尺就行了。其二，可以集中使用水肥，不至于流失浪费。山地、丘陵地、坡地都可以挖区田，有利于扩大耕地面积。其三，便于田间管理。由于利于抗旱，又便于深耕细作，集中使用人力物力，区田法大大提高了单位面积产量，很受群众欢迎。一直到清朝时，农学家杨屾在关中地区依然提倡这种耕作方法。甚至在新中国成立后的陕北地区，农民还保留着氾胜之当年推行的区田耕作法。氾胜之经常深入田间地头，因为他明白，纸上谈兵种不出好粮食，也不可能让农田增产，皇帝和农民所盼望实现的美好愿望，是要通过日复一日的辛勤劳作，积累经验，然后加以总结实施才能实现的。氾胜之虚心地向老把式、好把式请教，然后将好的经验和自己的研究成果结合起来，研究出了一套先进的农业生产技术。有段时间，氾胜之对种瓠技术展开了充分的探索，在一个坑里播10粒瓠子，等10棵苗长到2尺多长，把它们并在一起，用布条缠扎半尺长，外面用泥封好。几天过去，缠扎的地方就长在一起了。然后留下最苗壮的那个头，把其余的9个头掐去。开始结瓠的时候，把最初结的3个掐掉，保留第四、五、六个。这样，10条根从土壤里吸收养料，集中输送到一条茎里，这条茎就长得特别粗壮，结出来的瓠自然能长成特别大的个儿，一个甚至能抵得上平常的10个。瓠不耐旱也不耐涝，种的时候，可以在10粒瓠子的中央埋下一个盛满水的瓦瓮，瓦瓮里的水会慢慢地渗出来，瓠就能经常吸收到适量水分。氾胜之的研究十分广泛而深入，他对农业技术的痴迷换来莫大的成功：他总结研究小麦丰产经验，使关中的小麦获得空前丰收；他总结推广的种瓠法、调节稻田水温法、桑苗截干法等，有力促进了关中地区的农业生产。

　　氾胜之将自己总结出的区田法、溲种法、种麦法、种瓠法、调节稻田水温法、保墒法、桑苗截干法等全都付诸笔端，著就了我国最早的一部农书——《氾胜之书》。

（资料来源：人民网，2021年10月28日）

思政述评

　　氾胜之虽然身为朝廷命官，但却时时想着农业丰收，惦着百姓的温饱。氾胜之的思想成果收集于《氾胜之书》中，标志着精耕细作的农学思想新发展。《氾胜之书》被认为是汉代最好的农书，是我国历史上第一部完整的农学著作。东汉的经学大家郑玄在注解儒家经典的时候，经常反复引用《氾胜之书》中的内容。唐代的学者贾公彦也说过："汉时农书有数家，氾胜为上。"《氾胜之书》被后世公认为农学经典，成为当时最先进的农业生产指导手册，促进了当时的农业生产水平，有效地提高了农作物的产量。

案例7　贾思勰：千虑集要术　农圣惊四海

案例呈现

提起山东寿光，大家会想到中国"蔬菜之乡"，这个位于山东半岛中部、渤海莱州湾南畔，有着悠久农业历史的地方，正是一代农圣贾思勰的故乡。正是在这里，他著就了农业百科全书《齐民要术》。

采捃经传

贾思勰出生在一个世代务农的书香门第，他的祖上虽是农民，却重视耕读传家，在劳作的同时，祖辈父辈们特别重视农业生产技术知识的学习和研究，这些都在不断影响着贾思勰的人生。成年走上仕途后，贾思勰走过许多地方，每到一处，他都习惯性地认真考察和研究当地的农业生产技术，他的心中早就埋下了著书为民的种子。摘掉乌纱帽，穿上布衣衫，贾思勰回到自己的家乡，一边开始从事种地、养羊等农业生产劳动，一边提起了放下已久的笔。

贾思勰将这部书的名字定为《齐民要术》，"齐民"是使人民丰衣足食的意思，"要术"是指重要的方法。他参阅的前人著作包括《氾胜之书》《四民月令》在内共有150多本，其中他引用管仲的"一农不耕，民有饥者；一女不织，民有寒者"、晁错的"夫珠玉金银，饥不可食，寒不可衣……粟、米、布、帛……一日弗得而饥寒至，是故明君贵五谷贱金玉"等论断，充分论证了自己"农为政首""贵五谷而贱金玉"的重农思想。

爰及歌谣

爰及歌谣，就是大量地搜集农谚，从中总结农业生产经验。"湿耕泽锄，不如归去"，意思是说地太湿去翻耕，会使土地板结，不如不翻好。"耕而不劳，不如作暴"，意思是说耕了地面不把它平整好，那就等于瞎胡闹。"锄头三寸泽"，意思是说锄头上带有三寸深的水，勤锄勤榜，利于保墒。"祭青喉，黍折头"，意思是说忌在穗与秆相接的地方还没有变黄时就收割，尤其是黍子要等完全成熟、穗子弯下头时才能收割。

验之行事

有一次，贾思勰经过一个村庄，看见一个农民俯着身子在庭院里捡麦粒，一副极为认真的样子。他觉得很奇怪，便走进去询问，原来这位农民正在挑选麦种。他教贾思勰如何选种："一般人仅知道选种要选长得饱满的穗子，但未必知道还要看种子的颜色纯不纯。同时要把割下的穗子高高挂起，待到来年春天再拿下来做种。人们更不知道土质不同、气候有别的地，对品种的要求是不同的，它们的区别主要在茎秆上。一般说，潮湿温暖的低地种谷子，要选用茎秆柔弱、生长茂盛的；风大霜重的山地种谷子，要选茎秆坚实的。犁地之前，要看地里长没长茅草，长着茅草的地，需先赶着牛羊在上面踩一遍，等七月犁地时，茅草才会死去。"

《齐民要术》中所有的农业生产技术和经验都是贾思勰在无数次的实际操作中得出的，正是靠着这种实事求是的工作态度，《齐民要术》才真正深入人心，有力地促进了农业发展，被誉为具有高度科学价值的"农业百科全书"。

（资料来源：《汉程国学》，2022年6月21日）

思政述评

贾思勰重视农业，足迹遍至今山东、山西、河南、河北等地，积累了丰富的农业生产经验。所著《齐民要术》第一次对公元6世纪及之前我国黄河中下游旱作农业生产与技术作了全面、精确、细致的总结，是我国乃至世界现存最早、最完整的古代农业科学巨著，也是全人类的伟大成就之一，对后世农业发展及社会经济、文化影响极为深远，被誉为"中国古代的农业百科全书"，世人尊贾思勰为"农圣"。

案例8 陆龟蒙：亦读亦耕真隐士

案例呈现

众所周知，苏州是有名的鱼米之乡，但是，苏州何时开始有这个美称的，没有确切的年代可考。1000多年前的宋代，流传着这样的民谚，"苏湖熟，天下足""苏常足，天下足""苏松熟，天下足"，可见那时太湖流域已经成为全国粮食生产的重要基地了。民谚中提到的湖州、常州和松江虽然也是盛产粮食的重地，但其地位仍抵不上苏州。

隋唐以前，我国的经济中心在黄河流域，但是随着南方的开发，粮食产量逐步提高，并接近北方。当时的粮食生产，没有育种技术和新品推广，也没有化肥农药提高肥力防病治虫，全靠传统的耕作方式。除了先天的气候与土壤之外，生产工具的改进和推广对于粮食产量的提高功不可没。

同样，水乡泽国的苏州地区，生长着以鱼虾为主的众多湖鲜，要将它们从湖里抓起来变成人们餐桌上的美味，捕捉工具必不可少。当然，苏州能成为鱼米之乡，除了劳动人民勤劳智慧以外，还有着先天的优势——水网密布、土地肥沃、气候温润，适合水稻和鱼虾生长。有一位大诗人，他不仅写就了我国最早专门记述农具的作品，还系统地记录了我国最早的渔具渔法，在某种程度上推动了苏州一带农业渔业的发展。他就是陆龟蒙。

陆龟蒙（？—881），唐代文学家，江苏苏州人。陆龟蒙出身官僚世家，其父陆宾虞擅长诗文，曾任御史之职。曾祖父陆康官至泽州刺史，高祖父陆溥曾任少府少监。再往上，其五世祖陆景倩官拜监察御史，六世祖陆象先曾任唐朝宰相，七世祖陆元方曾任户部侍郎、同中书门下平章事（宰相）。

陆龟蒙聪慧过人，从小就精通儒家经典，对《春秋》更有研究。早年的陆龟蒙热衷于科举考试，可是屡次考试总是名落孙山，他也就断了靠科举成名的念头。后来陆龟蒙跟随湖州刺史张博游历，并成为张的幕僚。他经常游历在苏州、湖州之间，在太湖之滨、松江之畔，写写诗、养养鸭、钓钓鱼、种种田、喝喝茶，最后在松江甫里（今苏州市吴中区甪直镇）定居，过起了隐居生活，后人因此称他为"甫里先生"。

陆龟蒙的成就，主要是他的诗歌和小品文。但是很多人不知道的是，陆龟蒙还是一位农学家，这源于他对农事的喜爱。他晚年编著的《笠泽丛书》，其中便有许多反映农事活动和农民生活的田家诗，如"放牛歌""刈麦歌""获稻歌""蚕赋""茶具"等。他喜欢养鸭，在吴江一带，陆龟蒙养鸭的故事在乾隆《震泽县志》和嘉庆《黎里志》等古代志书中屡见不鲜。"鸭栏帆影"是历史上的黎里八景之一，庙港陆家港上有座甫里桥，相传陆龟蒙由此出太湖捕鱼，而陆家港村则因陆龟蒙得名。

《耒耜经》是中国第一部讲述农具的专著。陆龟蒙为什么要写《耒耜经》呢？在《耒耜经》的序文中，他交代了自己的写作动机。

陆龟蒙认为，人类学会种庄稼以后，无论统治者还是老百姓，都是不能离开农具的。如果一个人只会吃饭睡觉，而不了解怎样种庄稼、怎样用农具，就等于不懂人生的意义，就和禽兽没有什么两样了。他提倡上层人士向农民学习，学习农民的农业知识，学习农民的淳朴作风。因此他不仅学着去参加了一些农业劳动，而且还将在劳动中对农具的考察研究写成了专论，传给了后代。正因如此，《耒耜经》成为我国问世最早、流传最广的农具专著，书中记述的4种农具从唐代直到20世纪六七十年代仍在江南农村使用，流传了1000多年。

此外，根据自己多年垂钓江湖的经验，作了《渔具诗》15首，对捕鱼之具和捕鱼之术作了全面的叙述。他竭力反对"药鱼"这种既破坏渔业资源又损坏社会公众利益的做法，认为这与竭泽而渔、杀鸡取卵没什么两样。陆龟蒙极力提倡"种鱼"，采收鱼卵，远运繁殖，借以保护渔业资源。因此他的思想在人与自然和谐相处、保护生态环境、促进生态平衡方面有积极意义。

（资料来源：中国农业网，2023年9月12日）

思政述评

陆龟蒙生于官僚世家，却终身以农为业，虽以隐士自况，却怀儒家之志，修身齐家治国平天下的理想每见于笔端。正如鲁迅先生所说，他和皮日休一样"并没有忘记天下，正是一塌糊涂的泥塘里的光彩和锋芒"。更为可贵的是，他虽胸怀天下、饮誉文坛，却能将历来不为文人和士大夫所重视的农具，进行细致的研究总结，甘做小人物之事，为中国古代农具发展史留下宝贵的文字记载。这与他的性格是分不开的，他的自传《甫里先生传》和《江湖散人传》，对其生平和个性作了总结。他在《江湖散人传》中写道："散人者，散诞之人也；心散、意散、形散、神散。既无羁限，为时之怪，民束于礼乐者外之，曰此散人也。"也许正是因为摆脱了儒家传统礼教的束缚，才使他成为中国农业史上著名的农学家。

案例9 唐代茶学家陆羽：用一生诠释勇敢追梦的精神

案例呈现

陆羽（733—804）人称"茶圣"，唐复州竟陵（今湖北省天门市）人，字鸿渐，一名疾，字季疵，号竟陵子、桑苎翁、东冈子。他一生嗜茶，精于茶道，工于诗词，善于书法，因著述了世界第一部茶学专著——《茶经》而闻名于世、流芳千古。

陆羽的身世坎坷凄凉，极富传奇色彩。据《天门县志》《上饶县志》以及陆羽《自传》记载，陆羽大约出生于唐玄宗时的开元二十一年（733），幼时被弃于天门竟陵的一座小石桥下。当时竟陵龙盖寺住持智积禅师路过小桥时，听到群雁哀鸣和婴儿的啼哭声，禅师寻下桥去看，发现一个婴儿冻得瑟瑟发抖，啼哭不止，一群大雁唯恐婴儿受冻，都张开翅膀为婴儿遮挡寒风，于是禅师抱回婴儿到寺中抚养。后人把这座小石桥称为"古雁桥"，桥附近的街道称"雁叫街"，街口的一座牌坊称为"雁叫关"。

因为婴儿无姓无名也无法访得父母是谁，智积禅师便用《易经》卜卦，为婴儿取名，占得渐卦，卦辞是："鸿渐于陆，其羽可用为仪。"于是禅师按照卦辞为婴儿定姓为"陆"，取名为"羽"，字"鸿渐"。此事在《唐国史补》和《新唐书·陆羽传》中均有记载。陆羽长大后，智积禅师教他学文识字，习诵佛经，还教他煮茶。陆羽虽然生长在寺庙之中，与古佛青灯黄卷为伴，但他执意不愿削发为僧。智积禅师见陆羽桀骜不驯，罚他"扫寺院、洁僧厕、牧牛一百二十蹄"。陆羽没有屈服，于12岁那年逃离寺院做了伶人。

陆羽虽然相貌丑陋，且有口吃，但他聪明过人，且机智幽默，不但演丑角很成功，后来还编写了三卷笑话书《谑谈》。唐天宝五年（746），河南尹李齐物被贬为竟陵太守。李齐物到任之后移风易俗，励精图治，且慧眼识英才，他十分赏识陆羽的才华和抱负，并且非常同情陆羽的身世。李齐物不仅赠送诗书给陆羽，还介绍陆羽去火门山（今天门市佛子山）邹夫子处读书。陆羽在读书之余，常在龙尾山（今天门市李场镇与石河镇交界处）采野生茶，为邹夫子煮茗。邹看他爱茶成癖，便请人在火门山南坡凿了一眼井，后人称为"陆子泉"。此井清澈如镜，甘洌醇厚，四季常盈，现在佛子山镇的村民仍用此泉饮用、灌溉。火门山求学，使陆羽真正开始了学子生涯，这对陆羽后来成长为唐代著名文人、被尊为"茶圣"具有不可估量的意义。

唐天宝十年（751），礼部郎中崔国辅被贬为竟陵司马，在这一年，陆羽也揖别了邹夫子离开了火门山。崔国辅比陆羽足足年长46岁，但这一老一少、一官一民却结为忘年之交。他们交游3年，常在一起品茶鉴水、谈诗论文，谑笑永日，友谊至深。唐天宝十三年（754），陆羽为考察茶事，出游巴山峡川，行前崔国辅以白驴、乌牛及文槐书函相赠。崔国辅与陆羽的雅意高谊被载入了《唐才子传·崔国辅传》，传为千古美谈。

上元元年（公元760），陆羽结庐于苕溪之滨，开始了他"闭门著书，不杂非类，名僧高士，谈宴永日"（《陆文学自传》）以及"细写《茶经》煮香茗，为留清香驻人间"的隐居生活。在他隐居期间，一方面继续游历名山大川访泉问茶，广泛收集资料；一方面同名僧高士保持交往，寻求知音，共研茶道。在结庐苕溪的第二年，即上元二年（761）秋，陆羽撰写了《陆文学自传》。由于陆羽的诚信人品以及对佛学、诗词、书法的造诣，特别是渊博的茶学知识和高超的烹茶技艺，为他在浙江湖州士官僧俗各界赢得了崇高的声望。特别是永泰元年，陆羽的《茶经》初稿完成后，社会名流们争相传抄，广受好评，使得陆羽的声誉日隆。

大历七年（772），唐代大书法家、大政治家、大诗人颜真卿到湖州任刺史，当时已有一定声望的陆羽和皎然、皇甫曾、皇甫冉、张志和等一批湖州的高僧名士都会聚到了颜真卿的周围。陆羽的品学才识深得颜真卿的赏识，大历八年到九年，陆羽成为颜真卿的幕僚，并参与了大型韵书《韵海镜源》的修编勘校工作。

陆羽划时代的科学巨著《茶经》写作过程前后经历了近30年时间，是世界上第一部茶学著作，被誉为"茶叶百科全书"。《茶经》篇幅并不长，全书共7000多字，分为上、中、下三卷共10章。上卷为一之源、二之具、三之造，分别介绍了茶的起源、制茶的工具、制茶的方法；中卷为四之器，介绍煮茶、饮茶的器皿；下卷为五之煮、六之饮、七之事、八之出、九之略、十之图，分别介绍了茶的煮法、茶的饮法、茶的历史故事、茶的产地等。

《茶经》系统地总结了当时的茶叶采制和饮用经验，全面论述了有关茶叶起源、生产、饮用等各方面的问题，可以说是当时最完备的茶书。

《茶经》问世后，官方和民间都非常重视，一再刊行，至宋代时已有数种版本流行，并先后著录于《新唐书》《通志》《宋史》等书。15世纪时，《茶经》流传到国外，截至目前已被译成日、韩、英、法、俄、德等多国文字，在世界广为传播。可以说《茶经》的问世，不仅是中国茶文化形成的重要标志，也对世界茶文化的推广和发展起到重要作用。

陆羽以他的人品和丰富的茶学知识名震朝野，朝廷曾先后两次诏拜陆羽为"太子文学"和"太常寺太祝"，陆羽都婉辞圣命。陆羽在成名后的晚年，依然四处品泉问茶，先后到过绍兴、余杭、苏州、无锡、宜兴、丹阳、南京、上饶、抚州等地，最终又返回湖州。贞元末年（804），陆羽走完了他皓首穷茶之路，悄然逝去，葬于浙江省湖州市郊区东南约30公里处的杼山。

（资料来源：中国政府网，2016年4月23日）

思政述评

陆羽，被誉为"茶仙"，尊为"茶圣"，祀为"茶神"。他编写了《茶经》，开启了一个茶的时代。生性淡泊的陆羽并没有因此而得意忘形，厌倦了世俗的他甘愿做一个隐士，晚年隐居江南，开园种茶，做了一个老茶翁。曾经拒绝做和尚的陆鸿渐，终其一生没有出家，却活得胜似出家。从江边弃婴到一代茶圣，陆羽的人生经历可以称得上一段传奇。他这一辈子做过童僧，演过丑角，游历过山河。有贵人相助，有知心朋友，有著作流传于世，已经算是一种圆满。几千年的岁月悠悠而过，陆羽和他的《茶经》被载入史册，被一代代茶人记在心间。

案例10　陈旉：耄耋之年著《农书》

案例呈现

唐代之前，我国的农书如汉代的《氾胜之书》、北魏时期的《齐民要术》等大多是描述黄河流域农业生产的著作。到了宋代，江南农业快速发展，迫切需要一部讲述江南农耕技术的农书来指导当地的农业生产，陈旉的《农书》应运而生。

陈旉是南宋最具影响力的农学家之一，他出生于北宋熙宁九年，虽然熟读诸子百家之书，但并不热衷于仕途，反而对种药治圃非常感兴趣。在很长一段时间里，他隐居西山，以种植药材和庄稼为生，自称为"西山隐居全真子"。在劳作的同时，他对前人和当时百姓的生产经验进行总结，并对这些经验进行了实践检验，把那些有用的、可行的记录下来，著成《农书》一书。

陈旉所著的《农书》是我国现存最早的专谈南方农业的著作，分为上、中、下三卷。上卷12篇，论述了土地的耕作以及农作物的种植；中卷3篇，记述了牛的饲养、管理以及疾病防治；下卷5篇，记载了种桑养蚕的技术。三卷合一，既各成体系，又相互联系。该书在土壤的利用和改造、水稻种植栽培、牛的饲养与管理等方面都提出了不少有科学价值的观点，为我国农学的发展作出了不少新贡献。

在土壤的利用与改造方面，陈旉提出了两个观点：一是认为土壤有肥有瘠，但只要进行正确的治理，都可以种植庄稼，并获得好收成；二是通过施肥，可以使"地力常新壮"，也就是让土壤保持肥力甚至更加旺盛。粪肥是改变土壤肥力的关键因素，陈旉在著作中花了大量的篇幅来探讨制肥和施肥的问题，提出了四种较新的制肥方法：一是火粪，把垃圾、烧过的草木灰、糠秕、残茎落叶等堆聚起来，烧成焦灰。二是堆粪，把芝麻榨油后的饼渣捣碎，加上土，经过发酵制成肥料。三是沤粪，在厨房地下挖一个深坑，砌上砖使其不漏，把舂米时收集起来的谷壳、腐败的茎叶，以及洗碗水、淘米水等放入池中沤渍成肥。四是屋粪，在住处旁专门建一个粪屋来储肥，屋内挖深池，砌上砖壁，屋外搭建屋檐，避免风雨损伤粪的肥力。这些制肥办法有一些现在仍在使用。

在施肥技术上，陈旉也有独特见解，这些见解可以总结为三点：第一是用粪治地就像用药治病，要"对症下药"，不同的土壤、庄稼要施不同的肥；第二是要追肥，比如种桑应该追两次肥，苎麻应该追3次以上；第三是可以一肥多效，比如在桑树下种苎麻，对苎麻施肥，桑树也能够获益。

作为专门讲述南方农业生产经验的专著，水稻种植栽培是陈旉《农书》的重要内容。陈旉认为水稻种植应从整地开始，他将田地分为旱田、晚稻田、山川田、平坦地，分别论述了这四种田地的整理技术。比如对旱地，他主张收获之后，翻耕、整地后施肥，再种上小麦、大豆、蔬菜等，既能使土地更加肥沃，又能多收一次蔬菜；对晚稻田，陈旉认为因为收获时间晚，来不及种麦豆蔬菜，则应该等到春天再翻耕，这时晚稻柔韧的根、茎已经腐烂，更容易翻耕，也更节省牛力。

整地之后，就应该育苗。陈旉认为只有秧苗强壮，才能获得好收成。而对于如何培育强壮的秧苗，他主张"种之以时，择地得宜，用粪得理"，也就是选好秧田，适时播种，施足基肥培壮秧苗。在此基础上，还要时时对其修理整治，不要让秧苗遭受水灾、旱灾和虫灾。秧苗长出来之后，就涉及用水技术。对此，陈旉主张深浅得宜，他认为水太浅田地就会干裂，太深则会淹没秧苗使其枯萎变黄，而在刮风、下雨、晴天的用水也各有不同。当暴风来临之时，需要放干水，避免风大吹水，将秧苗聚拢到一起；下大雨的时候，反而应该增加水量，避免暴雨将谷根掀起；晴天，则应该浅水，让太阳将其晒暖。这些控水的方法都是很合理的。

禾苗长到一定程度，要进行中耕除草。陈旉提出，耘除的草要深埋在稻根下，使其腐烂肥田。不同的季节除草的时间和频率也有所区别，夏天草长势迅猛，应勤于除草；秋天要在水稻出穗前除草，才能不让杂草传种；冬天也应该犁田，使杂草翻入土中腐烂。

在关于耕牛方面，陈旉的《农书》是较早系统论述以江南水牛为主的耕牛相关知识的著作。陈旉强调了牛在农业生产中的重要性，明确提出在农业生产中"牛之功多于马"的观点，这在农书中属于首次。而对于如何养好牛，陈旉认为对牛要有"爱重之心"，在这个基础上，遵守"顺时调适"的饲养管理总则，根据季节、冷热的不同来改变养牛的方式。比如冬天，陈草腐朽，新草未生，应该把干净的蒿草铡细，和上麦麸、谷糠或豆子，再加少许水使其微湿，用来喂牛；而在草木茂盛的春夏，放牧的时候应该先给牛喝水，再让它吃草，避免牛肚胀，在晚上，则应该用鲜草与铡细的蒿草和匀来喂牛。而在使役方面，要以不能使牛太劳累为主要原则去爱护调养它，方能使其血气常壮。牛生病之后，则要首先弄清楚病因，再对症下药，方能治愈。

陈旉的《农书》在土地利用、农业经营、蚕桑等方面也都提出了不少有科学价值的看法。陈旉完成这部农书的时候，已经74岁了，他听说真州（今江苏仪征）知州洪兴祖提倡农业生产，就赠送了他一部书稿，洪兴祖读了之后大为赞赏，把书稿交付所属各县刻印成书，广为流传。但陈旉看到成书之后，却发现书中有不少刊印错误，他担心这样的书不仅不能指导农民务农，反而会误农、坑农，于是把书稿又抄写了一遍，并为其写了跋，等待重印，这一年他已是80岁高龄，陈旉这种严谨实在的治学精神在今天仍然值得我们学习。

（资料来源：《科技日报》，2023年8月1日）

思政述评

陈旉《农书》的可贵之处，在于不管是内容还是体裁都突破了先前农书的局限，开创了一种新的农学体系，农学的新路子由此打开。它是我国第一部反映南方水田农事的专著，也是总结南方水田耕耘技术流传至今的第一部农书，反映了中国古代农业科学技术到宋代达到了新的水平，因此在农学史上的地位极为重要。短短三卷《农书》，却在中国农学史上大放异彩，成为南宋农学史上、农业史上最值得特笔大书的事件。陈旉，这一位晴耕雨读的老农民，留给我们的是历史云烟深处最淳朴、最实在的那一阵感动。在他身上，也体现了英雄不问出处，是金子总会发光、甘于寂寞、脚踏实地等多重奋斗与拼搏精神，无不值得我们学习借鉴。

案例11　邓御夫：北宋农学大家

案例呈现

邓御夫（1032—1107），字从义，号海山子，北宋著名农学家，山东巨野人。邓御夫出生于一个农民家庭，在亲事农耕的同时不忘研究农学。他利用在田间劳动的机会，观察农作物生长，研究农业技术，改进耕作技艺。邓御夫经过多年的努力，终于完成了一部一百二十卷的长篇巨著《农历》。

亲事农耕，研究农业技术

宋仁宗天圣十年（1032），邓御夫出生于巨野的一个农民家庭。巨野当时为济州治所，经济发达，"人民富庶，污泽广野，尽为良田"（邓御夫《清凉洞记》），这为平民子弟读书提供了条件。历任济州官员有不少是朝廷派遣的能臣，文化底蕴深厚，也很重视教育。比如翰林学士毕士安就曾任济州团练推官，曾指导王禹偁读书。在这种风气的影响下，巨野乡间兴办私塾，读书之风日盛，人才辈出。

在前辈巨野同乡晁迥、夏侯峤、吕祐之、王禹偁四位翰林学士读书精神的影响下，邓御夫自幼酷爱读书，且长年累月、辛勤不辍。他出身于农民家庭，对农业有特殊的感情，因此特别喜爱农耕之术。邓御夫七八岁时就随家人去田间，仔细观察农作物生长，认真研究改进农具，乡里乡邻无不夸赞。邓御夫9岁时进入私塾就读，学业优秀，但始终没有忘记研究农耕，这为他日后成为农学大家奠定了基础。

邓御夫才华横溢，十五六岁时参加太学考试，以出类拔萃的成绩被录取。宋代的太学是国家最高学府，选拔极为严格，主要培养官员和学者。邓御夫在考试中所作诗文传播很快，才学远近闻名。"时人比白乐天才业，大丞相吕公奇之；苏学士子瞻所知，与之唱和"，这是说，当时的人们认为邓御夫的才学可比肩唐代著名诗人白居易，连当朝宰相、文学权威吕公著也认为他非同寻常，邓御夫因此受到当朝学士、文学大家苏轼的赏识，并和他多有诗文唱和。

宋仁宗皇祐三年（1051），19岁的邓御夫考中秀才，次年中举人。家人希望他进一步考取功名，但是就在他准备进京赶考的那一年，鲁西南遭受严重水灾，百姓苦不堪言，可是官府迟迟不开仓放粮。邓御夫到县衙为民请命，遭到拒绝和训斥，邓御夫对官场感到失望至极，因此断绝功名之念。完成太学学业之后，"性薄荣利"（晁补之《邓先生墓表》）的邓御夫，"归耕故里，乐性著书"。

南宋诗人陆游曾说，"谋生在衣食，不仕当作农"，农耕是宋代读书人起码的生存手段，务农也是宋代士人职业选择之一。邓御夫回乡务农后，毅然扔掉象征身份的举子服，着布衣、穿草鞋，仿照陶渊明"晨兴理荒秽，带月荷锄归"的情形，早出晚归力耕田间，自食其力、生活俭朴，安于粗劣衣食而自得其乐。邓御夫生性和顺，对乡邻十分友善，善于用中华传统美德教化乡亲，经常劝教老年人要慈爱，劝教年轻人要孝敬父母、善待他人，劝教去城市做工经商的人要勤俭不欺。乡民之间如果产生矛盾，总是愿意找他评论是非曲直，他秉公而论、以理服人、耐心劝导，双方化解了矛盾。他讲求义气、慷慨好施，凡乡邻遇到困难都倾力给予援助，所以乡亲们都敬慕他，喜欢与他交往。

在亲事农耕的同时，邓御夫不忘积累知识、研究农学。他利用在田间劳动的机会，观察农作物生长，研究农业技术，改进耕作技艺。针对当地多涝的情况，他发明了挖沟排水法，使人们受益。然而，邓御夫始终难舍对学问的热爱，为了静心研究，他在巨野城北大野泽畔的高岗上搭建了一所茅屋，这里"牛羊凫雁之所牧集，蒲柳蓊然，下窥如坠谷"。当时大野泽水域广阔，绵亘数百里，水中生长着翠荷与蒲苇，柳树成荫、野鸟翔集、牛羊成群。茅庐虽然简陋，但有石几、书卷、丹墨，他在此潜心研究《老子》，写作《老子注》一书，整整一年才走出茅屋。"苏门四学士"之一、巨野同乡晁补之写诗称赞："朱书细字传老子，蠹穴蜗穿无卷轴。"（晁补之《邓御夫秀才为窟室戏题》）

吴人项传闻名专门登门拜访邓御夫，十分佩服他这种锲而不舍的毅力与严谨的治学精神，题诗《书邓先生石几》："昔见河上公，今见濠上翁。姓名字时异，道德经解同。"这首诗虽然俚俗，反映的却是实际情况。"河上公"就是"河上真人"，是历史上真正的隐士，所撰《河上公章句》，是最早为《老子》作注的一部书。吴先生把邓御夫与河上公相提并论，可见对邓御夫的评价极高。

写作一百二十卷农业巨著《农历》

邓御夫的另一重大贡献，就是他倾尽一生心血撰写的一部北宋农业百科全书式的农书——《农历》。

北宋时朝廷比较重视农业，官员与士人担负着"劝课农桑"的义务，也就是兼做农业推广工作，因此出现了研究农业的学者，他们撰写了18部论述农桑经营和耕作技术的农书，可惜过于简略。

巨野得益于大野泽的水运条件，贸易发达，促进了种植业、饲养业、养蚕业与丝织业等行业的发展，长期以来当地百姓积累了丰富的农耕经验。邓御夫在农田劳动的过程中，不断向百姓请教，并经过思考、研究、积累，掌握了系统的农业理论知识。在这种情况下，他决心撰写一部内容详备的农事书籍。

为了更广泛地收集农业基础资料，邓御夫开始离家漫游。他四处考察，广泛接触作物种植、畜牧养殖、纺织等行业，又远到河套地区搭茅草棚居住，与牛羊为伴，与牧民同食，向有经验的牧民请教，获得大量农牧资料。在经过多年积累、掌握大量资料的情况下，邓御夫开始把自己关起来撰写农书。对其撰写过程之艰难，晁补之在其诗中说："空郊独坐一茅屋，深如鱼潜远蛇伏。"（晁补之《邓御夫秀才为窟室戏题》）。

邓御夫呕心沥血、历尽艰辛，经过多年的努力，终于完成了一部一百二十卷的长篇巨著——《农历》，此书写成后产生了震撼性的影响。晁补之推崇该书"言耕织、刍牧与凡种艺、养生、备荒之事，较《齐民要术》尤密"（《洛北晁先生鸡肋集》卷六十三）。北宋藏书家张邦基在《墨庄漫录》卷十中也有介绍："济州士人邓御夫，字从义，隐居不仕。尝作《农历》一百二十卷，言耕织、刍牧、种莳、耘获、养生、备荒之事，较之《齐民要术》尤为详备。济州太守王子韶尝上其书于朝。今未见传于世。尝访于藏书之家，或有见者。"

从上述历史记载中可知，这部农业巨著，详细记载了宋代以前北方农牧纺织业等，内容涉及耕作、纺织、饲养、种植、养生与备荒等方面，比《齐民要术》及北宋其他17部农书的内容都要详备。济州太守王子韶本身就是学者，看到这部书之后十分赞赏，就把它呈献给朝廷，并"请颁之"，然而不知什么原因，朝廷没有答复王子韶把《农历》颁行天下的请求。《农历》这部书明代初期犹存，被分韵录入《永乐大典》，清代编纂《四库全书》时，竟未把这样一部极为重要的农书编入，导致后来失传，成为我国农学和农史研究无法弥补的巨大损失。否则，对于宋代农事的兴旺发达和农业生产力的高度发展，人们一定会有全新的认识。

（资料来源：中国青年网，2021年5月9日）

思政述评

邓御夫不尚荣华不举官，隐身乡野事桑蚕。茅棚常伴群蚕叫，蒲絮总随孤雁眠。星月思人嫌火盛，风霜拂面笑冰寒。纺纱种豆用功细，农历当如要术专。这种高尚清廉的道德情操,永远值得后人学习。

巨野人晁补之是北宋著名文学家，比邓御夫小21岁，很敬慕邓御夫，两人十分投缘，经常在一起谈经论道、赋诗唱和，成为忘年之交。邓御夫去世后，晁补之为其撰《邓先生墓表》，在铭文中写道："大哉洁乎！惟君平生，洁则有余，亦忱不诬。"

案例12 苏东坡：北宋的"优秀林业工作者"

案例呈现

提起文豪苏轼，其登峰造极的文学造诣、潇洒不羁的豪放个性自不用多说，相比之下，东坡居士从事林业工作所体现出的才能、取得的成就，可能并不被大众熟知。

苏轼年少时就颇好栽植松树，自称曾"种松满东岗""手植青松三万栽"（分别出自《戏作种松》和《送贾讷倅眉》），且所栽松树"皆中梁柱矣"，即不仅能成活，更能够成材，不免引得他人向其讨教（据《戏赠杜舆二首》中记载）。植树造林最关键的问题就是保证幼苗成活率，连杜甫都曾被这个问题困扰，徒留"青松种不生，百株望一枚"的感叹，而苏轼则堪称这方面的专家。苏轼在《东坡杂记》中分享自己植松的经验：采十月后冬至前熟而未落的松果，悬挂于通风处，来年初春敲出松子播种。松苗脆弱，因此最适合在荒芜的茅草地种植，用茅草为松苗提供天然庇荫。若是在空地，则要在松子周围种下数十棵大麦，同样起遮阴效果。松苗容易被牛羊啃食，需要在造林地四周栽植荆棘加以防护，并时常巡视。三五年之后，便可任幼树自行生长。

苏轼在凤翔任职期间目睹了宋王朝及达官显贵大兴土木、毁伐森林。面对这种破坏森林生态和自然历史遗产的做法，苏轼却只能深表痛惜和无奈，其在《凤翔八观·东湖》中描写了由于过量采伐森林导致山岩裸露、水土流失，秦陇山区出现了"有山秃如赭，有水浊如泔"的情况，难与"江水清如蓝"的长江山水相比。同时，苏轼认为"况当岐山下，风物尤可惭"，作为周太王发迹之地的岐山是历史文明的重要标志，实是不该遭此行径。在近千年前的古代封建社会，东坡居士就有此等眼光，洞察森林资源兼具重要的生态效益和社会效益，实属难得。

因"乌台诗案"被贬至黄州的苏轼生活窘迫，幸得好友相助才经营起了自己的园圃维持生计。他深知因地制宜，"下隰种粳稌，东原莳枣栗"（出自《东坡八首·其一》），又植竹种花。现在看来这是一种农林兼营的经营模式，并且将不同用途的林木营造混交林，不仅满足生活上的需求，也打造出了绝佳的生态景观。苏轼这种经营方式相比现今不少单一、粗放的方式仍是先进不少。

苏轼任职期间，不但重视对森林资源的保护，还大力倡导植树造林，开展绿化工作。其中最为后人乐道的成果便是杭州西湖上的苏堤。苏轼重新出任杭州知州时，曾着力疏浚西湖，并在西湖筑堤，"植芙蓉、杨柳其上，望之如画图"。生满葑草的西湖在苏轼的治理下重焕生机，栽植的芙蓉花和杨柳既能护堤，又增添了西湖的魅力。当地人感怀苏轼的功绩，将此堤唤为"苏公堤"，而"苏堤春晓"更成为后人游览西湖不容错过的美景。

古时并没有"林业"一说，但假若东坡居士生活在今日，以其过人的技能、科学的理念和突出的贡献，定当是一位极其优秀的林业工作者。

（资料来源：吉林省林业调查规划院，2020年9月30日）

思政述评

宋代知识分子的典型代表——苏轼，其人生履历及文学创作与林业有着千丝万缕的联系。他亲自植树造林，参与园圃劳作，他疏通西湖，兴建苏堤，他又关注生态环境，注重保护森林遗产，咏叹林业文化，倘若他生活在今日，则除了文学大家称谓之外，他也一定是一位极其优秀的林业工作者。

案例13　王祯：重农著书

案例呈现

中国古代以农业立国，民以食为天，农业生产和农民生活始终是国家和社会需要重视的重要问题。为了总结农业发展经验和指导农事生产，中国古代学者编写了大量的农学类书籍，成为中华民族宝贵的农业和文化遗产。其中，《王祯农书》曾被国外农学专家誉为中国古代最有魅力的一部农书。

《王祯农书》以作者王祯命名。王祯（1271—1368），字伯善，为元初东平路泰安州（今山东泰安）人，元世祖至元年间曾出任泰安州教授，元成宗元贞元年（1295）任旌德（今安徽省旌德县）县尹，大德四年（1300）转任永丰（今江西省上饶市广丰区）县尹，在此期间完成了《王祯农书》。这部《王祯农书》与《氾胜之书》《齐民要术》《农政全书》并称"中国古代四大农书"，王祯也与西汉的氾胜之、北魏的贾思勰、明代的徐光启齐名，成为中国古代著名的四大农学家。

据史料记载，王祯曾在宣州旌德、信州永丰两地担任县尹，任内积极提倡农桑、奖励垦耕。他认为"农，天下之大本也""古先圣哲敬民事也，首重农。其教民耕、织、种植、畜养，至纤至悉"。王祯每年规划农民种植桑树若干株，对麻、苎、禾、黍等作物的种植"授之以方"，还画出耧、耙等各种农具的图形，供农民仿制使用，并在年终逐项考核。王祯说，一个地方官应该熟悉农业生产，如果不稼不穑，就很难担负起劝导农桑的责任。因此，他不居高堂衙门，"以身率先于下""亲执耒耜，躬务农桑"，问学在田头，求教于老农，孜孜不倦研读历代农书。经过长年的农业生产实践，王祯把教民耕织、种植、养畜所积累的丰富经验，与前人有关的农学研究相融合，编写成三十七卷约13.6万多字的农业科学著作《王祯农书》。

王祯这部兼论中国南北地区农业的《王祯农书》，分为《农桑通诀》《百谷谱》《农器图谱》三大部分，概述了古代农业生产发生和发展的历史，记载了垦耕、播种、施肥、灌溉、收获、植树、饲养家畜和栽桑养蚕等具体方法，介绍了各种谷物、蔬菜、瓜果、竹木、麻、棉、茶等作物的起源、特性及其栽培技术，并用占全书五分之四的篇幅，描述了257种农具、农业机械和生活用具的构造、来源、演变和使用方法，绘制附图306幅，并配有诗歌和韵文加以说明。

他综合黄河流域旱田耕作和江南水田耕作两方面的生产技术和实践经验，对农事、农技、农具的创新与传承取长补短，积极推进。王祯在"锄治篇"中记载："其北方村落之间多结为锄社，以十家为率，先锄一家之田，本家供其饮食，其余次之，旬日之间，各家田皆锄治……间有病患之家，共力助之。故苗无荒秽，岁皆丰熟……名为锄社，甚可效也。"字里行间，表现出对基层社会的守望互助的重视与推广。当时，北方系的鲁桑桑叶产量高，但桑树的寿命短；南方系的荆桑桑叶产量低，但桑树的寿命长。王祯便在《王祯农书》中提出，应以荆桑为树，以鲁桑条接之，这样就能在保证桑树长寿的同时，提高桑叶的产量。他还在《王祯农书》中推广棉花种植，木棉"比之桑蚕，无采养之劳，有必收之功，得御寒之益"。

元大德二年（1298），旌德大旱。王祯自绘图样，赶制大批"高转筒车"，组织农民引水救苗，变歉为丰。他在《王祯农书》中赋诗赞叹："戽车寻丈旧知名，谁料飞空效建瓴；一索缴轮升碧涧，众筒兜水上青冥。溉田农父无虞旱，负汲山人赖永宁。颠倒救时霖雨手，却从平地起清泠。"王祯专注于农器的发明与推广，在《王祯农书》中强调"器非田不作，田非器不成"，并自己动手，设计和改制了水轮三事、水转翻车等先进的农机具。在他的笔下，水砻、秧马、织机、牛转翻车、九转连磨、水力大纺车……一件件原始而古朴的农具农器，被赋予了生命和情感，随着朗朗上口的诗文，不断推广应用到田间地头、农舍作坊。清代学者顾嗣立在编辑《元诗选》时，特别设立"农务集"部分，专门选用了《王祯农书》中咏叹农事农器的51首诗作，这在历代诗歌选集中都是十分罕见的，可以这样说，王祯博学多识，不仅是一位农学家，还是一位诗人呢。

王祯在《王祯农书》中表现了对劳苦百姓的体恤与对不劳而获者的愤懑："累累禾积大田秋，都入农夫荷担头；才使赪肩到场圃，主家仓廪又催收"；"一得岂能偿百费，终岁勤劳一歔欷"；"今夫在上者，不知衣食之所自，唯以骄奢为事，不思己之日用，寸丝口饭，皆出之野夫田妇之手，甚者苛敛不已，朘削脂膏以肥己"。

可以说，王祯为官，政仁民惠，功在《王祯农书》，利在千秋，"其居此官，即欲尽其职；其行此事，即欲尽其心"的知，与"用心谋事、潜心于事、同心共事、精心成事"的行，是那么的和谐合一。

（资料来源：人民网，2022年12月26日）

思政述评

王祯游宦南北，博学多识，任职地方期间勤政爱民，劝导农桑功绩显著，所著《王祯农书》集北魏以来农业生产之大成，书中不仅蕴含着丰富的农学理论，而且图文并茂对于农业生产具有很强的指导性，是涵括完备农业知识的百科全书，标志着传统农学达到了新的水平，在中外农学史上占有显著地位，为后人留下了宝贵的财富。

案例14 徐光启：躬体力行以成"经国之书"

案例呈现

我国现存农学古籍约有500种，其中明代徐光启的《农政全书》被誉为"全面总结性的农业百科明珠"，是继北魏贾思勰《齐民要术》之后中国传统农业发展史上又一部集大成的农学经典。《农政全书》篇幅宏大、体例完备、内容精详，资治价值高，在明代被统治者视为"有裨邦本"之作，曾被下旨"梓印广传"，该书后逐渐流传至日本、朝鲜和欧洲诸国，成为我国具有世界影响力的传统农学著作之一。

徐光启（1562—1633），字子先，号玄扈，上海人。万历三十二年（1604）进士，明末崇祯朝官至礼部尚书、东阁大学士，入内阁参与机务，成为"崇祯五十相"之一。他博学多才，学贯中西，在数学、天文、水利、军事等领域均有建树，而农学领域的成就尤大。

嘉靖四十一年（1562），徐光启出生于一个地主兼商人家庭，当时正值倭寇肆虐我国东南沿海之时，上海一带频遭涂炭，徐家也未能幸免，家道由此中落，不得不靠耕织自给。徐光启8岁入学读书，留心农事，对农业生产逐渐萌生出浓厚的兴趣。考中秀才后以教书为业，途经广东韶关时认识了意大利天主教传教士郭居静，初次接触到西洋学说。万历二十八年（1600），徐光启赴南京，遇到意大利天主教传教士利玛窦，对西洋学说有了进一步了解，萌发出浓厚兴趣。他将利玛窦视为"海内博物通达君子"，与之倾心相交，并皈依天主教，之后又在北京师从利玛窦，合作翻译西方科学著作。

中进士后，徐光启的仕途并不顺利，服官之暇他未像其他士大夫一样潜心于修身养性或寄情于山水诗文，而是忙着投身于各种农学实验。万历三十五年至三十八年（1607—1610）为父守丧期间，徐光启在上海的家园和郊区祖茔附近开辟了小型试验农场，栽种甘薯、芜菁（蔓菁）、吉贝（棉花）等作物，积累了丰富的技术经验，在此基础上撰成《甘薯疏》《芜菁疏》《吉贝疏》等小型农学著作。徐光启利用闲暇时间进行农事实践和科学总结，于万历四十年（1612）又撰成《农遗杂疏》一书。

崇祯六年（1633），72岁的徐光启卧病在床，依然笔耕不辍，弥留之际还对编纂农书之事念念不忘，嘱咐后人一定要完成遗著，了却毕生凤愿。徐光启去世两年后，其门人陈子龙从徐氏次孙徐尔爵处借录遗稿，送交应天巡抚张国维阅看，张国维看后非常欣赏，视为"经国之书"，送松江知府方岳贡阅看，亦大为激赏，于是共谋刻版付梓，将定稿之责交予陈子龙，四历寒暑，终在崇祯十二年（1639）整理刊竣问世，是为《农政全书》。该书在徐氏遗稿的基础上"大约删者十之三，增者十之二。其评点俱仍旧观，恐有深意，不敢臆易也"，基本上保留了遗稿原貌。

《农政全书》共60卷，50余万言，分农本、田制、农事、水利、农器、树艺、蚕桑、蚕桑广类、种植、牧养、制造、荒政等12门。书中除大量征引已有的农业文献外，还记录了徐氏亲自从老农那里搜集到的种植、养殖验方，以及从事农事实验的心得经验，且在水利一门还收录《泰西水法》，介绍西方水利技术。

徐氏主张"富国必以本业"，将发展农业视为国家富强的必由之路。我国古代农书强调重视农业，各家农书本身就是重农思想指导下的产物，在这一点上，《农政全书》也不例外。但前代农书仅以农本观念为核心，重点在于总结农业生产知识和技术，总体而言是技术性的农学著作。《农政全书》则突显"农政"二字，取官修政书之意，高屋建瓴，从政府对农业政令、施行和农事管理的高度提升了全书的地位与价值，表明其著述的根本出发点在于国家治理，而农业技术是实现国家治理的技术手段。可以说，《农政全书》是政治经济与科学技术统一的典范，比以前所有的农书更系统、更全面。

徐光启以农为本的思想，在《农政全书》中表现得十分突出。该书开篇即为"农本"三卷，包括《经史典故》《诸家杂论》和《国朝重农考》各一卷，收录明代及其以前朝代的重农言论和事迹。

《经史典故》引《管子》《庄子》《史记》《氾胜之书》等书，阐明农业于民于国的重要性。该卷反复阐述"人生在勤，勤则不匮""力能胜贫，谨能胜祸""勤力可以不贫，谨身可以避祸"，目的是劝告百姓"织而衣之，为开其资财之道"，并告诫官府：若百姓"腹饥不得食，体寒不得衣，慈母不能保其子，君亦安得以有民？"在《诸家杂论》里，徐光启全文转录《齐民要术》的序，一方面热情赞扬管仲、李悝、商鞅、晁错、桑弘羊等重农政治家的论述和事迹，另一方面严肃批判轻农、贱农的错误思想和认识。《国朝重农考》讲述明朝开国之后几任重农的皇帝，借以劝谕当时的皇帝和朝臣，要他们重视农业，发展农业生产。徐光启从"农本"思想出发，直陈当时明王朝不重视农业的错误，指出明王朝长期以来"国不设农官，官不庀农政，士不言农学，民不专农业，弊也久矣"，批判了明神宗所奉行的轻农、贱农、害农的思想。

明末阳明心学"致良知"思潮极端化发展，越来越多的人束书不览，脱离实际，清谈天理，使学问的实用性大大降低。与此相对应，社会上还有一股提倡"经世致用"的"实学"思潮，号召人们关注现实，做学问以解决社会实际问题为价值导向，这股思潮对于明末科技的迅猛发展影响深远。《农政全书》就是在这一思潮的影响下产生的，书中充满了人本主义关怀。

明朝后期朝政不修，吏治败坏，内有此起彼伏的民变、暴动，外有后金的步步紧逼，内忧外患接连不断。徐光启著就《农政全书》的根本目的在于以政治力量保证农业生产和农业劳动者的生活，从这里获得国防上所需要的物力和人力。归根结底是为了解决民食、富国强兵，这显然是对解决明末社会现实问题的一种呼应。由此来看，他"富国必以本业，强国必以正兵"的主张不仅是一种理论上的号召，更是针对明朝国祚开出的一剂良药。

除了规劝最高统治者和各级政府从观念和行动上重视农业之外，徐氏还试图从技术层面解决困扰农业发展和社会稳定的诸多问题，这种"经世致用"的理念集中体现在水利、荒政两门的内容里。

明朝各种水旱灾害频发，给人们的生产生活造成了很大灾难，由此徐光启特别重视水利问题，提出"水为农本"，将水利事业视为农业发展的根本大计。他认为传统的重土地轻水利观念影响水利建设，西北水利荒废造成明代区域经济失衡及百姓负担加重，持续不断的农民起义和后金进攻又给农田水利带来了不可估量的损失，主张引水兴修农田水利，疏通河流以防水旱灾害，发展西北地区水利以减轻东南税赋，体现出浓厚的关注国计民生的经世色彩和爱惜民力的人本关怀。

自明朝中期始，因自然灾害和土地兼并导致的大规模流民问题就成为困扰政府的一大难题，迫至明末流民问题更加突出，演变为威胁明朝统治最严重的内患。徐光启对荒政格外重视，"荒政"门中收录了大量古代先贤的备荒言论，在吸收前人思想精华的基础上，徐氏提出"预弭为上，有备为中，赈济为下"的备荒之策。所谓"预弭"指"浚河筑堤、宽民力、祛民害"，即兴修水利，减轻赋税劳役，废除造成民不聊生的种种弊政；"有备"主要包括重农贵粟、省上厚下、勤俭节约、抑富佑贫、仓储备荒等内容，实质是培植国家及其民众抗御自然灾害的能力；"赈济"指饥荒发生后，政府应给予及时救助，这是无可奈何、不得已而为之的补救措施，属于下策。"预弭""有备""赈济"构成了层次分明、立意高远的荒政思想，形成了一个防灾、减灾、救荒思想的有机整体，给出了一套利用科学技术解决实际问题的具体方案。

《农政全书》经世致用的人本关怀还体现在作者对农书内容的取材和写作态度上。明代晚期，西学逐渐传入中国，徐光启是当时少有的、以开明态度对待和接纳西学的士大夫。他与利玛窦相交甚笃，学习西方科学技术，在《农政全书》"水利"门中收录自己与意大利传教士、利玛窦助手熊三拔合译的《泰西水法》，向世人系统地介绍和推广西方水利技术，这在以往的农书中是没有的，体现了徐氏"无问中西，但求有用"的实用主义态度和开放情怀。徐光启撰写《农政全书》的目的是直接指导农业生产和管理，一切须以有用、有效为度，否则就会有误民、害民之虞，所以他对于已有农学理论和经验不加盲从，而是亲自从事实验加以验证，不仅证实了自己的观点，而且纠正了不少以往的错误认识。书中除引用前人文献外，徐光启本人写就的内容有6万多字，记录了自己的实践经验和采访所得，呈现出实用主义的立场与理性主义的态度。

（资料来源：新华网，2019年8月15日）

思政述评

在历史的长河中，有一些人物闪耀着独特的光芒，他们用智慧和勇气构建了我们今天的世界。徐光启，这位明朝末年的伟大科学家，就是这样一个例子。他的贡献遍及农业、数学、天文、历算、军事等领域，他学识深厚、视野开阔、勇于创新，对中国科学的发展作出了巨大的贡献。他是中国科学的照明者，也是我们学习的楷模。他的一生都在追求知识、倡导科学、推动社会进步，他的精神值得传承和学习。

案例15 宋应星：关心国计民生的科学家

案例呈现

2021年3月，中央广播电视总台大型文化节目《典籍里的中国》第二期聚焦中国首部关于农业和手工业生产技术的百科全书《天工开物》，致敬"古有《天工开物》，今人继往开来"的科学精神。节目中，相隔300余年的袁隆平与宋应星透过一粒种子，用跨越时空的一次"握手"，让观众看到中国古代的伟大创造与杂交水稻的有机联系。

宋应星（1587—1666），字长庚，江西南昌府奉新县（今江西省宜春市奉新县）人，明朝著名科学家，其代表性著作《天工开物》被誉为"中国17世纪的工艺百科全书"。

宋应星自幼聪明，熟读经史及诸子百家，深得老师及长辈喜爱，后考入奉新县县学为庠生。万历四十三年（1615），29岁的宋应星在省城南昌参加乙卯科乡试，考取了举人，列全省第三名。虽然乡试的成功使宋应星备受鼓舞，但在接下来的五次会试中都名落孙山，从此彻底断绝了考取功名的念头。第五次会试时，宋应星已45岁，宝贵的青壮年时间就这样消磨在科举上面。

虽然5次进京会试均告失败，但这5次水陆兼程的万里跋涉，却也给他打开了另外一扇窗。沿途经过了江西、湖北、安徽、江苏、山东、河北等省的许多城市和乡村，在旅途中，他有机会在田间、作坊从劳动群众那里调查到不少农业和手工业生产技术知识，把各地的生产技术记录下来，得到了许多第一手的资料，为后来写作《天工开物》等书做了准备。

宋应星自小对天文学、声学、农学及工艺制造学兴趣浓厚，15岁那年，听说《梦溪笔谈》是一部价值很高的科学著作，于是很想找来读一读。他来到镇上的文宝斋书铺询问，店老板却告诉他，现在人们都读四书五经，为的是考取功名，科学方面的书即使进了货也没人买。宋应星只好懊丧地离开了文宝斋。在路上，他碰到一个卖米粿的老汉，从老汉那里得到了用于包米粿的残本《梦溪笔谈》，老汉告诉他这书是向南村纸浆店老板讨来的。宋应星又一路跑着赶到纸浆店，可那后半部书已经泡入水池，正准备打成纸浆。宋应星向老板苦苦祈求希望倾其所有购买这本书。老板被他这种求学的精神深深感动，赶忙让工匠把那半部书捞了上来，交给了宋应星。

在科举这条路上走不通，宋应星便把自己的兴趣和时间都用在研究农业和手工业的生产和技术上。他还大量翻阅前人留下的史书典籍，并结合自己在实践中的所见所闻，对典籍上的内容加以甄别。崇祯八年（1635），宋应星任江西袁州府分宜（今江西省新余市分宜县）县学教谕，教授生员。宋应星在分宜县任教4年，是他一生中的重要阶段。授课后的余闲时间较多，同时又能接触到一些图书资料，为他从事写作提供了条件。宋应星充分利用这段时间，根据以前的调查所得，再查找必要的参考文献，从事着极其紧张的著述工作，历时4年著述完成了他最杰出的作品《天工开物》。

在《天工开物》中，宋应星详细介绍了如何种植水稻，如何改良土壤，如何养蚕杂交育种，如何开发连续批量生产钢铁的设备，如何按照各种金属的化学性质进行分离提纯，以及如何研究制造各种农业机械；等等。他的这些研究，在当时可以说是非常先进的理念和方法。

此外，宋应星在《天工开物》中还详细介绍了他的一些别出心裁的科技创新。比如他发明的"连续锻炼机"，这是一种利用水力驱动的机械，可以用于连续制造钢铁。这种机械的出现，大大提高了钢铁生产的效率，对于当时的工业生产有着巨大的推动作用。

然而，宋应星的科技贡献并不止于此。他还在书中介绍了他的农业改革理念。他主张农民应该积极引进新的农业技术，提高农业生产效率，同时他也鼓励农民勤劳节俭，节约资源。他的这些理念，在当时可以说是具有前瞻性的。

《天工开物》初刊于明崇祯十年（1637），共3卷18篇。《天工开物》的序言中，写着一句非常有力量的话——"此书于功名进取毫不相关也"。全书收录了农业、手工业，诸如机械、砖瓦、陶瓷、硫磺、烛、纸、兵器、火药、纺织、染色、制盐、采煤、榨油等生产技术。《天工开物》是世界上第一部关于农业和手工业生产的综合性著作，一些重要论述在当时处于世界领先地位。比如，"物种发展变异理论"比德国卡弗·沃尔弗的"种源说"早100多年，"动物杂交培育良种"比法国比尔慈比斯雅的理论早200多年等。

从17世纪开始，《天工开物》先后传入日本、朝鲜和一些欧美国家，轰动一时。英国生物学家达尔文称之为"权威著作"。日本科学史家三枝博音认为，《天工开物》不只是中国，而且是整个东亚的一部代表性技术书，其包罗技术门类之广是欧洲技术书无法比拟的。英国科学史家李约瑟博士将宋应星称为"中国的狄德罗"，赞扬《天工开物》是"17世纪早期的重要工业技术著作"。

（资料来源：江西档案，2023年1月14日）

思政述评

作为一个封建官吏，宋应星忠君、尽职、关注民生、反对不正之风等想法和行为，是在认同并维护封建统治秩序的基础上求善求真，追求士大夫的完美的人格，由此对社会对人生都有积极的贡献；作为一个封建时代科学家，宋应星博学、勤奋，有着浓厚的探索自然奥秘和用先进科技促进生产力发展的愿望，有着丰硕的成果。虽然他的伦理思想有一定的时代局限性，但更多的是闪耀着理性的光辉。

案例16　黄省曾：我国最早的淡水养鱼专家

案例呈现

我国是水产养殖第一大国，也是世界上最早开展池塘养鱼的国家，上溯到殷商末期和西周的初期，已有池塘养鱼的记载。从古至今，有两本涉及渔业的古代专业书籍，除了春秋时代范蠡的《养鱼经》，还有明朝黄省曾的《种鱼经》。其中，《养鱼经》是中国养鱼史上最早的珍贵文献，《种鱼经》则是现存最早的淡水养鱼专著。

黄省曾（1490—1540），生于明弘治三年（1490），卒于嘉靖十八年（1539），字勉之，号五岳山人，明代学者，吴县（今江苏苏州）人，先世为河南汝宁人。《明儒学案》记其"少好古文，解通《尔雅》。为王济之、杨君谦所知"。嘉靖十年（1531）以《春秋》乡试中举，名列榜首，后进士累举不第，便放弃了科举之路，转攻诗词和绘画。交游极广，王阳明讲学越东，往见执子弟礼，又请益于湛若水，学诗于李梦阳。多藏书，于书无所不览，详闻奥学，好谈经济，长于农业与畜牧，诗作以华艳胜。

黄省曾一生著述颇丰，内容涉及经学、史学、地理、农学等多方面。《申鉴注》是较为重要的史学著作，为《四库全书》所收录，涉及西洋地理与中西交通方面的重要著作《西洋朝贡典录》三卷、《吴风录》一卷。农学著作主要有《稻品》（又称《理生玉镜稻品》）一卷、《蚕经》（又称《养蚕经》）一卷、《种鱼经》一卷、《艺菊书》（又称《艺菊谱》）一卷。此四书合称为《农圃四书》。此外，还有《芋经》（又称《种芋法》）一卷、《兽经》一卷。文学著作为《拟诗外传》《骚苑》及《五岳山人集》三十八卷。《五岳山人集》由王世贞为之序。除著述外，黄省曾还辑佚、校注和刊刻了一批重要的文献著作，如辑《稽中散集》十卷，刊刻《水经注》《山海经》等，为古文献的保存和整理工作作出了相当贡献。此外，黄省曾还是一个较有成就的书法艺术家，并曾命子黄姬水学书于祝枝山，文徵明的多幅图轴留有其题跋。

《种鱼经》，又称《养鱼经》《鱼经》，书成于1618年，为黄省曾编写的一部淡水养鱼专著。《种鱼经》分为3篇，3000余字。第一篇述鱼种；第二篇述养鱼方法；第三篇内容较少，主要记载海洋鱼类的性质及异名。

《种鱼经》首次记载了利用海涂养鱼，书中所载半咸水人工养殖鲻鱼是我国海鱼人工饲养之始。

第一篇述鱼种。记载了天然鱼苗的捕捞及养殖方法，青鱼、草鱼鱼秧的食性，鲢鱼鱼种养殖中要注意的事项。其中所见明代松江府海边的鲻鱼养殖，是中国鲻鱼养殖的最早记载。

第二篇述养鱼方法。对于鱼池建造，主张二池并养。其好处有可以蓄水，可以去大存小，免除鱼类受病泛塘等。池水不宜太深，深则缺氧，水温低不利鱼类生长；但池塘正北要挖深，以利鱼受光避寒。池塘环境要适应鱼类生长需要，指出池中建人造洲岛，有利鱼类洄游，促进快长。环池周围种植芭蕉、树木、芙蓉等植物，也有好处。对于鱼病防除，科学地指出鱼类排泄不可过多，否则鱼会发病；池中流入碱水石灰也会使鱼得病泛塘。强调饵料投喂要定时、定点，要根据鱼类生长阶段及食性投喂。还指出不可捞水草喂鱼，以防夹带鱼敌入池。

第三篇主要记载海洋鱼类的性质及异名。

本书现存共400余字，是中国养鱼史上值得重视的珍贵文献。

思政述评

黄省曾与其兄黄鲁曾，都因爱购书、藏书为人所知；又因他俩酷爱阅读，对书无所不览，因而才名远扬，世称"二黄先生"。正是这种读书破万卷的勤功夫，使得黄省曾知识面极广，他的《种鱼经》是现存最早的渔业资源著作，有着相当程度的历史地位和研究价值。

案例17　王象晋："达尊"老人著《二如亭群芳谱》

案例呈现

《孟子·公孙丑下》："天下有达尊三：爵一，齿一，德一。朝廷莫如爵，乡党莫如齿，辅世长民莫如德。"所谓"爵一，齿一，德一"即爵位、高龄、德行。在赫赫有名的"齐鲁第一进士家族"的山东新城王氏家族中，也有一位"达尊"老人，他不仅高寿，身跨明清两朝，挽家族于既倒，立下汗马功劳，而且胸怀济世之志，心系国计民生，留下不朽之作。他就是王象晋，清初文坛领袖王士禛的祖父。

王象晋（1561—1653），字荩臣、子进、三晋、康侯，号康宇，自号名农居士，山东桓台（今山东省淄博市桓台县新城镇）人，中国明代农学家。王象晋的祖父及父兄都做过大官，是当地一个很有名望的官宦世家。王象晋自幼受到严格的家庭教育，他博览群书，勤奋好学，30岁中举，40岁中进士，开始踏上仕途。这时明王朝日趋没落，官宦外戚专权，政治腐败，国困民穷。王象晋为人正直，对有权势的达官贵人不愿奉承，因而受到排挤，政治上很不得志，便产生了弃官从农的思想。他在"言志"这首诗中写道："世途多险戏，反复无终极。何不早挂冠，戚友相亲，西塾课儿孙等等。"这段话的意思是：感到仕途艰险，不如回家务农，粗茶淡饭倒也自然。这虽然反映了王象晋有避世的消极思想，但在当时来说，能自觉抛弃士大夫阶级那种鄙视农业的偏见，却是十分可贵的。他认为读书人去从事农业，并不像士大夫所说的"小人所为"。他说，孔子尚且说："我不如老农，我不如老圃。"就拿读书人奉为经典的诗经来说，也包括记述农业生产的篇章。他批评那些所谓熟读圣贤书、空喊要做一番大事的人，不如做一点对老百姓有益的事。

1607年，即王象晋考中进士后的第三年，因父亲去世回家守制，便开始了他的农事生活。在这以后的近20年里，王象晋虽然曾几度出任过小京官，但大部分时间在山东新城老家经营农业生产。据史书称，他家中拥有近百亩田产，靠雇人耕种，而王象晋的主要精力则从事园圃种植。他把自己的一小块园圃题名"涉趣园"。园内有一个凉亭，叫"二如亭"，所以王象晋把他编写的书叫《二如亭群芳谱》，但人们习惯简称《群芳谱》。王象晋把涉趣园作为实验园地，面积虽不大，但种植的作物种类很多，仅蔬菜就有几十种，还有各种树木、果树和花草。他对每种植物都进行详细的观察，并和古籍中的记载加以对照。他广泛阅读各种农经和花史，又注重自己亲身的实践。经过十几年坚持不懈的努力，王象晋积累了大量的宝贵资料，成为当时一位很有名望的园艺专家。不少人经常向他请教农业生产技术，他总是有问必答。编著成功中国历史上植物学巨著《二如亭群芳谱》。

《群芳谱》全书共30卷、40余万字，是明代介绍栽培植物的著作。此书初刻于明天启元年（1621年），《群芳谱》是一部内容丰富的谱录。分为元、亨、利、贞四部，按天、岁、谷、蔬、果、茶竹、桑麻、葛棉、药、木、花、卉、鹤鱼等分类为十四谱，记载植物达400余种，牡丹的记载品种达185个。每一植物分列种植、制用、疗治、典故、丽藻等项目。《群芳谱》流传甚广、版本众多，至康熙朝，清政府组织专人对《群芳谱》进行整理增充，命名为《佩文斋广群芳谱》，重编为100卷，康熙皇帝亲自撰序文，刊行全国。贯穿《群芳谱》全书的是天、地、人"三才"理论，强调因时制宜、因地制宜、因物制宜的农业生产原则，明确提出人力夺天工的农学思想，与当时社会上流行的"唯风土论"针锋相对，成为我国历史上较早提出反"唯风土论"的人士之一，强调了人在农业生产上的主导作用，形成了科学的农学思想体系。《群芳谱》强调农时在农业生产中的重要性，尽量做到不违农时，以达到预防农业灾害的目的。

《群芳谱》最突出的贡献，是在农业生产技术上相当丰富的成就。如稻、麦等粮食作物的栽培技术，果木的栽培管理和滴灌技术，麻、棉的整枝技术等等。滴灌技术到今天仍然是世界上最先进的灌溉技术之一。

王象晋总结了许多先进的农业科学技术，积极用于抗灾救荒。如针对常发的农业灾害，《群芳谱》提出了覆盖、烟熏、施肥等具体方法措施预防和应对霜冻灾害。《群芳谱》十分重视对救荒植物的记载，其目的旨在使人们在发生饥荒时能够准确地辨别出可以食用的植物，从而救荒济饥。王象晋还试种刚刚进入中国的高产作物甘薯（地瓜），将自己试种的经验披露出来，包括种甘薯的最佳土壤、管理方法以及留种、育苗、繁殖技术、储藏等，都在《群芳谱》中作了详尽的记载。随后，徐光启的《农政全书》也引用了《群芳谱》的相关著述。因其高产和稳产，甘薯很快在华北地区得到推广种植。

王象晋一生到过很多地方，他每到一地，十分留心观察当地的栽培植物，并随时记录下来。王象晋曾"优游林下二十年"，亲自参加园圃劳动，并到各地进行过考察，植物学知识十分广博。《群芳谱》中记载的400余种栽培植物，大多是作者本人见过或种过的，他对各种植物的名称都进行了认真的考订，纠正了不少前人著作中的误记。对每种植物形态特征的描述大都比较正确，对一些果树和蔬菜，按照植物学特性进行了初步分类，这些至今仍有一定的参考价值。因此有人称它是我国古代一部重要的植物学辞书。

崇祯十一年（1638），王象晋已七十高龄了，才辞官回到家乡。数年后明亡于清，王象晋因其子孙在甲申之变中"殉节"，于是便闭门谢客，过着隐居的生活，一直活到93岁，死于清顺治十年（1653）。在王象晋死后约半个世纪，到清康熙四十七年（1708），康熙皇帝玄烨命人重新改编《群芳谱》，题名《广群芳谱》。

（资料来源：搜狐网，2022年12月16日）

思政述评

园艺，自古以来就是农业一个重要组成部分，现存的大量古书中，大都包括有园艺方面的内容。而王象晋作为我国古代杰出的园艺学家，其编写的大型农书《群芳谱》，就是古代介绍园艺生产技术最为详尽、丰富的一部古农书，特别是关于观赏植物的记述，对后世人具有不可磨灭的影响。

案例18 张宗法：近八十高龄写成《三农记》

案例呈现

张宗法（1714—1803），字师古，号未了临，四川什邡人。自幼好学，博闻强记，能诗文。他出生在什邡民主乡一个以耕读为业的书香人家。父亲张全明，在村上教私塾，是一个饱读诗书的寒门秀才。虽家境困窘，却清贫自守，以"与鸟兽同其休息，与草木共其春秋"为乐，不图官职，坚持农耕，致力著述，著有《三农记》《正情说》等书，是清代著名农学家。《三农记》于清代乾隆二十五年（1760）刊行，是张宗法撰写的一部综合性农学巨著。因其著书是在"老农""牧童""耕夫"的规劝鼓励之下，故名之《三农记》，与今所说"三农"之义差异巨大。

史料上说，张宗法长得骨秀神慧，性情温雅，诸子百家，无不贯通。最初，他想以举业的成功来实现人生梦想，谁料时运不济、科场不顺，迎来的是功名不成的失望。对此，他感到十分落寞，万般无奈，他含泪放弃科考，靠耕种家里几十亩薄田维持一家人的生计，同时潜心著述。他的生活发生了巨大的转折，他从一心读圣贤书，渴望蟾宫折桂的寒门士子变成了躬耕田野、终老林泉的山野耕夫。

在耕作实践中，张宗法体察到了农民的辛劳，深知农民的疾苦，便立下了为农民写书指引"脱贫之路"的宏愿。他常到田边地角，细心总结老农的耕作技术，精心阅读古代农学著作北魏贾思勰的《齐民要术》，从明末徐光启的《农政全书》中吸取思想养料。他还写了一副座右铭："与鸟兽同其休息，与草木共其春秋"。

不幸事件接踵而至，在贫困的生活中，他的妻子病倒了。为给妻子治病，万般无奈的情况下他忍痛卖掉祖上留下的一家人赖以生存的薄田，从此变得一贫如洗。妻子还是病故了，他忧心如焚，好在聪明伶俐、善解人意的女儿支持他，说要等父亲把书写成后自己再出嫁。

张宗法夜以继日，精心写作。到乾隆二十五年，当他鬓如霜、须似雪，行将八十高龄的时候，终于好梦成真，如愿以偿地写成了共24卷、33万字，包括农、林、牧、渔、园艺等多种内容的《三农记》，实现了他为农民写书的宏图壮举。

《三农记》全书共二十四卷：一至五卷写天时地理；六卷写灾害、备荒和救荒；七至十八卷分述各种农作物的栽培技术；十九卷至二十卷谈畜牧兽医；二十至二十四卷谈农村习俗杂事和农产品加工。《三农记》在论及作物栽培技术时，很强调因地制宜，不违农时，还大胆地把老农的意见直接写进书里，与"圣人、宿儒"平起平坐。如银杏插枝，即引"老农云"："插枝润土亦活。"如大麻获治戒误时，引"老农云"："说了一杯茶，误了一池麻。"

张宗法的《三农记》比《齐民要术》《农政全书》内容更丰富，更具有实用价值，成了"千古农家不可无"的宝典。

《三农记》至今珍藏在美国、加拿大等国家图书馆。在国内，国家图书馆和北京大学、中国农大、西南大学、四川农大等高校图书馆也珍藏此书，供读者查阅。另外，我国农学遗产研究所还把这本书纳入《中国农学遗产选集》，同世界各国交流。1980年秋，什邡县（今什邡市）出于对这位古代农业科学家怀念和尊敬，将其家乡原民主公社一大队（今师古镇师古村）命名为师古大队，后改为师古村。2006年4月原民主、云西两镇合并，名为师古镇。

（资料来源：新华网，2021年6月21日）

思政述评

《三农记》是我国清代乾隆年间的一部重要农业科学著作，此书内容丰富、记述生动、体例完整、规模宏大，仅次于当时乾隆皇帝命令50位大学士、翰林、学者集体纂修的《授时通考》。

在信息收集、书写整理和刊刻条件都十分有限的清代，张宗法仅凭一己之力完成了这部农学著作，着实是一个奇迹。最为重要的是，张宗法提出了运用植物进行病虫害防治、运用有机肥来进行农作物栽培的观点，堪称我国有机农业的鼻祖。

案例19　杨屾：清代陕西著名农学家

案例呈现

杨屾（1688—1785），字双山，陕西省兴平县桑家镇人，著名农桑学家。一生热心搞农桑科学实验，不求功名，只在家乡教授学生，兴农富民，发展了关中的农桑业，为我国农业科学发展作出了贡献。

杨屾出生于一个普通的封建地主知识分子家庭，幼年早学，天资聪明，十几岁时师从关中名儒李颙读书。他不应科举、不求功名，"自髫年即抛时文，矢志经济，博学好问。凡天文音律，医农政治，靡不备览"。他认为人们的生活"盖食出于耕，衣出于桑，二者生民之命，教化之原，缺一不可者也。夫人生一日不再食则饥，终岁不再衣则寒。饥之于食，寒之于衣，得之则生，失之则死，耕桑之所系大矣哉"！基于这种观点，杨屾在家乡开馆办学，教书育人，把提高农作物的耕播和管理技术作为教授的主要内容。他带着学生到田间进行"区种法"实验，即以小畦为单位，深耕细作，合理施肥和灌水，除草保苗。实验结果，取得了粮食产量亩产1000市斤的好成绩。周围乡村的人们看到他的耕作方法效果好，于是争相学习他的区种法。

自唐末、五代开始，北方的战乱再次频起，关中的农桑生产受到很大破坏，人们早已认为关中的气候和土壤不适宜发展蚕桑业。杨屾查阅了古籍文献，认为关中地仍可栽桑养蚕。于是，他提倡在关中发展蚕桑生产，使农民"广开财源，以佐积贮，裕国辅治，以厚民生"。雍正三年（1725），他派人到山东买回柞蚕种，养在终南山，并请来山东有技术的人来传授经验、具体指导。他自己在终南山下搭茅屋居住，化蛾、孵蚕，引蚕上树，终于使柞蚕初殖试验成功。于是，他在家乡开辟园地，栽种了桑树，发展成林。雍正七年，他又从江南引进桑种桑苗，亲自栽培繁殖。他的试验得到成功，同时又从实验中总结出了适于关中养蚕的有效方法，向近县的人们推广。在他的指导下，靠近兴平的农民争相养蚕，"数年之间，大获其益"。外地前来向他学习养蚕的人络绎不绝，他皆细心指导。当时，关中平原，渭河南北普遍栽桑养蚕，缫丝技术相当普遍。

他把自己长期种桑养蚕的实践经验加以总结，撰成《豳风广义》一书，从种桑、养蚕，到缫丝、纺织，以及所用的各种工具都作了详细叙述，图文并茂，通俗易懂。乾隆六年（1741），他把书稿呈送陕西巡抚衙门，并陈述了兴蚕桑、增富源以解民困的道理。次年，该书印行，在陕西、河南、山东等地流传。20世纪60年代，国家把此书编入《中国古农书丛刊蚕桑之部》出版。该书除主要论述植桑育蚕之外，还附有《畜牧说》和《畜牧大略》等内容，对家畜家禽的饲养方法和经验有详尽的叙述。他的邻居刘芳在为这本书写的序言中恰当评介了该书的价值，序中说："乐从者皆验，诚致富之良谟（谋）也……若从踵而行之，不过数年之间，咸庆大有。"

乾隆九年（1744），陕西巡抚邀请杨屾到省府西安任教，但他不习惯官场生活，不久即离职返里，悉心著述。乾隆十二年，他完成了另一部专著《知本提纲》。他在这本书中论述了富民强国必须农林牧副业并举同兴的思想，认为"致富之本，皆出于农。农非一端，耕、桑、树、畜，四者备，而农道全矣。若缺其一，终属不足……遵斯四者，力耕则食足，躬桑则衣备，树则材有出，畜则肉不乏"。这在当时无疑是远见卓识。他在书中强调北方农业生产的关键是"力作""肥沃"和"水泽"。他说的"力作"是改进耕作技术，保证耕种质量，发展套种数种；所论"肥沃"，是指提倡发展肥料生产，并推广科学施肥；"水泽"者，即发展灌溉。

杨屾还著有《经国五政纲目》《爕和直指》《修齐直指》等多种农医著作。

杨屾一生勤劳善学，又熟通医道。他经常劳动，又善于养生，90余岁，面如童颜。乾隆五十年（1785）杨屾逝世。道光年间，陕西巡抚杨名飏接受杨屾的学说，在关中提倡发展蚕桑业，并将杨屾的著作呈送道光皇帝。道光帝"手谕褒嘉，命崇祀乡贤"。兴平人民为铭记杨屾的功绩，为他修建了祠堂。光绪年间，将祠堂改为双山学堂，以纪念杨屾爱国爱乡的精神和业绩。

（资料来源：中国农业网，2022年6月5日）

思政述评

杨屾生活的时代，清王朝政权已基本巩固，专制统治处于相对稳定阶段，对知识分子实行高压和笼络的两手政策。在大兴文字狱的同时，又大力提倡科举考试，因而大多数知识分子都热衷于钻研如何做好八股时文，通过科举考试，以进入仕途。杨屾却与当时很多知识分子所走的道路不同，矢志于经世致用之学，一生热心搞农桑科学实验，不求功名，只在家乡教授学生，兴农富民，发展了关中的农桑业，为我国农业科学发展作出了贡献。

杨屾的学术成就，在当世评价即很高。张元际在《补印知本提纲》中说他做学问"别有心契""创造词义多与前圣未合"，然而"其书俱从造化定理靠实推求，并非无本之谈"。

案例20　张履祥：从祀孔庙的唯一布衣

案例呈现

张履祥，生于明万历三十九年（1611），字考夫，号念芝，桐乡人，世居清风乡炉镇（今属乌镇）杨园村，故学者称"杨园先生"，其著作后人编为《杨园先生全集》五十四卷。

明末清初，在江南水乡苏、嘉、湖地区，产生过一部对当地农业生产和后世颇有影响的农书，叫《补农书》。这部书有上、下两卷，上卷的作者是湖州沈氏，世称《沈氏农书》，下卷由清初著名学者张履祥辑补，称《补农书》。后世把上下卷合刊，总称《补农书》。

《沈氏农书》的作者沈氏，湖州连川人，只知其姓，不知其名，生平事迹已无法查考。从所留下来的农书看，大概在明崇祯十三年（1640）以前。沈氏曾长期亲自经营农业，有丰富的实践经验，并对江南地区的农业生产技术进行过深入系统的考察研究。《沈氏农书》是他长期实践和研究成果的结晶，有很高的科学价值，是继《农书》之后一部重要的江南稻区的地方性农书。

虽然桐乡属于富饶的太湖流域，但从张履祥祖父起，家道已经开始衰落，张履祥7岁丧父，幼年生活很贫困，靠母亲纺织维持全家生活。张履祥从小读书非常用功，15岁时考取秀才，以后参加过几次乡试，但都没有中举，由于明末社会十分动乱，张履祥也无心在外求官，于是便回到本乡教书务农。

崇祯末年，张履祥曾拜刘宗周为师。刘宗周是山阴人，明末著名哲学家，官至左都御史，政治上主张施行比较开明的政策，晚年告老还乡从事著作，明亡后，曾绝食二十日而卒。张履祥在政治观点和学术思想上受到刘宗周的影响很深。

崇祯十七年清兵入关，次年浙江沦陷，六月清兵到桐乡，县令献邑降清。张履祥曾绝食三日，后与浙江反清复明的代表人物吕留良等来往密切。顺治四年（1647）清王朝的统治已经稳固，张履祥感到恢复明王朝已经无希望，遂决心隐居终身，时年36岁。但他反清复明的思想时有流露，直到晚年也没有放弃他的政治倾向。

张履祥从1647年起，在家乡一面教书，一面从事农业生产，过着自食其力的耕读生活。他是一个有抱负的知识分子，不贪图安逸而过消极隐居的生活。他常常说：人要有一点事业心，没有事业心的人，最后则毁灭了自己的一生。他认为："治理社会，解决民生，以农业为先。一个人只要从事农业生产就可以无求于他人，而只有无求于他人，才能懂得廉耻。只有知道农业劳动的艰巨，才能不忘记求人时的难处；只有不忘曾求于人，才能树立礼让的风气。"他的人生观虽然受到时代和阶级的局限，但在轻农业、鄙视农业劳动的封建时代，张履祥把农业劳动提到社会道德和社会风气的高度，这是很不容易的。他还针对读书和务农不能兼顾的观点提出驳斥："人言耕读不能相兼，非也。"指出："农夫半年闲。农活是有时间性的，一年中多则半年，而这半年中，每个月都有几天空闲，一天之内也有空闲的时刻。如果把这些时间用于读书，研究学问是很有用的。"

张履祥的耕读思想不是一开始就有的，早年他没有参加过体力劳动，只是在社会动乱、报国无门的情况下才回到家乡，通过一面教书一面劳动的实践，才逐渐产生这种思想的。他的耕读思想和我们今天的"半农半读"虽然不能同日而语，但他主张知识分子参加农业劳动，读书、务农可以兼顾的思想是十分可贵的。张履祥平时头戴草帽、脚穿草鞋，经常参加各种农业生产劳动；对于种菜、锄草、养鸡鸭、喂猪羊，样样精通，特别擅长于桑园管理，其修剪技术达到了相当成熟的程度。

张履祥的农业生产知识十分丰富，有人曾称赞他：凡田家纤细之务，无不习其事，而能言其理。他自己也说："予学稼数年，咨访得失，颇识其端。"在他48岁时，终于完成了辑补农书的夙愿。

张履祥研究农业生产和编写《补农书》时，非常强调实践的重要性，他主张：

第一，"以老农为师"，"身所经历"。张履祥认为："事无大小，都有一定的方法，遵循了它，既省力又可能成功；违背了它，不仅费力，而且最终要失败。所以不能不学，要学习必定要求师。学农活一定要向老农学习，就像读书一定要向有学问的人求教一样。"张履祥在自序中说："以身所经历之处，与老农所尝论列者，笔其概。"就是说：只有自己亲自实践过的，并且和老农讨论过的，才能写进书中。

第二，"屡试明验"。在《补农书》中，常常有这样的记载——"试之亦验"。他不仅强调要经过试验，而且要反复试验，态度是十分严肃的。张履祥在自序中曾说："我是桐乡人，只熟悉桐乡的农业技术，如果用于嘉兴或秀水，就不一定适用。"

第三，"早作夜思，细心耐事"。张履祥经常告诫他的子弟和学生，从事农业生产，一定要做到"早作夜思"，即除了白天亲自实践外，晚上也要开动脑筋。他说："只要做到早作夜思，不断研究改进，到秋季一定有好的收成。"同时要做到耐心。

由于他十分重视农业生产实践，书中记载的大部分是他自己从事农业生产的经验总结，并吸收了前人及当地老农的宝贵经验，真实地反映了明末清初苏、嘉、湖地区农业生产的实际情况，不仅在当时对指导农业生产发挥了重要作用，而且以后曾长期被广泛应用，其中不少原理至今仍有参考价值。书中所记载的有关农业生产的许多材料，对于我们今天研究当时的农业生产及农村政治、经济、社会等问题，都提供了重要的依据。例如有关作物的产量水平、农副产品的价格等都有不可多得的宝贵资料。

《补农书》系统总结了明清时期苏、嘉、湖地区农业和蚕桑生产的经验，在实践和理论上都有许多重要的创造。例如，《补农书》对水稻品种不仅要求产量高、米质好，而且要注意选择生育期长短不同的品种互相搭配，避免抢种抢收时农活过分集中，以致顾此失彼。他特别强调品种和环境条件的关系，认为"地气百里之内，而有不同"，"因此地区不同选择的品种亦应不同。

《补农书》中，对于水稻的施肥有许多独到的见解，对肥料的种类、配制，基肥和追肥的关系都有许多精辟的论述。例如关于追肥的时期，书中写道："施追肥，必须在处暑后，绝不能施。"这与解放后苏州地区农民水稻专家陈永康总结的"三黄三黑"的经验和理论是一致的。

烤田和灌溉是水稻生产的重要环节。在《补农书》中要求立秋前及时烤田，促进根系发育，防止秧苗徒长，使水稻按时转入孕穗期；立秋后，水稻已经孕穗，这时绝不可断水，水少即灌。书中曾通过引用的几段农谚，生动地说明了它的重要性，如"六月不干田，无米莫怨天"等。

《补农书》中还十分重视培育壮秧，所谓"秧好半年田"，它针对当地农民怕秧田播种稀了容易生长杂草，而盲目加大播种量的弊端，强调播种量要小，达到培育壮秧的目的。适当稀播，培育壮秧，是解放后江南稻区重点推广的一项水稻增产技术。而《补农书》作者早在300多年前就已经认识到了这一点。

《补农书》中，对水稻的栽植距离要求很严格，指出"其播种方法，行欲稀，须间七寸，段欲密，容荡足矣"。

清同治十年（1871），张履祥被朝廷批准后从祀孔庙。古今获得从祀资格的圣贤一共只有160多位，嘉兴地区很荣幸共有4人——陆贽、辅广、张履祥、陆陇其，其中唯一的布衣就是张履祥。同治年间，桐乡官绅在张履祥墓园边上新修了祠堂，引得远近儒生前来瞻礼，往来最为勤快的就是严辰。严辰说："死后闻道未为迟。"于是在张履祥墓园的边上营建了"生圹"，即提前准备好了自己的墓园，这也就是"妄欲附千秋"的意思。

（资料来源：《嘉兴日报》，2023年3月23日）

思政述评

《补农书》有益于民生日用，广泛流传于浙江、江苏、安徽及其他东南诸省，甚至在清代就被地方官员介绍到四川盆地，对该地区的农业科学技术发展有一定范围的影响。凡研究明清时期江南农业、农村、农民问题的学者，皆视之为必备的参考文献，学术价值很高。桐乡一带的农业生产（包括栽桑养蚕、畜牧饲养）受《补农书》的影响巨大而深刻，直到现在，有相当一部分的农业生产方式方法，如养蚕、养羊等，依然沿袭着《补农书》记载的方法。我们现在流行的水稻水浆管理，几乎都可以在《补农书》里找到，并得到验证。

通过对《补农书》的深入审视，不仅有助于进一步认识明末清初当时农民的生产和生活实态，而且对现在和将来的中国"三农"问题以及乡村振兴也有借鉴作用。张履祥去世后，1864年，浙江巡抚左宗棠亲自题碑"大儒杨园张子之墓"；1871年，张履祥终于获得了从祀孔庙的儒者最高荣耀。

二

中国近现代涉农杰出人物精选案例

案例1 植树节倡导者：陈嵘

案例呈现

陈嵘，我国著名林学家、林业教育家、树木分类学家，树木分类学奠基人，近代林业开拓者之一，中国林业科学研究院林业研究所首任所长。

1888年，陈嵘出生于浙江安吉梅溪镇石龙村一个贫寒农家，12岁丧父。他从小刻苦学习经史、舆地、格致等，练得一手好字。甲午战争爆发后，受梁启超、康有为维新变法、救亡图存等进步思想影响，1906年，陈嵘东渡日本，考入北海道帝国大学。大学预科时，与同盟会会员李四光同窗，后结识鲁迅、莫永贞等，一同听取章太炎主讲《说文解字》，接受孙中山"驱除鞑虏"等思想，并成长为同盟会骨干。他曾与黄炎培等冒着生命危险，潜入天津从事革命活动，与"君主立宪派"袁世凯、徐世昌等展开斗争。

陈嵘是一位非常明大义、关心国家与民族命运的知识分子，虽然他是一位科学家，但热衷于革命工作，参加了辛亥革命早期活动，作为贵宾应邀出席了1912年1月1日在南京举行的中华民国临时大总统就职典礼。和许多进步人士一样，陈嵘一心想用知识、科技救国。1913年，陈嵘抱着培育年青一代林业科技人才的宏愿，受聘于浙江省立甲种农业学校担任校长。为了普及科学文化知识，他在家乡石龙村兴办小学，让村民子弟免费入学。据当地老一辈说，当时，大家对这位留洋青年十分敬重，每当送孩子到学校，很多时候大人们也会坐下来听他讲课，人多时，就倚在门边或门外旁听。待他空下来，还会向他问东问西，陈嵘总会耐心回答。

1937年，抗战爆发，金陵大学被迫西迁。此时，在森林系任主任和教授的陈嵘等5人临危受命，留校保护无法随迁的校产。作为5人小组负责人的陈嵘，在保护校产的同时，带领大家想方设法收容近3万名老弱妇孺，使他们免遭日军凌辱和屠杀。同时，他开办南京同伦中学，自任校长，给失学青年提供继续学习的机会。1946年，他挥笔题写"富贵不能淫，贫贱不能移，威武不能屈，此之谓大丈夫"送给同伦中学毕业生，深为后人敬仰。

在南京大屠杀期间，作为难民保护负责人，陈嵘和他的同事一道，救助1万余人。南京安全区主席约翰·拉贝曾在其日记中如此写道："我们委员会各部门工作实际是你们中国人做的，你们比我们冒着更大的危险，你们的工作将会载入南京史册，对此我将深信不疑。"在拉贝看来，陈嵘是国际安全区的中方首席代表。

抗战胜利后，金陵大学回迁。看到校产尤其是教学仪器、标本，不少珍贵孤本保存完好，全体师生为之感动。

新中国成立前夕，许多知识分子移居台湾，而渴望科技报国的陈嵘，选择留在满目疮痍、百废待兴的大陆。

他是一名虔诚的基督徒，一生乐善好施、勤苦节俭、淡泊名利、热衷办学，经常资助有为学生，并捐资林业事业。1971年1月10日去世前，他嘱咐儿子将其毕生节省下来的近8万元全部捐给中国林学会，用作奖励基金；将珍藏的2万多册图书贡献给中国林业科学院图书馆。

20世纪30年代前，中国无自己的造林学教材。对此，陈嵘以中国造林树种为基础，吸收并发展国外造林营林学理论，创立中国特色造林学，先后出版《造林学概要》《造林学各论》《造林学特论》，为中国造林学奠定了坚实基础。

当时，中国亦无适合国情的树木分类学，以致无法解决树种混乱问题，严重影响了我国造林学等学科的发展，由此，陈嵘编写了《中国树木分类学》。全书150多万字，插图1165幅，记载了中国树木2550种，为中国树木分类学奠基之作，被国外同行誉为亚洲名著，是20世纪30年代全国所有大学林学系的主要教材、林业科研生产的重要参考文献，并一版再版，直至20世纪80年代仍发挥着重要作用。这在我国林业史上前无古人。

晚年的陈嵘仍倾力著书，出版了《中国森林史料》《中国森林植物地理学》《竹的种类及栽培利用》等专著，对发展中国林业科学、促进林业生产、培养林业人才，产生了积极而重要的影响。陈老奠定了中国造林学和树木分类学的基石，影响深远。不论是在国内还是国外，他都是公认的著名的林学家、林业教育家。

1913年，陈嵘任浙江省立甲种农业学校校长时，学校没有林业学科，陈嵘专门开设林业课程，自编讲义，亲自讲授。为使学生能够学到更多的实际知识，他特建设苗圃和示范林场。

1915—1922年，任江苏第一农业学校林科主任的他，除亲自授课外，还聘请林学界的知名人士姚传法、傅焕光、曾济宽、黄希周等到校讲课，邀请南京高等师范学校的邹秉文、钱崇澍、胡先骕、竺可桢等到校讲学。

陈嵘不但提倡学习书本知识，更重视实践锻炼。他走到哪儿，都会不遗余力地把林场建到哪儿。他曾在江苏江浦县境约20万亩的荒山上营建学校林场，亲自拟就造林计划书。这是我国现代林场的最早起源。

由于林场规模较大，学校经费有限，无力投资经营，陈嵘建议创办教育团公有林，得到赞赏和批准。据1932年统计，此教育公有林历年总计造林18.25万亩，植树6948万株；留养野生树574万株，估值220多万元（当时币值），不但为江苏第一农业学校提供了全面实习基地，也为金陵大学、中央大学森林系学生提供了实习场所，对培养造就林业新生力量发挥了重要作用。陈嵘还创办了南京九华山林场、青龙山林场和江苏句容下蜀林场、安徽建平林场等。

榜样的力量是无穷的，随后安徽、福建等省纷纷效仿，创办省教育公有林。在陈嵘的教育、影响下，他的学生也创办了许多林场。

新中国成立后，江苏教育林改名为老山林场，现已发展成为江苏省著名的林工商综合经营企业。

陈嵘曾讲述过这样一个观点："汉民族只会耕田，不会耕山，也不会耕草原。到山区开荒种粮，到牧区开草原种粮，违反了当地的实际情况，效果当然不会好。"

在《造林学概要》中，他提出了"天然保育法"，为新中国"封山育林"提供了重要的科学依据。"封山育林"理念被林垦部列为绿化祖国的重要举措之一。

陈嵘提出的建立全国林政建议，为推动林业管理机构的设立作出了突出贡献。他多次强调要划分造林主体，"地权不能确定，常起无谓之纠纷"，建议政府辅助人民造林，并提供"民有林"营造方法，倡导林业民有。在他的建议下，1916年，成立了浙江省云野林业有限公司，陈嵘为公司提出详细施业方案，并助其筹集股金。新中国成立后，公司改名为国营龙山林场。

作为新中国第三届全国政协委员，陈嵘提出了积极营造保安林、设立全国性林业科研机构和加强林业教育的提议，极大地促进了我国林业科研和建设事业的发展。

1928年，受众人之托，陈嵘向国民政府递交报告，建议将原定于清明节的植树节改为3月12日，以纪念中山先生，获批。这是他多年调研勘查的结果，发现3月12日前后在我国南方植树，成活率高。1979年，新中国再次明确：3月12日为中国植树节。

1971年1月10日，陈嵘先生在北京逝世，享年83岁。

（资料来源：《中国绿色时报》，2018年9月21日）

思政述评

由于陈嵘先生在林业研究、教育、实践方面的杰出成就，故而素来对他有"林学泰斗"之誉。陈嵘为人谦虚谨慎，艰苦朴素，不忘国家林业事业和家乡教育事业。病危时，嘱其子将2万多卷藏书捐给林科院图书馆，将78000元稿费和利息交给林业部作造林和科研稿费（后作中国林学会陈嵘奖基金），还嘱赠600元作绿化三社小学与三社林场之用。他去世后，后人敬仰绵延不绝。在陈嵘祖籍平阳县坎头的陈氏祠堂里，有一块"黉门遗泽，科苑留芳"的匾额，是自称后学的著名数学家苏步青生前为陈嵘敬撰。如果把芸芸众生比作一片大森林，那么陈嵘先生无疑是其中的一棵参天大树。

案例2　蔡邦华：热爱终将成就精彩

我出生于辛亥革命时期，中学时代，又受五四运动洗礼，科学与民主是当时青少年努力奋斗，爱国家，爱民族的总目标，我很早就选定了科学救国的道路。

——摘自蔡邦华1980年2月《入党志愿书》

1928年，日本计划在中国建立上海自然科学研究所。当时，一位在东京帝国大学研究蝗虫分类的中国人被邀请参加该所工作。意识到该研究所建立后势必成为日本对我国进行文化侵略的基地，他断然拒绝。为了彻底断了日本人的念头，他毅然决定提前回国。他就是我国昆虫生态学奠基人之一、中国科学院院士蔡邦华。

蔡邦华（1902—1983），浙江大学农学院原院长，中国科学院院士，著名昆虫学家、教育家，曾任中国科学院动物研究所研究员兼副所长、全国政协委员、中国昆虫学会副理事长等。

1902年，蔡邦华出生于江苏溧阳一户书香门第，家风醇厚。小学时旁观兄长解剖家蚕，中学时期捕捉小虫进行观察和记录，少年蔡邦华对于昆虫的热爱与日俱增。1920年随兄东渡日本求学，1924年应国立北京农业大学校长电邀回国，年仅22岁便成为该校生物系最年轻的教授。1928年，蔡邦华拒绝了为日本文化侵略机构在上海服务的要求，选择执任于浙江省昆虫局，开展农业昆虫和植物检疫的研究，不久应邀至浙江大学农学院任教。

坚持求是精神，容纳不同观点，是蔡邦华几十年一贯奉行的治学之道。他主张在学术上，无论老少亲疏，人人都有发言权，并坚决服从真理。例如松干蚧学名问题，他公开修正自己的观点，宣布他的学生杨平澜的论点正确，热情赞扬学生不迷信前人结论的科学态度，浙大人的求是精神在蔡邦华身上得以生动展现。

在蔡邦华先生60年职业生涯中，一半时间在浙江大学等校任教。日寇来犯，举校西迁，连天的炮火轰炸和突发的疟疾威胁，他在这样的处境中临危受命，接过浙大农学院院长的重担，长达13年之久。从宜山迁到湄潭，再西迁至贵州遵义，农学院的教学和科研工作开展得如火如荼、有声有色，蔡邦华坚持"双肩挑"，管理院内事务的同时亲身从事教学科研，在科学研究和教书育人上都作出了卓越贡献。

住草棚，吃白饭，防范疾病，抵御炮火……在这样紧张的形势下，蔡邦华一边带领农学院全院师生有序地开展教学工作，一边上昆虫分类学、昆虫生态学等课程。他讲课联系实际，常常举例湄潭当地的益虫和害虫，激发学生兴趣，没有良好的教学条件和资源，他就千方百计地创造条件，搜集资源。学生谈起昆虫学参考书少的问题，蔡邦华牢记在心，利用有限的经费派人前往上海等地购置新书。每次与学生郊游，甚至外出开会，他都带上捕虫网、采集袋，每次都能满载而归。等到回迁时，路途遥远，他什么行李都能扔，唯独把宝贵的标本和重要书籍留了下来。在蔡邦华的指导下，农学院的养蚕示范工作、缫丝操作等等的研究实践成果纷纷落地推广，极大地推动了地方经济的发展。

蔡邦华为人正直，热爱祖国，支持学生的爱国民主运动。1941年1月，湄潭学生举行庆祝新年大会并借此宣传抗日。会议进行中，国民党湄潭县党部率领警察捣乱会场，学生结束会议，整队游行。蔡邦华始终随队，施加保护，因此武警未敢驱逐学生。1947年，时任浙江大学学生自治会主席的农学院学生于子三遭迫害的消息传来，蔡邦华悲愤至极，和学生站在一起坚持斗争。1949年1月，杭州解放前夕，蔡邦华被学校校务委员会推举成为校安全委员会的7名成员之一，同年5月3日，浙江大学师生员工安全迎来解放。

解放前，蔡邦华已经对国民党反动统治感到不满，思想深处逐步倾向于社会主义道路。1945年抗战胜利后，蔡邦华被派往台湾参与接收台北帝国大学，统整筹建了台湾大学农学院。从台湾返回浙大后，农学院迁回华家池，他领导规划了浙大华家池校区农学院"四面群楼，一池碧水"的愿景，督导在池南建设后稷、神农、嫘祖三馆。"之所以这样命名，是因为鉴于中华民族绵延五千年的农耕文化，绝非任何外力入侵所能摧毁的"。谈及命名初衷，蔡邦华曾这样说。

新中国成立后，蔡邦华以科学技术界代表的身份出席了第一届中国人民政治协商会议，并受邀参加开国大典。1981年，蔡邦华加入中国共产党，一片赤忱终有归处。蔡邦华的一生躬耕于昆虫学，学识渊博的同时提携后辈，培育了大量的农学人才，为中国的教育事业作出了巨大的贡献。

蔡邦华将毕生精力和心血都奉献给了两件事：一是治学，二是育人。他的一生躬耕不辍，教泽绵延，为祖国培养了一大批农业科学和昆虫学方面的人才。浙大农学院的"镇院之宝"叶𫛭（xiū）虫标本是蔡邦华教授在战争年代保存下来的珍贵遗产。西迁路上，蔡邦华行政、教学、科研"三不误"，为学生讲授昆虫分类、昆虫生态学，并就地采集昆虫标本，做了不少我国西南山区的昆虫考察。等到回迁时，路途遥远，蔡邦华什么行李都能扔，唯独把这批宝贵的标本和重要书籍留了下来，他为学校西迁发展和国家文脉保存作出了重要贡献。

（资料来源：《科技日报》，2021年11月17日）

思政述评

蔡邦华一生理论造诣很深，知识渊博，不但是我国昆虫学科的领军人物之一，而且还奠定了我国森林昆虫学的基础。蔡邦华长期负责浙大农学院工作，把浙大农学院办得非常出色。他早年的学生汪仲立曾这样写道："我也选定经虫学这一门，作为我的专修之学，亦即受了蔡师的伟大感召所致。蔡师的好学深思，用功甚勤，这是最好的身教，传给了我们，又再传给了我们的门第子，强将手下无弱兵，这一股相传的力量，这一股气氛，是永生不灭的。"

"一个学人所能做到的，他都做了。化梦想为实现，把智识的火炬传给下一代，长久照耀人间。""蔡师是一位伟大的虫人，在他的桃李门墙下，当然还有许多的小虫人。"蔡邦华先生恪尽职守、敢于面对逆境、赴汤蹈火的高尚情操，深受后人敬仰。

案例3 韩安：重整河山先垂范

案例呈现

青分豫楚，襟扼三江。河南省信阳市境内的鸡公山国家级自然保护区，是中国四大避暑胜地之一。这里有"佛光、云海、雾凇、雨凇、霞光、异国花草、奇峰怪石、瀑布流泉"八大自然景观，而让这些迷人景致更具魅力的，是被誉为中国近现代林业事业奠基人之一的韩安先生在鸡公山上留下的遗迹，那一砖一瓦、一草一木如娓娓道来的传奇，至今还在教益着后人。

韩安，著名林学家，中国近代林业开拓者之一。曾几何时，韩安创造了中国林业事业许多"第一"：他是近代中国出国留学生中第一位林学硕士，他曾于1907年留学美国，先后在康奈尔大学和密歇根大学就读，并以优异成绩获得理学学士和林学硕士学位；他参与编辑中国第一份农林期刊《农林公报》，是最早向国内介绍其他国家林业概况的林业科学先行者之一；他是中国第一位林学家出身的政府官员，同样也是中国最早提倡国家应设立"植树节"并为民国政府所接受的学者之一；1941年他主持创建了中国第一个林业科研机构——中央林业实验所；他还是最早创办中国铁路沿线育苗造林和兵工造林事业的人。他为我国林业事业的发展作出了不可磨灭的贡献。

韩安1883年1月17日出生于安徽省巢县西秦村一个农民家庭。由于家中生活穷困，韩安童年便在家里参加砍柴放鸭等劳动。在家乡上过短时蒙馆。9岁时，随父母移居芜湖，父亲在店铺当雇工，母亲为居家附近的二街福音堂传教士浆洗衣服，养家糊口。韩安在福音堂教会小学免费走读。由于他学习刻苦勤奋，成绩优良，15岁时被学校保送到南京美国美以美会创办的汇文书院（金陵大学前身）继续攻读。汇文书院是美国在华陆续创立的13所高等学校中开办最早的一所，设有文理科、医科、圣经班和附属中学。韩安先在中学部就读，毕业后升入大学文理科，他依靠在学校按作息时间打钟等勤杂工务，半工半读，以解决食、宿、学费。由于受到美籍院长J.C.福开森（Ferguson）等人西方教育，英语水平较高，数理化基础扎实，同时也读了不少四书古文。1904年他在第七届5名毕业生中成绩最优，曾受到两江总督周馥召见并颁发七品京官札证。韩安毕业后被留校任教，其授课内容大都为平时所学的英文、数学、格致（物理）、化学。他在汇文上学9年中，曾利用暑假，一次去上海基督教青年会工作两个月；另一次前往江西九江岭，协助西人翻译教会书籍兼代卖书，以所得微款补助学期零用。留校任教后，又一度被派往日本出席世界基督教青年大会，对日本的青山绿水留下了深刻印象。1907年新任两江总督端方自欧美考察归来，招考男女学生派往美国留学，韩安应试被录取在10名男生榜首，时年25岁。同年夏进入纽约州康奈尔大学文理学院，主攻化学，1909年毕业获得理学士学位。他想再学一门实用科学，以便返国后有所建树，遂又立志研读林业科学技术，以改变故国家乡穷山恶水面貌。1911年，他又获得密歇根大学林学硕士学位。这是中国出国留学生中第一个获得林学硕士学位者。这年国内先后爆发反清的黄花岗起义和武昌起义等革命活动，政局动荡不定。他自忖农林关系密切，不如留下进一步学习美国先进的农业科学技术，报效祖国，于是又转往威斯康星大学农科学习1年，于1912年夏离美回到辛亥革命已告胜利的北京。

北洋政府农林部任命韩安为该部山林司佥事（相当于当今的科长职）。初时协助编辑《农林公报》，嗣后被派往吉林林业局和东三省林务局任主任，"以中央与地方权责未分，所需设备、人员与经费皆无，难有成就"等原因，1913年请调回北京，在农林、工商两部合并后的农商部继续任佥事。1914年3月，农商部应菲律宾林务局之邀，派韩安前往菲律宾考察，历时3个月，后发表调查报告，对菲律宾政府各部及所属局的组织与职责范围叙述甚详。1915年4月，韩安与农商部林务顾问、菲律宾林务局长W.F.余佛西（Sherfesse）前往南京，会同金陵大学林科教授J.H.芮思娄（Reisner）、J.裴义理（Bailie）及安徽第一甲种农校校长金邦正调查安徽山林概况，后在调查报告中建议政府劝告无地人民承领官荒山地造林，并划沿江淮两岸及本省境内津浦铁路两旁为造林区域，建设苗圃育苗，以低价或无偿分给人民自植。所造之林即为承领人所有，自行保护。这和中央人民政府林业部所定的"谁种谁有"政策如出一辙。

1916年1月，农商部增设林务处，管理全国森林事务，设督办一人由农商部次长金邦平兼任，另设会办两人，规定"以确有森林学识经验者充任"，余佛西和韩安二人担任会办。同年10月，农商总长易人，将林务处裁并入农业司。韩安于1918年接受交通部任命，调充京汉铁路局造林事务所所长，兴办铁路沿线育苗造林，在此与冯玉祥将军结为深交，以后多次合作共事。1922年，韩安曾应北京农业专门学校校长金邦正之邀，任教务主任兼森林系主任。

1924年，冯玉祥任西北边防督办，先后任命韩安为察哈尔特别区实业厅厅长、绥远特别区实业厅厅长兼垦务总办，对两省区的林业、农业以及地方工业多有建树。1926年1月，冯玉祥的"国民军"遭到奉系和直系军阀的联合进攻，韩安作为翻译随冯取道库伦（今蒙古国乌兰巴托）前往苏联考察两个月，后冯派韩安经由海参崴前往广州与国民党联系出兵北伐，事毕返居上海作为西北军与苏联住沪领事馆的联络员。韩安于这年加入了中国国民党。

北伐战争胜利后，韩安于1927年10月任安徽省政府委员兼省会安庆市市长，次年3月改兼教育厅厅长。他将安徽省农学院改名为劳农学院，以示劳动伟大光荣。1929年韩安转任山东省青岛市政府参事，翌年改任市教育局局长，不久辞职赴汉口，受聘为平汉铁路局顾问，参赞和筹划路局农林事务。

国民政府于1933年成立全国经济委员会，在西安设置西北办事处，次年韩安任该办事处专员，1936年擢升主任，负责举办西北水利、卫生、公路、合作社、农贷等经济业务。在此期间，他积极任用国内外著名的科技专家；主持建成泾惠、洛惠、湄惠、渭惠等水利工程；建成西安至兰州、汉中、广元、天水等公路。同年陕西省林务局副局长、德籍林学家G.芬次尔（Fentzal）逝世，韩安被派兼任遗缺。1937年抗日战争爆发，国共合作抗日，林务局技术科科长乐天宇曾伴韩安同往西安七贤庄八路军办事处与林伯渠等老一辈革命家接触交谈，并酝酿过在陕北解放区设立林务分局，后因故未能实现。翌年，经委会西北办事处结束，陕西林务局亦并入农业改进所，韩安遂离陕入川，受任四川省建设厅生产计划委员会农业组主任委员。

重庆国民政府农林部采纳林学界多年的意见，于1941年决定设置中国第一个林业试验研究中心——中央林业实验所，韩安在冯玉祥、钱天鹤等举荐下被任命为所长，于同年7月在重庆歌乐山成立，原中央农业实验所的森林系同时并入。当时正处在抗战艰苦阶段，人力、财力、物力均极困难，韩安惨淡经营，煞费苦心，经过7年的努力，终于初具规模，成绩显著，成为他一生中最光辉的业绩。1948年末，南京国民政府机关纷纷南迁。韩安于1949年1月辞所长职，被任命为农林部顾问，改由傅焕光任所长。同年韩安举家迁往西安。1950年西北军政委员会农林部任命他为工程师，为西北林业献计献策。1953年大区撤销，韩安退职。1956年迁居青岛，曾被选为山东省政协委员。他因患脑血栓，一直未能参加政协活动。1959年春又移居北京休养。1961年脑病复发，于1月31日谢世，终年79岁。

（资料来源：中国科讯网，2022年10月2日）

思政述评

韩安早在清末就矢志研读林学，民国初年步入林政部门任职，毕生致力于林业建设事业，五十年如一日，是中国近代林业卓越的开拓者之一。他为人气度宽宏，用人兼收并容，没有门户偏见，自书一联"科学精神，把事当事；民主精神，把人当人"，以此作为座右铭。其忧国忧民之心情，溢于言表。

新中国成立后，非常重视绿化荒山，植树造林。1956年，毛泽东主席发出了"绿化祖国""实现大地园林化"的号召。1979年，第五届全国人大常委会第六次会议决定将每年的3月12日定为我国的植树节。如今每年的3月12日植树节就是韩安等人提出的建议。习近平总书记提出的"绿水青山就是金山银山"重要论断和韩安先生的思路一脉相承，不得不为这位伟大的林学家点赞！

案例4　凌道扬：一生树木亦树人

案例呈现

他是中国近代著名林学家、农学家、教育家、水土保持专家。他创建了植树节，参与了孙中山《建国方略》的编写；他参与制定了中国第一部《森林法》，也是香港中文大学的创建者之一。"十年树木，百年树人"，他的一生则是既树木又树人。

凌道扬（1888—1993），生于广东省新安县布吉村丰和墟（今深圳市龙岗区布吉街道老墟村）。据2008年编修的《布吉凌氏族谱（二编）》记载，布吉凌氏为客家人。

凌道扬出生于一个虔诚的基督教家庭，祖父凌启莲、父亲凌善元均是瑞士巴色会牧师，少年凌道扬"无间东西"，在四书五经之外广泛地接触西学。根据学者王希群所编《凌道扬年谱》得知，凌道扬在15岁时，因为生计困难，曾到美国檀香山的亲戚家当童工。1900年毕业于美国耶鲁大学桥梁建设系的八叔凌善芳，归国途经檀香山，才把他带回老家布吉，同年秋天把他送进了上海圣约翰书院（1905年改名圣约翰大学），开始正式接受西式教育。

1909年，凌道扬毕业于圣约翰大学，获文学士学位。经七叔凌善安的推荐，凌道扬被清政府八旗学校聘为英语教师，次年陪同两位清室贵胄子弟赴美麻省农学院习农科。令人好奇的是，两位清室贵胄子弟在历史上都没有留下丝毫痕迹，"陪读"的凌道扬却成名了。1912年，凌道扬获麻省农学院农学学士学位，旋即入读耶鲁大学林学院，1914年获耶鲁大学林学硕士学位。他的论文题目是《论森林资源》。

凌道扬抱着"森林救国"的思想与热忱回到祖国，任职上海中华基督教青年会演讲部森林科干事，在上海、江苏、浙江和江西等地，作通俗而生动的林学演讲。他致力于森林科学的研究和宣传普及工作。是年任北京政府农商部技正。又应黎元洪大总统之邀，参与《森林法》的拟定工作。11月3日颁布中国历史上第一部《森林法》。

1915年，凌道扬与韩安、裴义理等林学家有感于国家林业不振，"重山复岭，濯濯不毛"，上书北洋政府农商部部长周自齐，提出"欧美各邦，植树有节，推行全国，成效维昭"，建议以每年的4月5日清明节为"中国植树节"，同年7月报经袁世凯批准，1916年"中国植树节"被载入史册而正式实施。直到1928年为纪念孙中山逝世3周年，南京国民政府展开植树活动，从此才把植树节改为孙中山逝世纪念日的3月12日。

1916年，凌道扬参与南京金陵大学林科的创办，那是中国最早的林科之一，并任系主任。同年10月，商务印书馆出版其首部著作《森林学大意》中文版，张謇在为其所作序言中称道："凌君道扬，学森林而有实行之志，其所述林学大意，于世界森林状况言之甚详，且深知中国木荒之痛，其书足供有志森林者之参考。孟子曰：'七年之病，求三年之艾。'是书其求艾之径也夫？"同年11月其英文版由Commercial Press（Shanghai）出版。

凌道扬认为林业教育是振兴林业的基础，他说："教育为万事之母……欲使国人注重森林，必先使之知森林之利益，与夫造林之通识。"他这本《森林学大意》作为初级农林学校的教材，先后再版八次之多，影响极为深远。1917年，为了更有利于林业的发展，凌道扬在南京发起创建中国第一个林业科学研究组织——中华森林会（后易名为"中华林学会"），"本着集合同志共谋中国森林学术及事业之发达为宗旨"，搭建了林学界早期开展学术交流的重要平台。并被理事会推举为首任理事长和中华林学会第二、三、四届理事长。该会宗旨包括：提倡森林演讲、筹办森林杂志、提供林学咨询、建设模范林场。同年，凌道扬参与协助孙中山完成了《建国方略》一书《实业计划》农、林部分章节的写作。

1918年，凌道扬与晚清报业家、政治家陈言之女陈英梅（1890—1938）结婚。陈英梅生于香港，1906年赴美留学，1913年毕业于美国韦尔斯利学院获体育学士学位，1914年回到上海，担任中华基督教女青年会体育干事及该会附设体育师范学校副校长，开启中国近代女子体育教育先河。1921年3月，中国有史以来第一份林业科学刊物《森林》创刊（后易名《林学》），由北洋政府总统黎元洪题写刊名，凌道扬在该杂志上发表了一系列论文。但由于经费困难、军阀混战、政局动荡，该刊物只维持1年零9个月，共出版7期，在1922年9月出版到第二卷第三期后被迫停刊。

1922年12月，凌道扬被正式任命为胶澳商埠督办公署林务局局长。凌道扬偕发妻陈英梅及长子凌宏璋、长女凌佩芬在青岛工作和生活了6年。其间，陈英梅任青岛私立文德女子中学体育教师，凌道扬夫妇在青岛生育了次女凌佩馨、次子凌宏琛。凌家在青岛的生活十分惬意，凌道扬在福山支路租地建有寓所。凌道扬本人在《自传》中说："青岛时期是我生命中的黄金时代。"

凌家迁居青岛不久，1923年6月27日，同为广东老乡的维新派领袖康有为（按：广东省南海县人）来到青岛，受到时任胶澳商埠督办熊炳琦接待。康有为最初暂居于旅馆中，后因旅馆价格高昂，于同年7月经熊炳琦安排，以低价租下德国总督副官旧宅居住。康有为在家书中称"青岛此屋之佳，吾生所未有"，又在寄给友人的信件中称："吾今得宅，即德人初得青岛时之旧提督楼。屋虽卑小，而园甚大。望海碧波，仅距百步。"康有为后来买下该住宅，但契约尚未订妥时，高恩洪接任胶澳商埠督办，康有为多交1万余元才得以成交。康有为迁入新居时适逢恭亲王溥伟自青岛迁居大连，便将溥伟赠予的家具置于新居内，又将1922年他六十寿辰时清逊帝溥仪送给他的一面上书"天游堂"的寿匾悬挂于宅内，将新居命名为"天游园"。康有为诗云"截海为塘山作堤，茂林峻岭树如荠。庄严旧日节楼在，今落吾家可隐栖"，就是指此青岛新居。

凌道扬在青岛的贡献，当然不只是康有为所说的"管公园"而已。凌道扬执掌青岛农林事务后，在原德治日理的基础上，全面规划了青岛林业管理与发展之路。上海《申报》曾报道赞美："青岛督办统治之下，比较未退步者，要算农林事务所。日在整理开拓之中，所有保护林业规则及分区等均已重新更订。"凌道扬对青岛农林事业的最大贡献是丰富和发展了面向公众开放的公园模式，为青岛规划生成了城市风光旅游胜地和疗养业。此外在1924年9月，凌道扬还与高秉坊买下英文报纸《青岛晨报》的资产，创办了《青岛时报》。这份青岛近现代具有代表性的报章，分中文和英文两个版，中文日报称《青岛时报》，英文版称《青岛泰晤士报》，由凌道扬胞弟凌达扬任主笔。再者，在青岛的6年中凌道扬完成了3部著作，占他一生10部著述的十分之三，分别是《中国水灾根本救治法》《青岛农业状况》和《中国农业之经济观》。

1928年8月，凌道扬全家离开青岛到北平，担任国立北平大学农学院森林系教授兼系主任。次年任南京国立中央大学森林系教授兼主任，凌道扬发起重建中华森林会，并改称"中华林学会"。同年出版《林学》杂志，但是受国家内忧外患形势等各种因素的影响，《林学》杂志从创刊到1944年停刊，共出版11期。

1933年6月，中央研究院派竺可桢、沈宗瀚、凌道扬代表中国赴加拿大参加泛太平洋科学会议第五届会议，凌道扬当选林业组主任。学者周雷鸣教授认为此行意义重大，他说："凌道扬以丰富的林学知识和实践经验，当选为太平洋科学会议林业委员会主任委员，主持调查太平洋沿岸国家森林资源这一经历表明，二十世纪30年代，中国科学已取得了显著进步，一些学科的发展及取得的成就得到国际学术界的认同。这不仅扭转了早先中国科学研究多由外人越俎代庖的尴尬局面，而且在一定程度上提升了中国科学的国际地位。"

1936年9月，凌道扬任广东省农林局局长。1938年7月17日，凌道扬夫人陈英梅在广东农业试验室附近被日军投下的炸弹炸成重伤，紧急送往香港医院抢救不治身亡。1940年，凌道扬续娶崔亚兰（1907—1997），崔亚兰为湖北武昌人，金陵女子大学教育学士，金陵女子大学体育系教授，主要教授体育教学法、体操、韵律活动、垒球等课程。

凌道扬于战火纷飞的1939年奉调黄河水利委员会、林垦设计委员会主任委员，主持黄河上游水土保持实验和西北建设工作，与他的学生任承统合著《水土保持纲要》《西北水土保持事业之设计与实施》论著、论文，他率先提出"水土保持"这一概念，成为中国水土保持的先驱。而这一名词也不胫而走，连美国的《保土杂志》后来也易名为《水土保持杂志》。凌道扬一直希望国民政府能够推出一部《水土保持法》，推动水土保持实验工作，但在那个内忧外患的年代，这一想法只能算作空花泡影。1945年11月14日，凌道扬任行政院善后救济总署顾问兼黄河泛滥区农林水利委员会主任委员，负责办理黄河泛滥区善后复兴。

1947年，凌道扬担任联合国粮食救济总署广东分署署长，深受设在华盛顿的联合国善后总署的高度肯定，邀其到美国访问考察并任职。1948年，凌道扬由联合国粮食救济总署退休，定居香港，任香港教育委员会委员，参与创建崇基学院并于1955年至1960年出任该校第二任院长。1953年，崇基虽获政府批出马料水10英亩地作永久校址，但仍未足够学院发展之用。凌道扬院长上任后，积极与祖居此地的温氏族人沟通。1957年，凌院长代村民向辅政司陈情，请求当局批准他们觅地搬迁，并陪同村民一同到粉岭相地。在凌院长的努力下，温氏族人陆陆续续举家连同祖坟迁往粉岭，在该处建立了马料水新村。村民特别将村中一条路命名为"道扬路"，以兹纪念。而崇基亦得以在原址扩充校园设施，让莘莘学子在此求学。

1957年，美国麻省大学校董会授予凌道扬荣誉法学博士学位，表彰他"作为教育家、学者、科学家，他学贯中西，通过自己的生活和工作批驳了'东方和西方永不相会'的观念""作为爱国者、政治家和人道主义者，为母校带来了孜孜以求的巨大声誉"。

早在1956年，凌道扬与钱穆、姚传法等组织中文专上学校协会，呼吁香港政府成立中文大学。1959年，港英政府成立香港中文大学筹备会，凌道扬任筹备会主席，积极参与筹备创建香港中文大学。1960年出任香港联合书院院长，直至1963年。1963年10月17日香港中文大学正式成立，它是在崇基学院、新亚书院和联合书院的基础上创立的。凌道扬辞去联合书院院长职务，但继续葆有香港中文大学崇基学院和联合书院校董的荣誉称号。今天的香港中文大学校园，追溯渊源，始于20世纪50年代，时为崇基学院院长的凌道扬，向政府申请崇基校园旁的山地植树造林，无意中奠定了后来成立的中文大学的校园地基。凌道扬与港中大的关系，未必为人所熟知，但他所题的一副对联，大家都会见过——

　　崇高惟博爱　本天地立心　无间东西　沟通学术
　　基础在育才　当海山胜境　有怀胞与　陶铸人群

这副耸立在崇基学院大埔道校门和大学铁路站旁的崇基校联，每日见证着络绎不绝的车辆和行人。

1980年，凌道扬移居美国加州。1981年，凌道扬夫妇回国省亲，在南京师范大学迎宾楼参加金陵女子大学南京校友会。1993年8月2日，凌道扬病逝于美国加州，享年105岁。

凌道扬一生著述甚丰，著作有《森林学大意》《森林要览》《中国水灾根本救治法》《青岛农业状况》《中国农业之经济观》《建设中之林业问题》《建设全国林业建议书》《华北造林浅说》《森林的利益》《视察西北救济工作报告及建议》等10部，另有论文及报告70余篇。凌道扬主张"森林救国"，提出了"林业兴废，关系政治盛衰，民生荣枯，国力消长"的森林国家观。提出了振兴林业，必须先振兴林政，必须坚持依法治林，加强森林资源管理的林政思想。他首次提出把林学从农学中独立出来，形成了"坚持林业通俗教育与学校教育并举"的林业教育思想。率先提出"水土保持"概念，形成了"林垦、水利工程并举合作"的水土保持思想。

作为一代杰出的教育家，凌道扬先后执教于金陵大学、青岛大学、国立北平大学农学院、国立中央大学等多所高等院校，为国家培养了一大批林业科学人才。赴港后，他还参与筹备创建香港中文大学，教育树人，终其一生。

（资料来源：《广州日报》2023年2月10日）

思政述评

凌道扬先生学贯中西，推行"无间东西"的中西文化观，坚持把中国传统文化中的"仁心"和爱自然结合起来，以强烈的历史责任感和浓厚的家国情怀，凝聚一大批有识之士，为中国森林事业顽强奋斗。定居香港后，他历任崇基学院院长、联合书院院长等职务，参与创办香港中文大学。在近半个世纪的教育、科研和管理生涯中，他提出了众多振兴林业、保护资源、发展教育、服务民生的思想并付诸行动，主张"森林救国"，在中国近代林业史、林业教育史上留下浓厚的一笔。作为一代杰出的教育家，凌道扬先后执教于金陵大学、青岛大学、国立北平大学农学院、国立中央大学等多所高等院校，为国家培养了一大批林业科学人才。赴港后，他还参与筹备创建香港中文大学，教育树人，终其一生。

案例5　汪振儒：我国树木生理学的奠基者

案例呈现

从小就对植物感兴趣，并立志做一个植物学家，可惜阴差阳错，却改学了林木专业，最终成为我国著名林业教育家、植物学家、树木生理学的开拓者和奠基人，他就是曾任广西大学农学院院长的汪振儒教授。

汪振儒，曾用名汪燕杰，笔名丁乙，祖籍广西桂林。1908年5月8日出生于北京一个研究新学的知识分子家庭。父亲汪鸾翔，精于自然科学的一些学科，长期从事动、植物学教科书的审定工作，30年代曾任溥仪的家庭教师。汪振儒从小耳濡目染，对动植物感兴趣。在北京师范大学附属中学读书时，在生物课教师指导下，为校园中的树木花草编制了植物名录，并协助任课教师绘制了一些生理卫生课的教学挂图，受到师生们的好评。1925年中学毕业后，考取清华大学生物系。1927年因慕植物学家钱崇澍、钟心煊和动物学家秉志之名而转入厦门大学生物系学习。1928年又回到清华大学生物系，1929年8月毕业，获理学士学位。毕业后先后在南京中国科学社、清华大学生物系和广西大学任职，1935年考取广西的林学公费留学生，从此与林业结下了不解之缘。1935年9月他进入美国康奈尔大学林业系，在JN斯佩思（Spaeth）教授指导下，他仅用了不足一年的时间就完成了《1935年采收树木种子发芽检定的一些成果》论文，获得了理科硕士学位。继而，转入美国北卡罗来纳州杜克大学林学院从事森林生态学的研究，1939年6月以《某些立地因子与幼龄火炬松人工林之间相互影响的研究》论文，获得哲学博士学位。汪振儒的这项研究是早期应用生物统计（多元回归）方法分析环境因子作用的尝试之一，颇受导师的赞扬。

汪振儒怀着一颗报国的赤子之心，于1939年7月回国，在广西大学任教。先后任森林系教授、系主任，农学院院长等职。1945年因揭发校长压制民主的卑劣行为，被解除了农学院院长职务，1946年到北京大学农学院任森林系教授兼系主任。

1949年底他到北京农业大学森林系任教授兼系主任；1952年全国高等院校进行院系调整，他被分配到新成立的北京林学院（1985年改称北京林业大学），参加建院筹备工作，先后任林业系主任、绿化系主任、科研部主任、图书馆馆长、学术委员会主任等职，为北京林业大学的发展作出了重大贡献。

林业口第一个博士生导师

汪振儒大学毕业后，到南京中国科学社生物研究所任研究助理，进行水生植物群落的研究工作。1930年到清华大学生物系，任李继侗教授主讲植物生态学课的助教。此外，他还开设植物生理学及植物形态学实验课，并从事淡水藻类的研究。1935年他被广西大学理学院聘为讲师，讲授植物学、植物形态学及植物分类学等课程，并为农学院开设过植物生理学课。除了进行教学以外，他在科研上也取得了较大成绩，先后写了《广西植物名录》《研究广西植物刍议》《藻类研究的历史》

等多篇论文。并跋涉大瑶山区，采集了大量的植物标本，为以后的学习、教学与科研打下了初步基础。1939年7月回国后，被马君武先生聘为国立广西大学农学院森林系教授，并兼任广西大学植物研究所主任。继而出任森林系主任，并于1943年担任广西大学农学院院长。在抗日战争最艰苦的岁月里，汪振儒克服了教学、科研与生活中的种种困难和压力，坚持工作，对广西大学植物研究所历年所采集的植物标本进行了整理与鉴定，撰写了《广西种子植物名录》。抗战胜利后，汪振儒被聘为北京大学农学院教授兼森林系主任。他在教学的同时进行了一些科研工作。曾在北大农学院校址周围进行土壤等立地条件调查。1947年当胡先骕、郑万钧在中国发现活化石水杉的论文发表后，汪振儒从北平静生生物调查所胡先骕处得到水杉树种子，在董世仁协助下作了水杉种子发育的试验，并撰写了《水杉种子及幼苗发育观察》的论文，对进一步了解水杉的造林性质作出了贡献。

中华人民共和国建立后，汪振儒被调到北京农业大学森林系任教。1951年，他到华北人民革命大学政治研究院学习了一年。1952年全国高等院校进行院系调整，汪振儒被调到北京林学院工作。

汪振儒在北京林学院，除了肩负着繁重的行政工作外，还亲自讲授植物生理学课程，并编写了我国第一部适用林业专业的《植物生理学讲义》。在此基础上逐步增添新的内容，正式出版了《植物生理学》教材，为全国林业院校所采用，影响深远。20世纪50年代末汪振儒与他人合作发表了《缺乏不同矿质元素对油松、侧柏、樗及白蜡四种树苗生长的影响》论文，并且组织教师翻译出版了《树木生理学》（1963）和《木本植物生理学》（1985）两本巨著。他讲课认真，对学生要求严格；对青年教师和研究生更是毫无保留地把自己的知识传授给他们。汪振儒带出了一批中、青年教师，今天多成为活跃在树木生理学教学、科研第一线的骨干力量，有的已成为教授、副教授。北京林业大学的树木生理学科目，在全国林业高校中所处的领先地位是与汪振儒辛勤耕耘分不开的。

汪振儒早在20世纪60年代就培养了几名研究生，"文化大革命"后恢复研究生制度，他又招收了硕士研究生，以后又成为全国林业口第一个可授予博士学位的博士生导师，为我国自己培养出了第一个林学博士。近年来，他虽然年事已高，但仍然对研究生的工作学习不放松，亲自抓外语、抓基础、开设高级专业课程。他于1981—1985年任国务院学位委员会农科评议组成员。

汪振儒掌握多种外语，除了熟谙英语外，还懂德、日、俄几种文字。他一向认为，要搞科学，就要进行学术交流，就要学习外国的先进知识，所以几十年来他从未放松过外语学习。有位同志搞科研，急需阅读一篇法文文献，但又不精通法语，汪得知后，主动为之翻译，解了燃眉之急。这种例子还有很多。为了林业科技工作者学习外语的方便，他几十年来编译了几本辞书，为社会作出了重要的贡献。

重视期刊、词典的编辑工作

50多年来，汪振儒为传播科学知识，倾注了大量精力从事期刊辞典的编辑工作。1949年7月14日，中国植物学会恢复活动，决定复刊《中国植物学杂志》，由汪振儒出任主编。1952年该刊与《中国动物学杂志》合并改称《生物学通报》，汪振儒继续担任主编，一直到1988年改任名誉主编。这个刊物对宣传生物科学在国民经济建设中的作用，普及生物学知识，交流中学生物教师教学经验等作出了贡献。

1979年，《北京林学院学报》（1985年改称《北京林业大学学报》）创刊以来，汪振儒就担任主编，1986年以后任编委会顾问。汪任主编时期，对每期预发的稿件都要亲自过目，认真负责，一丝不苟，对每一个汉字、每一个外文字母、每一个标点符号都不放过，严格得近乎挑剔，表现了极端认真的精神。《北京林业大学学报》于1989年被国家教委等单位评为全国高校自然科学学报编辑质量一等奖，是与汪振儒从创刊时就打下的良好基础分不开的。

1981年，中国林学会创办林业科普刊物《森林与人类》，汪振儒任主编。每期发稿前，编委会常委要集中开会决定稿件取舍，他都亲自参加审定。他的辛勤工作，使《森林与人类》成为普及林业知识很有影响的刊物。

中国林学会主办的学术刊物《林业科学》是林学界最高的学术刊物，在1979年召开第三届编委会时，汪振儒当选为该刊副主编，任职到1982年编委会换届为止。

汪振儒为编译外文辞典做了大量工作，早在20世纪50年代就参加中国科学院对植物学名词的审定工作；1958年与人合译并校审了《德汉林业名词》；1981年与他人合译了《FAO英汉林业科技词典》；1983年又补译了《FAO英汉林业科技词典》的修订本。1989年参加全国自然科学名词审定委员会公布的《林学名词》（科学出版社，1989年）终审定稿会，是受钱三强主任委员委托的三位专家之一。此外，汪振儒还参加了《日汉林业科技词典》的译校工作。

热心学会工作

20世纪30年代初，汪振儒在清华大学任助教时，看到了日本植物学会的会刊，就写信给胡步曾教授建议，中国也应组织学会、办会刊，以便促进植物学的研究与发展。1933年中国植物学会成立后，汪振儒是早期的会员之一，随后参加了1935年在南宁召开的中国植物学会第二届年会和1947—1948年在平、津举行的两次学术年会及1949年7月在北京大学召开的第五届学术年会；在1963年举行的中国植物学会年会上被选为第七届常务理事；1978年又当选为中国植物学会第八届副理事长兼秘书长；1983年起任中国植物学会第九届理事会顾问。1978年6月起还担任北京植物学会理事兼学术组副组长。近年来，汪振儒还从事中国植物学史的研究工作，他所承担的近代史部分，即将付梓。他发表的《关于"植物学"一词的来源问题》论文，考证了"植物学"一词实际起源于我国数学家李善兰节译的英国J.林德雷（Lindley）所著*Elements of Botany*（1847）一书，于1857年题名《植物学》，由上海墨海书馆印行，是这一名词的首次出现。用事实否定了"植物学"一词是日本江户时期已存在并在以后传入中国的错误，使历史事实得到澄清。

1978年10月—1986年11月，他任中国植物生理学会理事，并担任北京市植物生理学会第一、二届理事。

汪振儒早在20世纪40年代就参加过中华林学会的学术活动。他是中国林学会第二、四届理事，第六、七届理事会顾问。1979年11月当选为中国林学会森林生态专业委员会副主任。1984年担任了中国林学会树木生理专业委员会主任。1979年当选为中国林学会第四届科普委员会常委。

汪振儒几十年来，参加各种学会的领导工作和学术活动，为林业科技学术发展广揽群英，进行学术交流、普及林业知识、提携后生付出了辛勤的劳动。除此之外，还参加大量的社会活动，为团结广大知识界也作出了巨大贡献。

刚直不阿　老而弥坚

"文化大革命"期间，汪振儒虽怀拳拳报国之忱，却无英雄用武之地，被迫退休，回到广西桂林家乡。不久，"四人帮"被打倒，北京林学院从云南省迁回北京，汪振儒又恢复了工作。他为培养研究生、办刊物、带领中青年教师译书、写作以及参加农工民主党、政协、各种学会等社会活动和学术活动，几乎无一天休息。

用他自己的话说"辛苦总比苦恼好"！

汪振儒虽年逾古稀，壮志不减当年，为继续探索自然界的奥秘，振兴中国林业，经常到国内外实地考察和进行其他业务活动，仅择其要者：1977年69岁登庐山；1979年71岁先登山东省崂山，再上广东省鼎湖山；1980年4月随中国林业考察团赴美国考察，归国后发表了《美国林业教育的一些特点》和《美国林业教育管窥》两文；接着又受当时国家农委副主任何康之托，为改变老革命根据地的贫困状况，走上了井冈山；1981年又以饱满的热忱参加了学术界的"林水之争"的讨论，查文献、找资料、写文章、作报告，热情地宣传林业作用，与他人合写了《确切地认识森林的作用》，公开发表后引起了强烈反响；1983年75岁又攀上了东岳泰山；接着9月又到内蒙古毛乌素沙漠考察沙地的绿化造林；1984年76岁登浙江天目山；1985年77岁又上四川峨嵋山和福建武夷山；1986年78岁深入内蒙古腹地包头市考察城市绿化工作；接着又到宁夏回族自治区西吉考察黄土高原小流域综合治理工作……他还利用参加各种会议、各样活动的机会为林业界培养人才而奔走呼吁，先后发表了《森林作用与中国农业现代化》《林业振兴靠人才》等文章。提出了"对基层工作人员的艰苦生活，要给予极大关注，创造较好的生活及工作环境，充分发挥他们的积极性，鼓励他们安心于岗位工作"；"林业盛衰关系到国家命运的兴败和子孙生活的安定，影响深远，不能轻视"；"振兴我国林业的重任全部落在我国林业工作者的身上……必须团结一致同心协力来做好这一工作……并努力促其实现，并以此作为纪念……教师节誓言"等观点。

汪振儒为人刚直不阿，追求真理，富于正义感。1926年3月18日，他参加了在李大钊领导下的北京学生集会，强烈谴责帝国主义炮击大沽口的罪行，要求北洋政府废除不平等条约。但段祺瑞执政府竟然开枪镇压学生，当场打死47人，打伤150余人，制造了历史上有名的三一八惨案。汪振儒亦当场中弹受伤。1986年，他作为幸存的耆宿之一，参加共青团中央、全国学联举办的三一八惨案60周年纪念会，受到人们的尊敬。1945年4月，毛泽东在中国共产党第七次代表大会上做了题为《论联合政府》的政治报告，当时广西大学校园内贴出了拥护报告的传单。国民党当局极为恐慌，要追查传单。校长李运华为了邀功请赏，盗用全体教授名义，发出了反共声明。汪振儒认为这是强奸民意，便贴出声明，揭露李运华违背民意的卑鄙伎俩。在汪的带动下，其他教授也纷纷贴出内容相似的声明，全校哗然，校方异常狼狈。为此汪振儒被解除了农学院院长职务。抗日战争胜利后，汪振儒对国民政府打内战的倒行逆施更为不满，与许德珩等教授加入了民主运动行列，积极参加

"反饥饿、反内战"的学生爱国运动。北平解放前夕，他在北京大学教授会上痛斥校长胡适弃校潜逃行为。1949年初，他和进步教授一起，箪食壶浆，欢迎中国人民解放军进驻北平，热情迎接中华人民共和国的诞生。2008年6月24日，汪振儒教授在北京逝世，享年101岁。

（资料来源：光明网，2016年6月19日）

思政述评

汪振儒勤奋好学，品格高尚，知识渊博，为振兴中国林业，为培育林业建设人才，奋斗了几十年，是位既树木又树人的学者。他为了传播林业科学知识而不断努力奋斗的精神将会不断传承。

汪振儒先生的一生是献身科学、追求真理的一生。一个世纪的人生历程，先生见证了中国从贫穷落后的半封建半殖民地的旧社会到人民当家作主的繁荣昌盛的社会主义新中国的巨变，见证了中国植物学、树木生理学、森林生态学的发展历程，也见证了中国高等林业教育从弱到强的发展。他勇于创新、甘于奉献、生活朴素，平易近人。他学识渊博，著书立说，传道解惑，诲人不倦，言传身教，桃李满天下。他用自己的品格和言行深深影响着莘莘学子。

案例6　梁希　一位林学家的理想国

案例呈现

梁希（1883年12月—1958年12月），林学家、林业教育家、社会活动家，中国科学院学部委员。中国近现代林学和林业事业的杰出开拓者，提出了全面发展林业、发挥森林多种效益、为国民经济建设服务的思想。亲自深入调研，领导制定了新中国成立初期的林业工作方针和建设规划，在全国范围内初步建立了林业行政、科研、教育及生产体系，促进了新中国林业的蓬勃发展。长期从事松树采脂、樟脑制造、桐油抽提、木材干馏等方面的试验研究，创立了中国林产制造化学学科。

1883年，梁希出生于浙江湖州。梁家是湖州望族，梁希的祖父、父亲、兄长在科举考试中均有建树。在家学的熏陶下，梁希自幼就有"神童""两浙才子"的美誉，16岁即考中秀才。如果岁月静好，梁希的人生大致是沿着读书—科举—做官的途径发展。但是，19世纪末，是中华的多事之秋，帝国主义的坚船利炮轰开了中国的大门，清政府丧权辱国的应对政策让局势越来越恶化。梁希不再安心于书斋，少年常在心头思考的是："国家如此，我该怎么办？"1905年，梁希告别家乡，考上了浙江武备学堂。他的目的是用枪杆子拯救这个多灾多难的祖国。在武备学堂，梁希视野大开，他感受到了时代的巨变。

1906年，因成绩优秀，梁希被清政府资送到日本留学。经过一年的预科学习，1907年梁希考入日本士官学校学习海军。这一年，梁希在东京加入了同盟会，驱除鞑虏，恢复中华，创立民国，平均地权……成为他的追求。1911年，革命党人在中华大地上频频起义，1912年，中华民国成立。梁希毅然中断在日本的学业，回国成为革命军军官，从事新军训练，不料袁世凯窃取了辛亥革命的胜利果实，梁希所在的新军被裁编，一夜间他武备救国的理想破灭。

1912年底，梁希再次赴日，1913年进入东京帝国大学农学部林科，选择攻读林产制造学和森林利用学。1916年毕业回国，就职于国立北京农业专门学校，从此开始了为林业教育和科研事业奉献一切的壮丽人生。国立北京农业专门学校是我国最早设立林科的高等院校，梁希在农专教学7年，讲授"森林利用""林产制造""森林工学"等课程，培养了一批早期的林业人才。梁希渴求新知，当他了解到德国在林产化学和木材研究方面的先进性之后，于1923年自费赴德国留学，在萨克逊森林学院研究林产化学和木材防腐学，历时4年。回国后，他先后任国立北京农业大学教授兼森林系主任、浙江大学农学院森林系主任，1933—1949年任国立中央大学森林系教授、系主任，新中国成立后任首任林垦部部长。

作为教育家，梁希非常重视教材编写，根据时代的发展和科学的进步，不断更新教材内容，提高教学水平。为了便于教学更新，他不愿将教材出版发行，总是一次次修改补充，使其日臻完善。他所编写的《林产制造化学讲义》内容丰富，突出论述了以森林副产物为原料，用化学方法制成各种物质的工艺技术。

当时经费困难，学生不能到生产现场参观学习，他所编写的《林产制造化学讲义》《森林利用学讲义》附上了很多示意图，让学生读讲义时就如临现场，对生产实践的全过程有了较好的了解。梁希的授课方式严谨细致，处处从学生接受效果出发。他不仅先让学生预习讲义，而且自己在每次讲课前都进行备课。为了少占课堂授课时间，他经常把较复杂的化学构造式、生产流程或设备示意图等先在黑板上画好，而且力求准确和逼真。

时隔多年，学生们都还记得梁希工整的板书，一笔一画，如同毛笔楷书。梁希上课从不照本宣科，总是提纲挈领地讲解主要内容和基本精神，让学生掌握要领后自修领会。梁希对学生的学习、实验要求十分严格。作业必须按时完成，上课迟到必问缘由，要求学生养成按时学习工作和珍惜时间的习惯。他特别注重以身作则。学校本不要求教授坐班，梁希却总是按时上下班，或工作或学习，从不迟到和早退。经他培养的学生和助教，养成了严格认真的好习惯。我国大学的林学研究生培养，是从梁希先生在国立中央大学森林系任职开始的。1941年，中央大学农业科研所增设了森林学部，由梁希负责，这是我国首个招收和培养林科研究生的单位。

1942年，鉴于梁希的教学、学术成就和社会威望，经国民政府教育部学术委员会批准梁希为"部聘教授"。梁希还十分强调基础教育和思想教育，经常和同学们探讨求学之道。他常说："人生学习求知，好比建高楼大厦，必须先坚实地基，然后博览群书，集思广益。"他的学生周汝沆回忆，梁希谈到人生处世之道时强调：要以人民利益为重，切戒利欲熏心。这个教诲深深地印在他的脑海。因为当时林业不景气，学林的学生毕业后有的另谋职业，梁希叮嘱他们："千万不要忘记宣传林业，能如此，就算尽到学林的责任了。"

梁希既注重教学，又坚持结合教学开展科学研究。他认为科研是教学之本，否则就不能接触实际探索新鲜事物而有所创新。无论是在浙大农学院还是在国立中央大学农学院，他都坚持搞好科研。梁希坚持教学和科研相结合的原则，创办了林产化学学科，使我国20世纪30年代的林产化学学科有了较大的发展，达到了一个新的水平。1929年，梁希在浙江大学任森林系主任时，筹创了森林化学实验室，这被看作林产化工学科的雏形。1933年到国立中央大学森林系任教后，又在中央大学筹建森林化学室。

1942年，国民政府农林部决定成立中央林业实验所，梁希谢绝了担任所长的邀请，提出愿意兼任中央林业实验所的林产利用组主任，不领报酬，条件是要将林产利用组设在国立中央大学，拨发经费，调派人员和国立中央大学森林化学室合作进行研究，研究成果用双方合作名义发表。梁希的意见被完全接受。梁希坚持在科研中育人。他的学生南京林业大学教授程芝记忆中，"先生身教重于言教，常于细微处见精神"。为梁希当实验助手时，如果递给老师的烧杯上有水迹，老师就会把烧杯放到一边，她另取几个杯子递上，老师只挑选合格的使用，把其余的放在一边。在梁希严格要求和潜移默化的影响下，程芝受到了良好的科学训练，养成了按时工作、珍惜时间、严谨认真的好习惯。学生做木刨花通氧制取纸浆的实验，怕被氯气熏着，做得不认真，梁希言传身教，一边说怕什么，一边有意识地探头到观察口张望，表示不用怕，要认真观察。

梁希在科研中，特别注重从实际需要出发，每项试验都密切围绕这一中心来进行。例如，研究川西木材物理力学性质，其主要目的是满足当时国内军工和民用之急需；研究桐油提取及其以皂化法裂化生产代汽油，主要目的是解决当时桐油出油率低和汽油短缺的问题。梁希在科研方面取得的这些成绩，不但有利于教学质量的提高，而且填补了中国当时林业科研方面的空白。例如，在提取桐油方面，中国旧法榨油有25%～50%的桐油残留在桐饼（粕）内，十分可惜。梁希采用溶液浸出法，可获得桐籽中桐油含量的99%以上，大大提高了桐油得率，并获得了较好的油质指标，其溶剂还可以回收。这项试验成果，在当时达到了国际先进水平。

梁希科学试验的丰硕成果，大大丰富了他的教学内容。他所编写的《林产制造化学讲义》，到20世纪40年代已达到很高的学术水平。他将西方国家的科技成果运用到中国的实践中来，其中包括中国的林特产品，也包括世界各国主要的林副产品，堪称一部内容充实、体例严密、立论精辟、中西交融、图文并茂的林产化学著作。该讲义分为总论、木材之热分解、木材用化学药品分解、树体中之特殊成分、林产化学实验等5篇，是中国近代第一部内容丰富的林产制造学讲义，为形成中国的林产制造化学作出了重要贡献。梁希是中国林产制造化学的先驱和奠基人。

75岁，梁希在《人民日报》上发表了自己生前的最后一篇文章《让绿荫护夏，红叶迎秋》，对森林发出了最后的讴歌，也对中国的绿化前景作了迷人的憧憬。文中写道："绿化这个名词太美丽了。山青了，水也会绿；水绿了，百水汇流的黄海也有可能逐渐地变成碧海。这样，青山绿水在祖国国土上织成一幅翡翠色的图案。"

"绿化，要做到栽培农艺化，抚育园艺化；绿化，要做到木材用不尽，果实吃不尽，桑茶采不了；绿化，要做到工厂如花园，城市如公园，乡村如林园；绿化，要做到绿荫护夏，红叶迎秋。北京的山都成香山、安徽的山都成黄山、江西的山都成庐山……各地区都按照自己最爱好的名胜来改造自然。这样，中国960万平方公里的国土全部成一大公园，大家都在自己建造的大公园里工作、学习、锻炼、休息，快乐地生活。"

这篇文章发表后的3个月，宵衣旰食、积劳成疾的梁希病逝于北京。

他的理想，今天仍熠熠生辉。

（资料来源：《经济观察报》，2019年6月7日）

思政述评

梁希的一生，勇于探索、坚韧不拔。他创立了中国林产制造化学的学科，培养了大批林业科技人才，提出了为国民经济建设服务的思想，制订了新中国成立初期的林业工作方针和建设规划，在全国范围内初步建立了林业行政、科研、教育及生产体系，促进了新中国林业的蓬勃发展。在梁希的诗文中，有许多被传诵为佳句，如："无山不绿、有水皆清、四时花香、万壑鸟鸣，替河山装成锦绣，把国土绘成丹青，新中国的林人，同时也是新中国的艺人。"这一佳句永远激励人们为祖国的绿化事业努力奋斗！

在梁希去世20年后，他的绿色梦想成为现实。"三北防护林"建设开始实施，这项在国际上被誉为"中国的绿色长城"的世界生态工程之最，是对梁希的最好纪念。

案例7　当代"茶圣"吴觉农：用毕生精力振兴中国茶叶事业

案例呈现

吴觉农是我国著名的农学家、农业经济学家、现代茶叶的开拓者和奠基人。他一生事茶，为振兴我国茶叶事业奋斗了70年。他与中国共产党亲密合作，是著名的爱国民主人士，新中国成立后，历任农业部副部长，兼任中国茶叶公司总经理，民建中央常委、咨议委员会副主任，全国政协常委兼副秘书长等职，为社会主义建设事业作出了重要贡献。

吴觉农1917年于浙江杭州甲种农业专科学校毕业后，留校任讲师3年。他一面工作、一面自学，继续深造。此时正逢浙江省教育厅用日本退回的部分庚子赔款，每年接收一批农科或工科毕业已工作两三年的学生，去日本公费学习或实习。其中茶叶科报考人数较少，吴觉农本来就对茶叶有兴趣，以优异成绩被录取，1919年赴日本求学，1922年学成归国。从此，吴觉农与茶叶结缘，没有离开过茶叶事业。振兴茶业并不是一条平坦道路，充满艰辛和坎坷，但他凭借坚强的革命意志，百折不回，战胜了一个个困难，取得了成绩，为振兴我国茶产业作出了卓越的贡献。

著书立说，公开宣传"世界茶叶的原产地在中国，不是印度"。吴觉农驳斥了西方国家对历史的歪曲，为国争光。他在日本留学时，潜心研究世界茶叶发展史，写了《茶树原产地考》和《中国茶叶改进方案》两篇重要文章，在国内杂志上发表。文章称："我在日本学习期间，曾对我国茶叶的历史作了一些研究。据史料记载，在公元前1066年至周武王伐纣时，西南地区少数民族已把茶叶作为贡品。从西汉时代开始，茶叶已作为商品在市场上出售。到了唐代，茶叶产区已遍及长江南北十几个省。世界上第一部茶叶专著陆羽的《茶经》，也在这个时期问世。我国茶叶，在公元6世纪至8世纪传到朝鲜、日本以后，17世纪又传到了欧洲和南北美洲。因此，过去世界上一致认为，中国是茶的故乡，世界茶树的原产地在我国的西南地区。"英国鼓吹世界茶叶的原产地在印度，因为印度曾是英联邦国家，也就是说是从英国开始的。吴觉农的文章以历史事实为依据，有力驳斥了英国对历史的歪曲。

建立茶叶质量标准和检验制度。我国茶叶曾是国际上的畅销货，1920年后销量逐步下降，被印度、斯里兰卡等国超过。其原因是粗放型经营，缺乏品质检验制度，往往同一批茶规格不统一，生产方式因陋就简，长期墨守成规，以致无法与别的国家竞争。时任上海商品检验局局长邹秉文是一位崇尚科学救国的知识分子，他为此事十分着急，认为要改变现状，必须从建立茶叶质量检验抓起。当时他想到了吴觉农，认为吴是负责此事的合适人选，遂聘请吴觉农为商检局技正兼茶叶检验组组长。吴觉农在邹秉文的授权下，物色专业人才成立茶叶检验组，制定了茶叶检验标准，如红茶、绿茶分级标准、水分标准、灰分标准、着色标准以及包装标准等，规定凡达不到标准的商品一律不许报关、不许出口。但此事却遭到洋行、茶栈和中间商的反对，他们认为如果建立了茶叶质量检验标准和制度，就不能以次充好、浑水摸鱼了，于是对吴觉农恨之入骨。但是吴觉农不为所动，坚持这样做，认为建立茶叶品质制度，对改变华茶在国际落后的产能局面，对全国茶叶质量提高均起到了重要的推动作用。

大力兴办茶叶试验场，推动茶树更新。吴觉农认为建立质量检验制度固然重要，但仅仅这一点是不够的，从全局考虑，要解决茶叶品质提高的问题，必须走科学实验之路。即由政府划出一批土地建立茶叶改良试验场，并投入专项资金，购置先进的制茶设备、检测仪器、图书资料等。必须调集一批专业人才，从茶叶栽培、采摘、制茶、贮藏全过程进行科学研究。没有政府部门的大力支持，茶叶改良试验场搞不起来。吴觉农为创办茶叶试验场四处奔走，先在浙江衢州设立东南茶叶试验总场，后迁至福建武夷山。安徽祁门茶叶试验场是其中办得较好的一个，他还与上海商检局合作，设立了江西宁州、浙江平水等茶叶试验场。试验场以生产、科研相结合，潜心研究，结出了硕果。

茶树是有生命周期的，必须不断更新换代。太平洋战争爆发后，我国出口口岸被日寇封闭，茶叶销路骤减，茶树老化、茶园荒芜，令人伤心。吴觉农此时想的是到抗战胜利后茶叶复兴问题，他大胆提出可否利用这一时机，从茶树种植入手，用新的品种替代老茶树，建立新茶园。具体建议在我国东南各省战火尚未波及的地区把茶树更新工作搞起来，否则战后茶叶复兴就来不及了。吴觉农的建议得到了政府贸易委和中茶公司的批准，拨出专款进行此项工作。茶树更新运动是一个宏大计划，首先要更新老化的茶树，逐步改造废弃的破旧茶园，向建立科学化新茶园发展，同时要发货款给茶农，改善茶农生活条件。吴觉农创办的福建武夷山茶叶研究所在3年时间内，在浙、闽、皖、赣四省11个茶区开展茶树更新运动，合计更新茶树1000余万丛，培育茶苗200多万株，并完成了四省以外的茶区土壤调查工作，出版报告多种。

扩大外贸出口，为国家多创汇。吴觉农认为我国是产茶大国，应该不断提高外销茶的比重。他坚持科技兴茶、贸易立国。抗战时期，苏联对我国提供了不少军用物资，我国则以茶叶作为主要的易货商品。吴觉农分管这项工作，他以贸委会代表身份与苏联商务代表进行谈判，签订第一份贸货协定。为了确保货源、减少中间环节盘剥，吴觉农提出由中茶公司统一收购，消息一传出，一些洋行、中间商纷纷起来反对，因为实行统一收购会打乱他们想垄断市场的计划。吴觉农坚定地以贸易委专员和香港富华公司副总身份，全力做好全国各地货源运集香港，履行对苏易货协定及开展外销工作。

新中国成立后，我国为加快经济建设急需外汇，但当时农产品中能出口换汇的商品很少，只有丝绸、茶叶、桐油和猪鬃几种。吴觉农任农业部副部长后，迅速建立起全国茶叶产销体系，积极组织茶叶收购，推销积存的陈茶，加快茶叶改制工作，将绿茶改红茶。当时苏联急需红茶，是我国茶叶出口的最大市场。

大力培养茶叶专业人才。吴觉农是行家，深知茶叶要振兴，人才是关键。我国长期以来所谓茶叶专业人员，其实只是一些土法制茶的技工和品茶师，具备现代科学知识的专业人员凤毛麟角。吴觉农十分重视茶叶专业人才的培养工作。他在担任上海商品检验局茶叶检验处负责人时，招聘数十名人员，亲自授课进行专业培训，培养出一批茶叶产制和检验人员。后来他又在香港富华公司招聘了一批人员进行专业培训。

茶叶是我国历史悠久的特产，但在旧中国各大专院校基本没有专业培训人才的专系专课，有的也只是在植物学科中讲些一般常识。重庆复旦大学率先设立茶叶专业是吴觉农与各部门多次协商促成的，复旦大学开设茶学系后，吴觉农任系主任、教授，为学校聘请了一批名师，充实师资力量，还向有关部门争取到学科所需的专项经费。新中国成立后，不少农业院校相继设立了茶学系，复旦大学开了先河。吴觉农为新中国振兴茶业准备了最重要的条件。

崇尚科学，著书立说。吴觉农一生事茶，同时勤奋学习、笔耕不辍。他留给后人数百万字的文稿，其中有时事评论，如在日本留学时写的《中国的农民问题》《日本农民运动的趋势》发表在《中华农学会刊》《东方杂志》上；有的被毛泽东主持的广州农民运动讲习所选为辅导教材。吴觉农写的最多的还是茶叶专著，他阅历丰富，既有长期在国内的实践经验，又有在国外考察中学到的先进经验，他把两者进行对比，取长补短，提出改进意见。1979年起，他开始撰写一生中最后一部著作《茶经述评》，该书集他一生学习实践经验的大作，是研究当代茶学的经典著作，被誉为"20世纪新茶经"，丰富了我国茶叶学的历史文库。全书共有30余万字，历时3年，由中国农业出版社出版。

吴觉农积极参加茶文化、茶产业、茶科技活动，参与中国茶叶博物馆的建设工作。在博物馆落成时，他题字："中国茶叶如睡狮一般，一朝醒来，决不至于长落人后，愿大家努力罢！"

吴觉农曾说，我从事茶叶工作一辈子，许多茶叶工作者、我的同事和我的学生同我共同奋斗，他们不求功名利禄、升官发财，不慕高堂华屋、锦衣美食，没有人沉溺于声色犬马、灯红酒绿，大多一生勤勤恳恳、埋头苦干，清廉自守、无私奉献，具有君子的操守，这就是茶人精神。

（资料来源：《团结报》，2023年9月7日）

思政述评

吴觉农一生淡泊名利、两袖清风，不求功名利禄，勤勤恳恳、埋头苦干，清廉自守、无私奉献。全国政协原副主席陆定一对他的一生给予高度评价："吴觉农先生毕生从事茶业，学识渊博、经验丰富，态度严谨、目光远大、刚正不阿，如果陆

羽是茶神，那么说吴觉农先生是当代中国的茶圣，我认为他是当之无愧的。" 20
世纪80年代，吴觉农弟子、著名茶学家钱梁就以先生的风范提出为后人所推崇的
"茶人精神"激励后人。他认为"茶不论生长的环境是僻山还是偏野，也不管酷暑
严寒，从不顾自身给养的厚薄，每逢春回大地时，尽情抽发新芽，任人采用，周而
复始地为人类作出无私的奉献，直到生命的尽头"。

案例8　王延春：农业巨匠的奋斗与传奇

案例呈现

在20世纪50年代，中国掀起了一场推崇高产的社会运动，即我们熟知的大跃进
运动。然而，其中一个名字却在这场风暴中脱颖而出——王延春。这位农业领域的
巨匠，在冲击脆弱经济结构的时刻，作出了显著贡献，成为中国社会主义道路探索
中的一抹亮色。

王延春的故事始于1910年，出生在河北省曲阳县一个普通农民家庭。早年为了
接受教育，他选择了无须学费的师范学校，回到家乡后成为一名小学教员。然而，
他的命运并非一帆风顺，被国民党逮捕长达数年，但在某次历史转折中重新获得自
由。王延春投身革命，为新中国的诞生付出了辛勤努力。

1955年，王延春升任湖北省委副书记，负责农业工作。他在领导剿匪行动的同
时，提出了家庭承包责任制的设想，为当时农业生产注入了新活力。这一理念在中
国农村产生了深远的影响，为农民致富打下了基础。

1961年，王延春调往湖南，担任湖南省委常务书记，继续主管农业事务。他倡
导农民致富，推动湖南农业的科学发展，使农作物种类有了巨大变化。农民们在他
的领导下获益良多，如棉花种植面积增加8倍，烤烟种植面积增加3倍多。

1984年，王延春因病逝世，享年74岁。他的贡献不仅被毛主席誉为"农业专
家"，更为农民谋取了福祉。他的一生，是中国农业发展史上的一段传奇，为我们
留下了宝贵的经验和启示。

（资料来源：搜狐网，2019年7月25日）

思政述评

王延春的一生是中国农业事业发展历史上的一段传奇。他的奋斗精神、为人民谋福祉的初心，以及在困境中坚持真理的勇气，都是我们今天仍然值得学习和敬仰的品质。他的故事不仅是一个人的传记，更是中国农业发展史上的一座丰碑，为我们指明了前行的方向。

百年沧桑，浩气长存。王延春同志一生为追求共产主义理想信念不懈奋斗，为党和人民的事业无私奉献。他的一生，是光辉的一生，奋斗的一生，廉洁的一生。他的重要贡献和崇高风范将永远铭记在我们心中，党和人民将永远怀念他。

案例9　张謇：从"小农"到"大农"

案例呈现

张謇（1853—1926），字季直，号啬庵，江苏南通人，清末状元。张謇在致力工业化的同时，又与农业结下不解之缘。这种不解之缘主要表现为认识层面的先人一拍、实践层面的快人一步、行政层面的胜人一筹等，从而奠定了张謇在中国农业现代化史上的历史地位。

认识层面的先人一拍

农业是人类社会生存发展的基础，但农业在不同的历史阶段有不同的表现形式。在农业社会，农业虽是决定性的生产部门，却是一种类型的"小农"形态，诸如男耕女织、自给自足、工具简陋、经营规模狭小，生产力低下，既脆弱又易再生等。其本质特征就是物质与能量的封闭循环。到了工业社会，农业占比日渐小比例化，但发展方式发生了深刻变化，在农业生产技术、经营规模、经营机制、要素投入、功能作用等多方面呈现出新变化，其本质特征就是物质与能量循环由封闭转向开放，"小农"转型为"大农"。因此，"小农"与"大农"虽只是一字之差，却是两种不同的发展方式。前者是农业社会的产物，后者却是现代化的结果。

张謇所处的年代，面临"三千年未有之大变局"。这个大变局犹如一块魔方，由四个不同侧面，或者是四个不同的过程相互交织相互激荡而成。这个过程包括统治集团自身衰败的过程、半殖民地化的过程、革命化的过程、现代化的过程。因此，近代中国既面临救亡图存的历史任务，又面临现代化的时代潮流。顺应这一潮流，扛起历史任务，就成为所有仁人志士的共同选择。正如张謇自己所说："謇不幸而生中国，不幸而生今之时代，尤不幸而抱欲为中国伸眉书生吐气之意愿，致以矙然自待之身，溷秽浊不伦之俗。"（《为实业致钱新之函》）因此"捐弃所持，舍身喂虎"就成为张謇的人生选择。

张謇"家世务农"，在科场蹉跎了几十年，具有扎实的传统文化功底，终于"大魁天下"，获得"天子门生"的殊荣。但张謇又不同于一般的士大夫，更不是两耳不闻窗外事的腐儒，而是继承了顾炎武等人经世致用思想，主张"载诸空言，不如见诸行事"，并告诫世人"雄节不忘田子泰，书生莫笑顾亭林"（《张季子九录·诗录》）。

在与社会各界的接触中，在学习借鉴发达国家的经验中，在致力于早期现代化实践中，张謇逐渐脱离了传统文化轨道，对农业有了新的认识，扬弃了传统的"小农"理论，形成了自己的"大农论"。

纵观张謇的文稿，他并没有就大农的概念与内涵做系统的阐述，而是从不同侧面丰富自己的"大农论"。择其要点有：

——农业不再是一个封闭的部门，而是实业的有机组成部分。"实业救国"是张謇的一贯主张与不懈追求，而实业并不是专指工业或商业，也包括农业。工业也不专指传统手工业，也包括机器大生产。张謇认为，所谓"实业者，西人赅农工商之名，义兼本末，较中国汉以后儒者重农抑商之说为完善，无工商则农困塞"。可见，张謇并不是就农业说农业，而是把农业作为实业的有机组成部分，进而提出"父教育、母实业"的主张。

——农工商三者是有机联系的。张謇非常重视农业，"凡有国家者，立国之本不在兵也，立国之本不在商也，在乎工与农，农为尤要"（《张謇全集》第二卷第13页）。但张謇重农并不抑商。张謇认为，"本对末而言，犹言原委，文有先后而无轻重"。这就从根本上否定了重农抑商的说教。他举例说："棉之始，农之事；棉之终，商之事，其中则工之事。"在张謇眼中，农工商是一个有机联系的整体，形成了一个不可分割的产业循环链，"盖农不生则工无所作，工不作则商无所鬻。相应之势，理所固然"（《请兴农会奏》，《张謇全集》第二卷第13页）。因此，"农工商必兼计而后能相救"（《张謇全集》第二卷第800页）。

——"大农"与"小农"有诸多不同。张謇认为，"实业在农工商，在大农大工大商"。"大农"与"小农"有明显区别：在经营形式上，小农是一家一户的分散经营，而"大农"则是"仿泰西公司集资堤之"。"凡有大业者，皆以公司为之"。在生产工具上，"小农"是人力加畜力，而"大农"主要是"用机器垦植"；在生产目的上，"小农"是自给自足，"大农"主要进行商品化生产，为工业化提供原料。在经营方式上，"小农"是分散的小规模经营，只能从事简单再生产，"大农"则是规模化经营，可进行扩大再生产。所谓"扩充棉产，奖励大农，非大农不能有此扩张之能力"；"种植棉花，需倚大农"。在要素投入上，发展大农需要金融等社会化支持，"非大农足以收宏效，然行大农法，必有一金融机构为之后援，乃可措手"（《张謇全集》，第二卷第238页）。

当同时代官僚士大夫围绕"中体西用"与"全盘西化"、围绕"以农立国"与"以商立国"等争论不休时，张謇已率先把他那深邃的目光转向农业转型，形成了自己的"大农论"，丰富了我国的农业发展思想宝库。

实践层面的快人一步

张謇不仅在理论层面上提出"大农论"，而且还在实践层面率先实践"大农论"，为引领农业转型发展树立了典型。

张謇的大农实践始于1901年。该年五月，张謇等集资创办的通海垦牧公司正式成立。垦区总面积232平方公里，合12.5万亩，其中可垦地11.5万亩。经过10年的艰苦创业，历经"四难"，即与天斗（雨涝）、与地斗（盐碱）、与海斗（风潮）、与人斗（地权），有计划地修筑海堤、兴修水利、招募垦户、建造农舍、改良土壤，引进良种，终于建成。1911年公司开始盈利，当年给股东分红31425两。从1911年到1925年，公司所获纯利高达84万两，几乎为原始投资的3倍。张謇在《垦牧乡志》记曰："各堤之内，栖人有屋，待客有堂，储物有仓，种蔬有圃，佃有庐社，商有廛市，行有涂梁，若一小世界矣。"通海垦牧公司的成功带来了兴办垦牧公司的热潮。资料显示，到1920年止，张謇先后成立了大有晋、大豫、中孚、通遂、大丰、通兴、华成等公司。上述公司共投入资本2199万元，所占土地面积455万亩，已开垦土地70万亩之多。

在张謇的带领与影响下，江苏东部沿海北起阜宁，南至南通，绵延600多里的冲击带上，迅速崛起了众多盐垦公司，其中属于大生系统的有16家。这些公司进行大规模的废灶兴垦，改良土壤，兴修水利、引进驯化良种，在荒凉的盐碱地上谱写了垦荒史上雄伟、悲壮的乐章。至20世纪20年代，这些公司已拥有土地2000余万亩，植棉400余万亩，年产棉花60余万担。

虽然垦牧公司投资总额、所占面积、股东构成不同，但有以下共同点：在经营形式上，"份泰西公司集资堤之"，如通海垦牧公司"集股股本的规银二十二万两为准"，每股规银1万两，共2200万股；在经营机制上，采用公司加农户的形式，农户主要负责生产管理，公司主要负责规划、水利等任务；在生产目的上，主要为棉纺工业提供优质棉花，从事商品生产。因此，张謇的农业实践已明显地脱离了传统的小农轨道，既开垦了大量荒地，缓和了人地矛盾，增加了政府收入，支持了工业化，又成为我国农业现代化的有益探索，也可说是中国农业现代化的发轫。

从现有史料来看，张謇的大农实践固然保留了不少传统性，但更多地体现了现代性。

从要素投入来看，农业增长的贡献主要依靠土地、劳动力等传统要素更明显地转向依靠资本、科技等现代要素。农业的发展离不开土地与劳动力，也就是所谓土地是财富之母，劳动是财富之父。"小农"如此，"大农"也是如此。两者的区别在于"小农"只是土地与劳动力的简单结合，一块土地与一个家庭就可进行周而复始的生产。"大农"也离不开土地与劳动力，更离不开资本与科技等现代要素，张謇通过股份制这一全新的组织形式，把社会闲散资金汇集为巨额资本，滚动开发盐碱荒地，不仅获得了大量土地，缓和了人地矛盾，还有力地支持了早期工业化。在产前环节，垦牧公司投入大量资金围垦造田，开展水利工程建设与农田水利基本建设；在产中环节，又投入大量资金进行土壤改良、设立农校、棉纺试验场、推广新技术、引进驯化新品种，有效地提高了农业生产力；在产后环节，又用大量资金收购棉花，引导农民进行商品生产，促进了农业的内部分工，扩大了农业多样化联系，加快传统农业与农民的转型发展。可见，资本与科技在张謇的大农实践中发挥了关键性作用。

从经营机制来看，生产经营的形式由千家万户的分散经营转向公司加农户的产业化经营，形成了较为完善的农业经营模式。家庭分散经营是小农经济的基本特征。这种经营方式是一种"全把式"的小农业，内部没有分工，外部缺失联系。这种小农经济十分脆弱，又极易再生，是传统专制政治的经济基础。张謇的大农实践在家庭经营的基础上，又增加了公司这一市场主体，形成了公司加农户的新模式。就土地权限而言，张謇将垦牧公司的土地划分为"田底权"与"田面权"，公司拥有田面权，负责水利工程和农田基本建设，向政府缴纳田赋，承诺进行建设时优先雇佣佃户，代建农舍（收费）等。公司将20亩为一宛出租给农户。佃户拥有"田面权"，只要交付"顶首"（押金）每亩6元，佃户就可获得"田面权"。且佃户一旦获得"田面权"，田主不可收回租佃权，实际上就是"永佃制"，拥有了处置土地的转租、典押、传给后代等权益，还可获得土地改良后部分地价升值。这种土地关系与当时南通地区通行的"活佃制"相比，对公司与农户都有利，实现了"双赢"。农户多交了一倍的押金，但获得了永佃权，有了稳定的经济预期，且每年可少交一半田租；而公司通过"伸佃顶"获得了更多资金，缓解资金困难，可以进行滚动开发。

就分配关系而言，在公司的引导下，农户以家庭经营方式进行生产经营，一年二熟，上半年种植谷类、豆类，下半年种植棉花。到收获时，由公司派人估产（议租），收获物按四六分成，公司为四、农户为六，纳税的棉花交与公司，多余的棉花也按市场价格，以现金形式兑付给农户。这种议租分成制调动了农民生产积极性，在歉年时业佃双方共担损失，丰年时业佃双方共享其成。

就双方权责而言，公司负责水利建设、农田基本建设、新品种的引进与推广、棉花的收购、代建农舍等工作。公司还承担垦区内堤渠、涵洞、道路、桥梁工程公共设施的维修，所需人工则优先雇佣佃户。农户主要职责是生产经营，以家庭为单位进行农业生产。

由此可见，公司与农户建立了一种特殊的生产关系。公司决定农户生产什么，负责将其产品变成工业原料，把农户纳入现代经济轨道；农户则按照公司的要求，组织农业生产，为家庭增加经济收入。农户与公司是一种互利关系，公司增加了现金流，有了稳定的工业原料基地；农户则提高了生产积极性，产品有了稳定的销路。土地为公司与农户共有，这与地主封建所有制有本质区别。

从功能作用来看，农业产业发展由单一的食品供给转向多功能拓展。在张謇的大农实践中，农业不再是封闭的循环，而是现代实业的一部分，与其他部门的联系越发紧密。就农业与工业的关系而言，大生公司与垦牧公司相互支持，融为一体。大生公司为垦牧公司提供资金支持，垦牧公司则为大生公司提供价廉质优的工业原料。在大生转盈为亏时，又给大生以可观的经济回报。就生态环境而言，张謇的大农实践改变了垦区的面貌，白茫茫的荒滩变成了良田与相对繁荣的村镇，成为"新世界的雏形"。就功能而言，农业产业的多功能作用日益明显，农业的产品贡献、要素贡献、市场贡献、外汇贡献等基本功能持续存在并得到加强，旅游观光、江海文化传承等新的功能逐渐显现。就产业发展而言，农业产业横向与纵向联系不断加强，产前、产中、产后紧密衔接，产加销、贸工农环环相扣，形成了多元化的产业形态与产业体系，初步形成农业经营的新局面。

与那些负气、空言的官僚士大夫相比，张謇的"大农"实践无疑是有价值的，不仅开垦了大量荒地、增加了物质财富、支持了工业化，而且还成为我国早期农业现代化的典型。

行政推动层面的胜人一筹

张謇的一生是丰富的，有时居庙堂之高，身居总长等要职；有时又处江湖之远，致力于"村落主义"；更多是以"通官商之邮"的特殊地位为践行"实业救国""教育救国"的梦想呕心沥血。

张謇当过幕僚、翰林院修撰、实业总长、农林工商总长等职，拥有"天子门生"的光环，与当朝重臣翁同龢、张之洞、刘坤一、袁世凯等有千丝万缕的联系，拥有丰富的行政资源。他与执政当局的关系也很复杂，有依赖的一面。比如，张謇"奉旨总理通海商务"，请两江总督派兵驻守垦区，打击"沙棍"与土匪，维护农业生产秩序等；也有抗争的一面。比如，张謇对一些官僚不识时务表示失望，对政府的苛捐杂税进行抵制，对军阀混战进行批评等。

虽然居官的时间不长，但张謇长袖善舞，抓住"窗口期"，综合运用组织、行政、立法、经济等手段扶持大农，改造"小农"，并获得了一定的成效。

——提出设立农会。发展"大农"离不开农会。为了有效发展"大农"，张謇多次建议设立农会，加强对农业生产的研究、管理与指导。他提出，应在上海设立总会，各地设立分会，农会应开设农学堂，延聘外国农业人才。他还明确农会的三大任务，即辨土壤、考物产、筹资本。张謇还参考英国、美国农会的经验，提出了农会的创办方法、经济来源、功能作用等。

——强化行政推动。张謇在担任实业总长与农林工商总长期间，主持起草了一系列促进实业发展的政策措施，倡导兴农垦殖、废除苛捐杂税、制定银行条例、发布《商业注册章程》。他还发布了《关于征集植物病虫及害虫给各省民政长官的训令》，颁发《劝农员章程》。张謇还以总长身份对改良土壤、病虫害防治、种子改良、农具改进、金融服务等，提出了具体要求，为"大农"发展创造良好的环境。

——推动农业立法。张謇以为，农林工商部第一计划，"即在立法"。在总长任职两年中，亲自主持修订颁布了"二十余种农商部法规"（《九录·政闻录》卷七），诸如《森林法》《国有荒地承垦条例》《造林奖励条例》《植棉制糖牧羊条例施行细则》等，为农业发展特别是大农发展创造了法制条件。

——运用经济手段扶持"大农"。无论是垦荒，还是种植，张謇都把"大农"作为重点，在奖励方面向"大农"倾斜，支持建立规模化的生产基地。

张謇综合运用多种手段扶持"大农"发展，收到一定成效，有效地促成了民国初年垦荒高潮，加速了民国初年农业现代化进程。

改进传统"小农"、发展现代"大农"是一个漫长的历史过程，没有也不可能在张謇手中完成。但张謇的先人一拍、快人一步、胜人一筹，无疑奠定了他在农业发展史上的历史地位。

（资料来源：新华网，2012年9月1日）

思政述评

在近代历史人物中，张謇是独树一帜的。他既有全国性的作为，在诸多历史风口留下了或显或隐的身影，写下了浓墨重彩的一笔；又有区域性的贡献，在家乡南通开创了诸多事业，奠定了"中国第一"的历史地位。他既有独特的理论，影响了一代又一代人，又有丰富的实践，成为中国早期现代化的开拓者之一。他既热衷于工业化，成为毛泽东眼中不能忘记的四人之一，又致力于以农业现代化，为现代农业发展作出了多方面的贡献。

案例10　袁隆平：一稻济世—万家粮足

案例呈现

稻花香里说丰年，听取"禾下梦"连连。将毕生心血倾注于粮食发展事业的"杂交水稻之父"袁隆平，生命永远停留在2021年的水稻收割季。但他的"禾下乘凉梦"和"杂交水稻覆盖全球梦"仍在延续传承，他的科研精神仍在人世间无尽地释放着。

1953年，从西南农学院遗传育种专业毕业后，袁隆平被分配到湖南安江农校工作。作为新中国培养出来的第一代学农大学生，袁隆平立誓要解决粮食短缺问题，不让老百姓挨饿。

1956年，袁隆平带着学生开始了农学实验。袁隆平发现，水稻中一些杂交组合有优势，认定这是提高水稻产量的重要途径。培育杂交水稻的念头，第一次浮现在他的脑海。

1966年，袁隆平发表论文《水稻的雄性不孕性》，拉开了中国杂交水稻研究的序幕。此后，他与学生李必湖、尹华奇成立三人科研小组，开始了水稻雄性不孕选育计划。1970年，在海南发现的一株花粉败育野生稻，打开了杂交水稻研究突破口，袁隆平给它取名为"野败"。

各地科研人员聚集到海南，他慷慨地将"野败"分送给大家，又在农场支起了小黑板，给全国各地科研工作者讲课。一场轰轰烈烈的全国攻关大会战打响。1973年，在第二次全国杂交水稻科研协作会上，袁隆平正式宣布籼型杂交水稻三系配套成功，水稻杂交优势利用研究取得了重大突破。

湖南省杂交水稻研究中心办公楼的一间会客室墙上悬挂着一幅照片，金黄色的稻浪翻滚，左上角有袁隆平写下的一行字：湖南溆浦，首次亩产突破1000公斤。

"亩产1000公斤"是袁隆平80岁时许下的生日愿望，在2014年已经实现。2019年，袁隆平迎来90岁生日。这一次，他的愿望是"亩产1200公斤"。

从1976年到2018年，杂交水稻在全国累计推广面积约85亿亩，增产稻谷8.5亿吨，为中国人牢牢掌握自己的饭碗作出了突出贡献。

作为实打实的"90后"，袁隆平身体不如以往，但他对以科技创新来保障国家粮食安全的迫切愿望却一如既往。他说："现在，我最关心耐盐碱水稻示范工程、杂交水稻超高产攻关工程等三大工程，期望通过它们，更进一步推动我国乃至世界杂交水稻事业的发展。"

除了解决"吃饱饭"，袁隆平还将更多精力放在了"吃得好"和"更健康"上。由他领衔的已实施十多年的超级杂交稻"种三产四"丰产工程从过去强调产量，向兼顾绿色优质目标转变。2017年参与"种三产四"丰产工程的30多个品种中，优质稻占比超过30%，其中不少品种的米质已经达到国家二级标准。

2019年9月29日上午10时，中华人民共和国国家勋章和国家荣誉称号颁授仪式在人民大会堂隆重举行，中共中央总书记、国家主席、中央军委主席习近平向"共和国勋章"获得者袁隆平颁授勋章。

当天接受记者采访时，袁隆平说："总书记问我，有什么进展？我说，我们正在向1200公斤亩产冲刺！"

是什么让这位身披无数荣誉的老人在90岁高龄依然努力奋斗？正是梦想的力量。

袁隆平院士曾说自己有两个梦想：一个是禾下乘凉梦，第二个是杂交稻覆盖全球梦。"全球有一亿六千万公顷稻田，如果一半有八千万公顷（种杂交水稻），那现在的情况，每公顷增产两吨，可以多养活五亿人口。"

他，是稻田里的守望者，袁隆平的名字，将永远镌刻在中国农业现代化的丰碑上。

（资料来源：光明网，2020年6月25日）

思政述评

袁隆平一生致力于杂交水稻技术的研究、应用与推广，发明"三系法"籼型杂交水稻，成功研究出"两系法"杂交水稻，创建了超级杂交稻技术体系，为我国粮食安全、农业科学发展和世界粮食供给作出杰出贡献，使我国杂交水稻研究始终居世界领先水平。

衡量人生价值的标准，最重要的就是看一个人是否用自己的劳动和聪明才智为国家为社会真诚奉献，为人民尽心尽力服务。个人要求社会提供实现人生的条件，而社会的发展又要求个人服从社会的需求。这两者是辩证统一的。生活的辩证法告诉我们：自我越是和伟大的事业休戚与共、紧密相连，越是顺应时代潮流、社会发展，就越能创造出自身的价值。发展杂交水稻，造福世界人民，是袁隆平毕生的追求，展示了他作为科学的坚守和努力，在实践中创造有意义的人生。

案例11　徐一戎：一生勤耕耘，只为稻花香

案例呈现

徐一戎，1924年出生，在寒地水稻种植研究上作出了巨大贡献。他首次提出寒地水稻冷害防御技术，首次提出寒地水稻"三化"栽培技术，首次完成寒地水稻优质米生产技术系统研究，首次提出寒地水稻主茎11叶品种生育叶龄诊断技术模式图，首次绘制出寒地直播水稻亩产千斤栽培模式图，首次编制出寒地水稻旱育稀植"三化"栽培技术图例。

徐一戎创造性的研究，为我国寒地水稻栽培跨越式发展注入了巨大动力。黑龙江垦区的水稻种植面积由1984年的21.6万亩发展到现在的1900多万亩，亩产由159.7公斤增长到2009年的564公斤。

盛夏的一个清晨，太阳刚刚升起，种植户们正在地里忙碌着，远处一个高大笔直的身影向水稻田边走来。身影慢慢近了，正是徐一戎老人。他陶醉地深吸了一口气，然后沿着垄台走着，察看稻秧的整体情况，慢慢地老人停下来，弯腰低下头仔细地看着水田里的秧苗。最后，老人干脆蹲在垄台上，从水田中拔出一棵秧苗，认真摩挲着叶片，之后又细心地把秧苗插回到水田中，专注而耐心……

徐老有一个理想。在他2005年一个日记本的扉页上，写有一个大大的"米"字。他解释说："米字是上下两个八，怎么也得干到八十八呀！"

徐一戎上大学期间学的并不是水稻专业，他能与水稻结缘一生，并非经过深思熟虑的重大抉择，只是一个偶然的机会和念头。

新中国成立时，年轻的徐一戎来到北大荒莲江口农业实验场，当上了技术室副主任。他走遍将要开发建设的鹤立河、梧桐河等十多个农场，发现这些地方三分之二是低洼地，心里萌发了研究水稻的念头。

徐一戎找到一些有关水稻栽培方面的资料，仔细研读起来。他还花费了半年多的时间跑遍了北方几个省份，收集到了938个水稻品种。

徐一戎的研究工作从最简单试种起步了。

第一年试种，徐一戎在8亩半地里摆开938个试种畦地，起早贪黑精心地观察、记录，甚至半夜还打着手电到地里看一看，用尺子量一量，用手摸一摸。操心忙碌了大半年，到了秋天收获的季节，结果却很惨，最少的亩产只有37公斤。

第二年，徐一戎又筛选出142个品种进行试验，并采取了一些增产的技术措施。到了秋天，有30多个品种亩产超过200公斤，最高的达到242公斤。他在小场院里来来回回地走着，看着一小堆一小堆的稻谷，心想：仅仅亩产242公斤，要是推广起来，所付出的代价，远不如种小麦合算。

有生以来，徐一戎第一次失眠了。他一遍又一遍地翻着一年来记下的50多万字的试种笔记和资料，经常不等天亮就走进了门前的试验田。

然而，正当徐一戎对水稻更加痴迷之时，由于"历史问题"，他被单位开除。

徐一戎得知后，什么也没说。他翻看了一下自己积累的关于水稻栽培方面的资料，然后又跑到实验田里，抓起一把稻田土，拔出一撮水稻茬子，号啕大哭。

那一年，45岁的徐一戎在回家乡辽宁省北镇县（今北镇市）的列车上，蓬头垢面，面黄肌瘦，仿佛一下子老了十多岁。一路上，他心里翻腾得很厉害。

到了家乡北镇县合兴大队，徐一戎被领到了当时农民正在翻秋茬稻田里。他顺手捡了一株丢在地里的穗头放在手里捻捻说："哟，这是农垦21号。"他又捡起株稻茬仔细看了看说："你这稻子也就是打个五百来斤吧。"村干部当时大为吃惊，紧紧握着徐一戎的手说，"大黑个子，你真神了！"

新鲜事在全村传遍了，"不得了啦！新来的黑大个子，往地里一站，就把咱们用的品种，还有产量都报出来了。神啦！"

从此，徐一戎远近闻名。村里找过他，乡里找过他，县里也找过他，整地、选种、打药遇到难题都找他。在家乡的日子里，徐一戎用另一种方式延续着自己的水稻研究。

徐一戎回家务农的第一本笔记扉页上写上了这样一句话："我最美的心愿是研究水稻。"这心愿在他的家乡结出了果实。

在北镇3年后，徐一戎决定回到农场。他想念北大荒那片一望无际、肥沃神奇的黑土地。

回到北大荒，一见到实验田里的黑土地，徐一戎就像是见到了久别的亲人，没进办公室就直奔那8亩半试验田。他掐一株稻穗，在手里捻一捻，又换个地方拔一株稻茬子，看了又看。

回到北大荒的第一个夜晚，徐一戎又一次失眠了。他为自己重新进行水稻研究兴奋不已，他憧憬着将来北大荒上万亩稻花香。

从回到北大荒的第二天起，徐一戎重新开始了寒地种植水稻的研究，他一头扎进水稻田里，开始拼命工作。

"北大荒是我国高寒地区，适于种水稻的三江平原和松嫩平原，寒冷的日子常有零下三十八九度，若赶上早霜早冻的年份，连玉米、大豆也常歉收，要让耐水喜温水稻在这里稳产高产，不是一件容易的事。"徐一戎说。

为了方便研究，徐一戎婚后不久就从家里搬出来，住进了黑龙江农垦科学院水稻研究所。他把8亩半地分成了几十个小区，种上水稻，开始了昼夜繁忙的观察、记录和比较。因北大荒早午晚气候差异大，每天都要作出分组比较，记下分毫不差的数字。

3月末，北大荒依然寒气逼人。徐一戎带着助手一起去打水田的池埂子。站在冻土上，靴子底下冰凉。泡田时，池子里还挂着冰碴，靴子往泥里陷，他索性挽起裤脚，赤脚下田，在水田里一干就是大半天。一忙起来，徐一戎就忘了冰冷刺骨，出水经常是双脚麻木。

夏天，为了准确及时地观察每一个水稻品种长势变化，需长时间泡在水田中观摩样本，炽热的阳光晒脱了徐一戎身上一层又一层皮。他和助手一起整地、播种、施肥、灌水、除草、灭虫、收获，从头到尾一项不落，在劳作之余确保每一个数据的调查、记录、收集、整理。

徐一戎将试验田分门别类编制调查点，每个调查点定10～20个样株积累数据。徐一戎设定的调查点近300个，3天调查一遍。他和助手白天记下叶片数、叶片长、叶形态、叶面积，利用每天晚上和星期天归类分析。

对于收集来的十多万个数据，刚开始，徐一戎他们用笔算、用算盘打。数据太多了，他们就从工程设计室借来计算尺。大数据计算时，他们就求助于一家科研所的手摇计算器。

徐一戎几乎像大海捞针般捕捉寒地水稻的生育特点，寻找高产途径。

5年过去了，徐一戎的"寒地直播水稻早熟高产栽培技术"研究取得了重大突破。他对试种的50多个水稻品种，详细整理出了它们的增产因素条件，并根据实验结果对北大荒每一个气候区适用什么品种，什么时间栽培，都作了很具体的说明。

从此，徐一戎根据研究的成果开始传授讲课，他着力推广的"合江19号"等十多个品种在汤原等23个农场和萝北等14个市、县播种，最低亩产达到了359公斤，其中50％的播种面积首次亩产超400公斤，并在小面积上首次突破直播水稻亩产千斤大关，创造了当时高寒地区水稻产量的最高纪录。

事情并非一帆风顺。

徐一戎的寒地水稻正在推开的时候，1981年初秋，北大荒的一场突来的早霜冷害给水稻带来了严重损失。秋收后一算，平均亩产还不足150公斤，之后北大荒的水稻种植面积也就由43万亩一下子降到18万亩。

有人说："老徐，看来北大荒这个地方高寒早霜，天气变化无常，研究水稻没什么大希望了。"还有人说些更刺激的话。

面对这些，徐一戎只是沉默。根据徐一戎的日记记录，那一年是他研究水稻以来跑路最多的一年。这一年他不知度过了多少个不眠之夜，人也瘦了十多斤。经过反复思考，徐一戎确定了"寒地水稻计划栽培防御冷害技术"的新研究课题。

潜心的研究、苦心的调查再次开始了。徐一戎先在水稻研究所和两个农场扣秧棚试验"旱育稀植"，确实大见成效后，他跑遍了北大荒87个可种水稻的农场、500多个生产队组织推广。

两年的时间里，徐一戎在水稻田里走的路，蹲在地头写的记录，伏在灯下写的研究材料，是前10年的3.5倍。他终于研究出了一个适于北大荒高寒地区旱育稀植的可行方案。方案十分严谨，例如，"垦区南、中部以11叶品种为主，北部以10叶品种为主"，"早熟品种为6月2日前，中熟品种为5月30日前，晚熟品种为5月27日前为最晚播种界限期"。

徐一戎的水稻栽培技术经受住了实践的检验，许多农民慕名前来取经。

为了让农民更快地掌握种稻技巧，徐一戎精心编制了寒地水稻的栽培图和模式图。在这些图中，分蘖期、生育转换期、长穗期段落清晰，每个时期的叶片伸长、组织分化、减数分裂一目了然。

给稻农讲课，徐一戎总是用最质朴的语言，将高深复杂的理论讲得通俗易懂。有一次，他在讲叶龄诊断技术时说："这技术靠的是观察，把叶龄模式'吃'到脑子里去，水稻咋种都有理。这叶子长得好坏，主要看上数第三片叶，那是功能叶片，就像一家子中的当家人。"徐一戎把在农业大学上的高等课程变成了"看图识字"课。

"跟农民在一起，不能算老师教学生，只能算同行间的交流。任何场合农民都是我的老师，哪怕他只有20岁。大自然每时每刻都有变化，地里的事他们比我更了解。"徐一戎说。

1999年，黑龙江农垦总局正式做出决定：要通过调整产业结构，把北大荒变成东北地区的水稻主产区。

北大荒水稻面积大了，徐一戎兴奋了，也变得更忙了。北大荒的辽阔土地上处处留下了他的身影。

有一年，水稻正分蘖的时候，徐一戎来到了二九一农场的一块稻田，竖看横看以后走到地中间拔出一株稻秧，切掉根部后用刀片把细嫩的稻秆劈成两半，顿时，秆劈面上淡淡的绿液慢慢浸了出来。

徐一戎先看了根系及分蘖和秸部，又看纹络，对农场工作人员说，眼下，上数第三个叶子已经显长，从解剖看，上叶还要长，这说明这块地比正常用量多施了起码有三分之一的肥料，这样看，大约要比正常稻子提前6~7天封垄，一有劲风就容易倒伏，如果这样，产量就不会超过800斤了。

第二天，徐一戎又到了八五零农场的一块水田，见到移栽的稻苗枯黄且瘦小，拔出一株用刀片劈开稻秆，看了看说，这片稻子在棚里育苗时，十有八九是翻浆有水、播上种子又复土了，这就不叫旱育稀植了，这成了水育稀植，不但不会增产，反倒会减产，亩产量不会超过600斤。

徐一戎的"预言"被验证了。那年秋天，正值稻粒灌浆时，二九一农场那块稻田被风一刮，全部朝北倒伏了，秋后亩产只有173.5公斤。八五零农场那块稻田产量也不过是200公斤刚刚出头儿。从此，徐一戎"稻医华佗"的美名传开了。

徐一戎每到一个像二九一农场或八五零农场的地方，都会留下"旧病不复发"的"药方"。他所诊断过的地方，第二年肯定还要再去一次，看看是否有"旧病复发"的现象，否则他心里不踏实。

年复一年，日复一日，徐一戎行走在葱郁茂密、茫茫无际的稻田间，行走在北大荒这块辽阔而富饶的土地上。他无怨无悔，他陶醉其中。

"在黑龙江垦区，100个吃大米的人，可能有99个不知道他，但100个种水稻的人，有99个都知道他。"黑龙江垦区的许多人这样说。

徐一戎自己说："我只不过是全垦区10万技术人员中年龄最大的一个。"

徐一戎一生痴迷于水稻研究，记者问他："除了水稻，您还有什么别的爱好？"

他想了半天，最后好像有些惭愧地笑笑说："没了。"

仔细统计一下徐一戎每年的时间，会发现被分成三大块，而且都跟水稻事业息息相关。

100多天到各农场去讲课推广技术、检查水稻质量。细心的人曾算过，他每年奔走于各大小农场、科研单位的路程约合8万公里。

100多天在6个实验基地做现场科研。为了掌握第一手资料，他跟农技师、种植员一起劳作，像个普通农民一样泡在冰冷的水田里，大量的研究数据就是这样得出的。

100多天在办公室里撰写、翻译科研论文、著作。51本笔记、1282张卡片、251本记载资料手册和6本专著，就是这样完成的。

说起徐一戎的生活，他并不富有。1989年，徐一戎退休，黑龙江农垦科学院返聘他继续工作，月聘金50元，后来又增加到60元，有人开玩笑说："一个月多了一条烟钱，干得还挺来劲。图啥？"

熟悉徐一戎的人都说，就是一分钱不加，他也会照样干。

当时，好多农场争着高薪聘请他，年薪从5万元涨到17万元。对这些，徐一戎无动于衷。他说："就是后面再加一个零，我也绝不会动心。有了北大荒才有我徐一戎。"

2005年春天，徐一戎使用多年的3件"宝物"被收入北大荒博物馆。一件是他使用了20多年的黑皮包，那是1981年他被评为农垦总局劳模时发的奖品，虽然拉链坏了许多次，却一直没舍得扔；一件是一支圆珠笔，就是用这支笔，他写下了200多万的文字；再一件是在地摊上花几元钱买的放大镜。他曾深有感慨地说，搞农业科研不容易，农民种地更不容易，粒粒皆辛苦哇。

但徐一戎又很"大方"。2008年10月，徐一戎把几十年来的所有积蓄100万元，捐给所在的单位黑龙江省农垦科学院，设立了"黑龙江垦区一戎水稻科技奖励基金会"，用于奖励水稻科研人才，提高水稻科研与科研成果转化的水平，使黑龙江垦区水稻事业发展后继有人。

2014年5月13日，老人陷入昏迷状态，弥留之际，孙作钊把耳朵贴在他的嘴旁听，"叶龄……"，还有几个数据，孙作钊听不清了。这位老人完成了将近一个世纪的长跑，在生命的尽头，牵挂的依旧是水稻。

（资料来源：《农民日报》，2014年8月25日）

思政述评

北大荒冬寒春凉，无霜期短，自古以来都是水稻高产的"禁区"。黑龙江农垦科学院水稻专家徐一戎创新的高寒地区水稻增产新技术，却使这里的水稻亩产由150公斤跃升到700公斤，使北大荒变成了名副其实的"北大仓"。

"艰苦奋斗，勇于开拓，顾全大局，无私奉献"的北大荒精神是在北大荒艰苦创业的年代中孕育的，是北大荒人最崇高的精神境界，徐一戎是北大荒精神的代表，他的精神品质是对北大荒精神的完美诠释，并且为新时期北大荒精神注入了新内涵。徐一戎留下太多遗憾，却有千千万万个农垦农业科技工作者继续着他的事业。"水稻人生"，沉甸甸，亮闪闪。

案例12　李振声：执着小麦育种　耕耘天地之间

案例呈现

李振声，遗传学家，农业发展战略专家，小麦遗传育种学家，中国小麦远缘杂交育种奠基人，中国科学院院士。主要从事小麦遗传与远缘杂交育种研究，同时开展了农业发展战略研究，系统研究了小麦与偃麦草远缘杂交并育成了"小偃"系列品种，育成了"小偃4号""小偃5号""小偃6号"等高产、抗病、优质小麦品种，创建了蓝粒单体小麦和染色体工程育种新系统，开创了小麦磷、氮营养高效利用的育种新方向。曾获国家技术发明奖一等奖、何梁何利基金科学与技术进步奖等奖项，2007年获国家最高科学技术奖。

自古有言"民以食为天"，在解决中国人"吃"的问题上，无数科学家前赴后继、矢志不渝，而李振声院士便是其中一位突出代表。他几十年如一日坚持科研，把解决农民问题放在第一位，在小麦远缘杂交和染色体工程研究方面作出了重大贡献，为中国农业持续发展奠定了坚实的基础。在2006年的国家科技奖励大会上，他凭借小麦育种成就获得当年唯一一个国家最高科学技术奖，与袁隆平院士一道成为站在国家最高科学技术领奖台上仅有的农业专家，二人被称为"南袁北李"。

1942年，在李振声年少时，山东省曾遭遇大旱，当地很多人沦为乞丐外出讨饭，无数人无以为食，只能啃树皮、吃树叶。饥饿导致他的父亲得了严重的胃病，不久之后便撒手人寰，留下了李振声兄弟四人与母亲相依为命。父亲在家中留下了"聚钱财莫如为善，振家声还是读书"的对联，尽管生活清贫困苦，但李振声仍然非常热爱学习。然而，父亲的去世使得家里的日子十分艰难，他只能借钱上学。后来为了减轻母亲的负担，他只好辍学，只身来到省城济南找工作。一个偶然的机会，李振声看见山东农学院门口贴有一张招生广告，其中提到免费食宿。这让他难以置信，但还是决定试试。没想到这一试，竟"试"成了全村第一个大学生！大学求学期间他就下定决心，毕业后一定要多种粮食，让每个农民都有饭吃！这也成了他为之奋斗一生的事业。

1951年，李振声大学毕业后被分配到了中国科学院的北京遗传选种实验馆（现中国科学院遗传与发育生物学研究所）工作。1956年，李振声为了响应国家支援大西北的号召，背起行囊去了陕西省一个名不见经传的地方——杨凌，进入当时刚成立不久的中国科学院西北农业生物研究所（后并入西北农林科技大学）工作，从此开始了小麦育种的潜心研究。而就在这一年，中国农业史上最严重的"小麦条锈病"大流行，导致西北地区很多地方的小麦减产了20%～30%，甚至有的地方更加严重。李振声后来曾说："这种病非常可怕，谁要是穿条黑裤子在麦地里走一趟，就会全变成黄裤子。我看见不少农民都在地头抱头痛哭。"

当时全国的粮食只有2000多亿斤，一下就减产120亿斤。故有专家把"小麦条锈病"称为"小麦癌症"！这也引起了党中央的高度重视，周恩来总理亲自作出批示：要像对付人类癌症一样来抓小麦条锈病！尽管国家组织了协作网，但是因为条锈病是通过空气传播的，而且面积太大，很多方法难以奏效，李振声意识到最终还是得靠种植抗病品种来解决问题。现实的需要与农民的困苦深深触动了李振声，因而他下定决心培育出抗病小麦。李振声曾了解过小麦种植的历史，他知道小麦的种植起源于公元前9000年的中东地区，其原始种被称为"一粒小麦"。在一次偶然的情况下，"一粒小麦"与一种野草天然杂交产生了可育的"二粒小麦"；再后来，"二粒小麦"又恰巧遇见了第二株野草，发生了第二次远缘杂交，正是这两次远缘杂交使小麦获得了很多优良性状，形成了现在种植的普通小麦。这启发了他通过再次远缘杂交使小麦获得抗病性状的想法。但远缘杂交，使小麦和野草两个风马牛不相及的物种杂交的难度是非常大的。尽管如此，他仍然决心沿着这条道路走下去。恰好在中国科学院北京遗传选种实验馆工作时，李振声师从土壤学家冯兆林进行过种植牧草改良土壤工作，曾经搜集、整理、研究了800多种牧草，因而对各种牧草的习性非常熟悉。经过多年对牧草的研究，他了解到有一种叫偃麦草的牧草具有很好的抗病性。他决定用偃麦草做父本植物与小麦杂交，相当于让小麦"再婚"，使得后代拥有偃麦草的抗病性。他的这一想法得到了植物学家闻洪汉教授和植物病理学家李振岐教授的支持。

从此，李振声便开始了漫长的小麦远缘杂交实验。但是知易行难，他首先面临着3个难题：第一，杂交不亲和，因为两个物种关系太远，很难实现杂交；第二，杂种不育，即两个物种就像马和驴杂交的后代骡子没有生育能力一样；第三，后代"疯狂分离"，即便可以杂交成功，这种抗病的优良性状在其后代中也很难保持。尽管如此，李振声却是个认准了理就要干到底的人，确定了攻坚方向，他一路披荆斩棘，一干就是20年！首先，李振声采取了各种不同的杂交方法克服了小麦与牧草难以杂交的难题。

第一年，他选了12种牧草与小麦杂交，只成功了三种。再将3者进行对比，他发现长穗偃麦草的后代性状最好。于是便把研究的重点集中在了长穗偃麦草上。通过把长穗偃麦草与他们选育出的数十种不同品种的小麦杂交，得到了9种不同的第一代杂种种子，但是由于长穗偃麦草特性遗传力太强，掩盖了小麦品种间特性的差异，而且所得到的植株很多都不育。他开始对每一单株的花朵逐一排查，终于发现了少数雌花、雄花较正常的杂种。通过采取正反回交的方法，与正常小麦杂交，终于得到了正常可育的后代。但是，培育了远缘杂交的新品种还只是第一步，接下来还要对新品种进行改良，选育出生产上需要的小麦品种。

就在1964年6月14日，在经历了连续40天阴雨后，天气突然暴晴。课题组种在试验田里的1000多份杂种几乎全部青干，即庄稼的子实还未长就干浆了，但是却有一个保持着正常的"落黄"颜色。李振声认为这可能就是他们要找的抗病和抗逆的新物种，集持久抗病性、高产、稳产、优质等性状于一身，这就是后来战绩卓著的小麦新品种"小偃6号"的祖父——"小偃55-6"。他带领课题组对这个品种进行了深入研究。经过两次杂交和筛选，直到1979年，才终于将偃麦草的抗病和抗逆基因成功转移到了小麦身上，育成了具有相对持久性、高产、稳产、优质的小麦新品种——"小偃6号"。

在这期间，李振声与他的研究团队还攻克了后代"疯狂分离"的问题，通过染色体的观察和鉴定，选出了"八倍体""异附加系""异代换系""异位系"四种不同类型的新种质。此后，"小偃6号"成为中国小麦育种的重要骨干亲本，其衍生品种近50个，全国累计推广3亿多亩，增产小麦逾150亿斤！由于这种小偃麦的抗病性强、产量高、品质好，于是黄淮流域流传着这样一句民谣："要吃面，种小偃。""小偃6号"的成功证明李振声当初设想的作物远缘杂交是完全可行的，并且这种远缘杂交对于作物优良性状的发展是非常重要的。但是这项成果并未让李振声停止探索的脚步，他意识到远缘杂交存在着难度大、耗时长的缺陷。他深感20年的育种过程实在太漫长了，为了快速将外源优良基因导入小麦，便引入美国著名遗传学家西尔斯的"中国春小麦单体系统"，将远缘植物的染色体转移到小麦中，以此建立小麦染色体工程，缩短育种周期。

经多年努力，李振声终于建立了快速选育小麦异代换系新方法——缺体回交法。利用这种方法，只用了3年半时间，便育成了小麦–黑麦异代换系——"代96"，全国累计推广面积达1000万亩以上，为小麦染色体工程育种的实用化开辟了一条新路。这项成果为他赢得了广泛的国际声誉。20世纪80年代，我国施肥量曾与粮食产量同步增长，但是后来尽管施肥量上涨，粮食产量却增长缓慢，既浪费了资源，又污染了环境。李振声带领研究人员在中国科学院遗传与发育生物学研究所刚刚建成的、没有食堂、没有卫生间、连条像样的马路都没有的育种基地，自带饭盒，在田里一待一天，最终耐心选育出能高效吸收利用土壤中磷的小麦品种，研制出一批"磷高效"和"氮高效"的小麦品种。

李振声在科研的同时，也一直在关注着更加广泛的农业问题。1987年6月，李振声被调入中国科学院任副院长，接替叶笃正以协助周光召院长管理生物和农业方面的工作，在任时他推动了另一项影响至深的活动——"农业'黄淮海战役'"。从1984年起，我国粮食生产连续三年徘徊在8000亿斤左右，但是人口增长接近5000万，这一紧张局面引起了中央领导高度重视。1987年，时任国家科委主任的宋健主持召开会议，讨论如何打破粮食生产的徘徊局面。李振声代表中国科学院参加了此次会议，接受了这项任务。随后在周光召的支持下，李振声在对黄淮海地区进行充分调研以及与相关地区领导充分地讨论、论证后，他认为中国科学院在中低产田治理方面是很有经验的，且封丘地区的成功增产经验也给了他信心。

于是从1988年开始，中国科学院组织了25个研究所400多名科技人员深入黄淮海地区，与地方科技人员合作开展了大面积中低产田治理工作。1988年，时任国务院总理李鹏进行黄淮海农业视察，盛赞"这里取得的成果，对整个黄淮海平原开发，乃至对全国农业的发展都提供了有益经验"。经过6年治理，我国粮食产量从8000亿斤增长到了9000亿斤，而仅黄淮海地区就增产了504.8亿斤。"黄淮海战役"不仅为促进我国粮食增产作出了巨大贡献，在项目进程中，很多科学家在田间地头建房为家，艰苦工作。这种无私奉献、协作攻关、持之以恒的精神成了后来被广为传颂的"黄淮海精神"。

1999—2003年，我国粮食产量出现了连续五年下滑的情况。2004年，他在人文论坛上发表了题为《粮食恢复性生产，时不我待》的讲演。他认为是"政策因素"起了主导作用，因此提出"争取三年实现粮食恢复性增长的建议"。后来，中央采取了有力的支农措施，连续三年实现了恢复性增长。1994年，美国人莱斯特·布朗发表了《谁来养活中国》一文，认为中国独自养活自己的前景堪忧。李振声汇集了有关数据，加以分析后发现布朗的三个推论都不正确，不符合中国实际！2005年，李振声院士在博鳌论坛上向全世界发出声音："中国可以养活自己。"为了保障粮食安全，让"中国可以养活自己"，就必须确保粮食增产，李振声把目光聚焦到了环渤海的中低产田。"我国的每一寸土地都很珍贵"，李振声说，"想要粮食增产，还是要提高中低产田的产出。"

2011年7月，李振声在《中国科学院院刊》上发表了题为《建设"渤海粮仓的科学依据——需求、潜力和途径》的文章。这也是"渤海粮仓"这一名称被首次提出来，他认为"渤海粮仓"有大幅增产的潜力。2013年，科技部与中国科学院联合组织了"渤海粮仓"项目。李振声带领的课题组承担了"耐盐小麦育种与示范"，培育出的"小偃60"有良好的耐盐碱能力，后来参加了区试和进一步扩大示范。

一直以来，李振声保持着艰苦朴素的生活作风。李振声的父亲留下的"知足者常乐，能人者自安"是李振声一生的写照。在2007年获得国家最高科学技术奖时他获得了奖金500万元，按照规定，其中450万元为科研经费，剩下的50万元则归个人支配。但他把50万元全部捐给了中国科学院遗传与发育生物学所，用于青年科技者的助学基金。他这一生严于律己、宽以待人，尽管身居高位，但是总是待人随和。他的论文集首页是他用工整小楷写下的白居易的诗——《续座右铭》：千里始足下，高山起尘微。吾道亦如此，行之贵日新。

（资料来源：新华网，2022年10月8日）

思政述评

他被誉为"当代后稷"，也被誉为"中国小麦远缘杂交之父"，李振声终身都投入在自己喜爱的科研事业之中，培育了一个又一个优良小麦品种，并且为国家粮食安全建言献策。尽管荣誉不断，但是李振声从没忘记初心。他不止一次地说过："我是农民的儿子，和农民打了几十年的交道，深知粮食来之不易！"他的小麦育种方向总是根据农民的实际需求和客观规律来确定，他始终把农民的需求放在心上，半个世纪深入一线、不怕吃苦、甘于奉献，李振声曾说："真正给我打分的是农民。"他是如此热爱这片土地和他倾注了一生心血的育种事业，他是真正的"麦田里的守望者"。如今，李振声院士依旧风里来雨里去，与小麦为伴。他是"杂交小麦之父"，和袁隆平先生一样都是"粮田"的守望者与拯救者，也是带领中华民族走出饥荒、走向富足的民族脊梁。

案例13　方智远　厚朴如农，甘蓝人生

案例呈现

2023年1月20日，除夕前夜，我国著名蔬菜学家，中国工程院院士、中国农业科学院蔬菜花卉研究所研究员方智远，因病在北京逝世，享年84岁。1月26日，方智远遗体在北京八宝山革命公墓火化。中国农业科学院发布悼念文章表示，方智远是我国蔬菜科技的奠基人和领路人，为我国蔬菜产业和民族种业发展以及乡村振兴作出了里程碑式的贡献。

甘蓝，又叫圆白菜、洋白菜。早在20世纪60年代，方智远就开始从事甘蓝育种工作，1973年，方智远率领团队育成国内第一个杂交种"京丰一号"，打破国外对甘蓝种业的垄断，此后，他和团队又育成多种适宜不同季节种植的甘蓝，使甘蓝这一大宗蔬菜实现了周年供应。

在蔬菜中，十字花科是一个大家族，而甘蓝，又是这个大家族中重要的一员。方智远团队成员、中国农科院蔬菜花卉研究所研究员吕红豪介绍，我国蔬菜播种面积有3亿亩左右，十字花科蔬菜如白菜、萝卜、甘蓝等，大约占三分之一，约有1亿亩，其中，甘蓝播种面积常年保持在1400万亩左右，是名副其实的大宗蔬菜。

对于普通消费者来说，甘蓝是市场上最普通不过的蔬菜，但少有人了解，这个传入中国已有数百年的作物，在半个世纪前，种子还几乎完全依赖进口。

种子是农业生产的源头，种子依赖进口，难免处处受制。据介绍，当时我国甘蓝种子进口时常遭遇外商刁难，肆意抬高价格、降低质量。1967年，两广地区种植的上百万亩进口品种"黄苗"，大面积出现先期抽薹的问题，农民损失惨重。当时，方智远进入中国农业科学院蔬菜花卉研究所工作刚刚3年，于危机中开启甘蓝育种之路。

如何育成自己的甘蓝品种？方智远团队与北京农林科学院专家合作，在国内第一次利用自交不亲和系的方法进行蔬菜育种。在经历了无数次组配和筛选之后，于1973年育成国内第一个甘蓝杂交种"京丰一号"，结束了甘蓝种子依赖进口的被动局面。

1982年，刘玉梅成为方智远团队的一员，此时正是"京丰一号"的推广时期。她介绍，"京丰一号"适应性极强，在我国大部分地方都可以种植，同时还有较好的抗先期抽薹的性能，有利于蔬菜"春淡"期上市供应。先期抽薹是甘蓝常见的问

题，如果抽薹太早，叶球还没长成，就没有商品价值，种植户就没有收成。正因这一优点，时至今日，"京丰一号"仍是国内推广面积最大的品种。

"京丰一号"的育成打破了国外的种子垄断，也开启了甘蓝种子国产化的进程，此后半个世纪，方智远团队育成了多个系列的新品种，使得"洋白菜"主要依赖国外进口的历史一去不返。"现在，我国甘蓝品种的自主率已经超过90%，实现了品种自主。"吕红豪说。

甘蓝是大宗蔬菜，但在国内大部分地方，甘蓝只种一季。"京丰一号"也有这样的问题，在20世纪80年代的北京，"京丰一号"成熟期大多集中在10月份，亩产可以达到万斤以上，短时间内集中上市，不仅影响价格，也很难保证其他时间的供应。

为此，方智远率领团队，展开了新的育种攻关，先后育成了适合春季、秋季的甘蓝以及可以越冬的甘蓝，实现了周年供应。

刘玉梅介绍，当前，我国各地生产的甘蓝有许多不同的种类，如春甘蓝，大约在1、2月份播种，3月中下旬即可采摘，秋甘蓝7月左右种植，10月即可采收。还有越冬甘蓝，在南方12月播种，次年3月份左右采收。

中国农业科学院蔬菜花卉研究所副所长张扬勇是方智远团队的一员，也是越冬甘蓝育种的主要负责人之一。他介绍，越冬甘蓝的培育，其实也是国内突破种业"卡脖子"问题的又一次攻关，这一攻关，大约用了10年时间。

"2007年是我进入中国农业科学院蔬菜花卉所工作的第五年，也是刚刚考上方院士的博士研究生不久，他带着我们到南方考察越冬甘蓝的情况，那时候，越冬甘蓝的品种基本都是国外引进的，他就对我们说，我们要培育自己的越冬甘蓝品种，替代国外品种。当时，国内这方面的科研还是空白的，我们的一切都要从零开始。在方院士的指导下，我们花了10年左右的时间，育成了我们自己的越冬甘蓝品种，到现在，这一品种已经成为南方越冬甘蓝的主栽品种，而且产值很高，亩产值最高可以达到1.2万元。"张扬勇说。

随着科技的发展，育种技术日新月异，尤其是生物学的发展，为育种提供了更多的技术手段，也使得许多原本难以实现的设想逐渐变成了现实。进入21世纪后，方智远开始攻克甘蓝雄性不育育种技术体系，并成功使用这一技术育成"中甘21号"甘蓝品种。

"和自交不亲和育种相比，雄性不育育种技术更先进和高效，而我国是首个建立甘蓝显性雄性不育育种技术体系的国家。"方智远团队成员、中国农业科学院蔬菜花卉研究所研究员杨丽梅说。

从被"卡脖子"到领跑世界，半个世纪中，方智远带领团队走过了甘蓝育种的艰辛之路。

对方智远来说，农业科技是毕生的事业，也是儿时的梦想。方智远于1939年出生于湖南衡阳一个叫升平村的小山村，在他的儿童时代，日寇时常劫掠村庄，村民每回都要跑进深山中躲避。1944年，衡阳保卫战中，升平村几乎被日寇夷平，苦难的经历，成为他"强国强民"意识最初的启蒙。

"方院士经常跟我们说，做农业科研，不是在实验室里做些实验、发些论文就够了，要真正落在地里，让农民种上自己的种子，不再受国外企业的制约，还要让农民因我们的种子而增收，得到更好的受益。"方智远团队成员、中国农业科学院蔬菜花卉研究所研究员庄木说。

从育成第一个自主品种，到攻克越冬甘蓝品种自主的难关，半个多世纪的育种历程中，方智远不断和国外种业公司竞争博弈，和一线生产的农民共同成长。

中国农业科学院数据显示，几十年中，方智远和他的团队将30多个甘蓝品种推广到全国各地，高峰时期，播种面积占比60%以上，累计推广超1.5亿亩。他们获得了4项国家奖，包括1项国家技术发明一等奖、3项国家科技进步二等奖，这也是迄今为止蔬菜领域唯一的一个国家技术发明一等奖。

（《新京报》，2023年1月26日）

思政述评

方先生一生为国为民，把自己毕生的智慧和精力全部奉献给了我国蔬菜产业，用自己的科技成果造福百姓，惠及千家万户。方先生一生始终遵守着他少儿时立下的"用科学使中国强盛起来"这一人生格言。他是"爱国、敬业、诚信、友善"的时代楷模，是践行"爱国、创新、求实、奉献、协同、育人"科学家精神的典范，是科技创新服务国家发展和经济建设，解决我国"菜篮子"问题的卓越功臣！

智者行远。方先生深沉地爱着我们伟大的祖国，爱着他一生为之追求的事业。他高度重视对青年科技人员的培养，能将自己几十年积累的知识和经验无私地传授给他们，甘做致力提携后学的"铺路石"和领路人，用战略视野和高尚人格将农科精神的火种传递下去，为我国培养了一大批优秀农业科学家和青年才俊，堪称为人师表的典范。

案例14　丁颖：他被周总理誉为"中国人民优秀的农业科学家"

案例呈现

说起杂交水稻，人们多会想到"中国杂交水稻之父"袁隆平。其实，1930年前后，一位比袁隆平年长42岁的岭南科学家就已开始进行杂交水稻试验。

这位蜚声世界的科学家，就是华南农学院（华南农业大学前身）第一任校长丁颖。他被业内公认为"中国稻作科学之父"。

丁颖是中国首位用栽培稻与野生稻杂交成功育成新品种的稻作学家。

1934年，他成功培育出世界上第一个具有野生稻血缘的杂交水稻新品种"中山一号"，1936年，他又选育出每穗可产稻谷上千粒的人工杂交水稻品种"千粒穗"，轰动了整个东亚稻作界。

1955年，丁颖当选为中国科学院院士（学部委员）。1957年，周恩来总理亲自任命他为农业部中国农业科学院首任院长，并称誉他为"中国人民优秀的农业科学家"。

丁颖历任中山大学农学院和华南农学院院长、教授，也是我国农业高等教育的先行者，一生心系现代中国的农业教育。

1961年他编著出版《中国水稻栽培学》，这是第一部具有中国特色的水稻教材专著。今年，丁颖所开创的作物学学科，助力华南农业大学跻身国家"双一流"建设高校。

抚今追昔，这位勤勉爱国、鞠躬尽瘁的杰出科学家值得我们长久追念。

人生中两个重要的"12年"

1888年11月25日，丁颖出生于广东省高州县（原茂名县，今高州市）一个贫苦的农民家庭。他的父亲丁林泰深知没文化的苦处，坚持举债也要供孩子上学。1906年，丁颖从私塾考入县城里的高州中学，他决意报考农科，"要使吃不尽苦头的农民与现代科学发生联系"。

1910年，丁颖考入广东高等师范学校博物科，因成绩优异，后来获得了公费留学日本的机会。

1919年，丁颖即将从日本熊本第五高等学校毕业时，适逢国内五四运动爆发，东京留学生上街游行，遭日本军警血腥镇压。丁颖气愤之余，不思久留，加之当时家境拮据，决定辍学回国。

回国后，他先后在高州中学、高州农校任教，还曾任广东省教育厅督学。但丁颖看不惯当时的官场习气，难以实现"科学救国"的愿望。1921年，他再度赴日，考进东京帝国大学农学科第一部攻读农艺，1924年获学士学位毕业回国。

丁颖先后在日本求学12年，既掌握了扎实的现代农业科学理论知识，也因种种异国遭遇，激发了他强烈的爱国心和民族自尊心，他立志要"教育救国""科学救国"。

学成回国后，丁颖被广东大学农业科学院（中山大学农学院前身）聘为教授。

为提高我国粮食产量，结束吃"洋米"的历史，丁颖积极开展水稻灌溉和吸肥规律的研究，对广东粮食生产问题作了大量调查，写下《改良广东省稻作计划书》和《救荒方法计划书》等文章，还建议政府每年拨出1%的"洋米进口税"作为稻作科研经费。

无奈民国政府不重视农业生产，生产力低下。丁颖意识到培育良种才是当时唯一可行的增产办法。

1927年，丁颖拿出部分工资积蓄来补充匮乏的科研经费，与同事、学生们一起走出校园，在广东省茂名县公馆圩筹建了我国第一个稻作专业试验基地——南路稻作育种场。

1927年至1939年，又是一个12年。丁颖与同伴们陆续建立了石牌稻作试验总场和沙田（东莞）、东江、韩江、北江等共6个稻作试验分场，全面展开了水稻纯系育种与杂交育种的研究工作。

这两个重要的"12年"，一方面为丁颖打下坚实的理论基础，另一方面令他有了充分的实践，为他在稻作科学上的研究与发展奠定了基础。

屡创"第一"毫不居功

华南农业大学文博馆（档案馆、华南农业博物馆）馆长谢正生接受《羊城晚报》记者采访时提到，自1924年起，丁颖便积极从事稻作研究，共育成水稻品种110个。

其中，开展水稻系统育种，先后育成优良水稻品种84个；育成杂交水稻新品种

26个。他是我国第一个用栽培稻与野生稻杂交育成新品种的稻作学家，为我国丰富的稻作遗传资源利用开创了新途径。

那时候，广东大学农业科学院位于现在广州市农林路一带。1926年，丁颖在学校附近犀牛路尾的沼泽地里发现了一株野生水稻，他将这株野稻种子命名为"犀牛尾"。经过8年反复筛选，育成"中山一号"，这是世界上第一个具有野生稻血缘的杂交水稻新品种。该尝试很大程度缓解了当时的粮食荒年。

1936年，他又从华南水稻栽种品种"旱银占"和印度野生稻种人工杂交的后代中，选育出每穗能多达千多粒的水稻杂交种，俗称"千粒穗"。这一发现震惊中外，对发掘水稻高产潜力的研究大有启迪。

后来，他不断尝试更适合国民的新稻种，用系统育成品种与印度野生稻杂交，又在早熟、矮秆和比较大穗的品种间进行杂交育种，40多年持续不断。

在此基础上，半个多世纪以来，后辈水稻育种人致力于"中山一号"及其衍生品种研究，已发展出至少8辈95个品种，累计推广面积达12369万亩以上。

2003年，丁颖的学生兼助手、华农第二任校长卢永根院士在第一届全国野生稻大会上指出："丁颖院士不愧为中国野生稻种质资源之父。"

中华人民共和国成立以后，丁颖受到党和政府的信任、关注和重视，他曾当选为第一届、第二届全国人民代表大会代表，第一届、第二届广东省政治协商会议副主席，以及首届中国科学技术协会副主席。

丁颖一生创下的"第一"不胜枚举，但他从不将这些功劳揽于一身。

1961年，他主编的《中国水稻栽培学》出版，这是我国第一部具有中国特色的水稻教材专著。

华南农业大学教授、全国政协原常委、广东省政协原副主席李金培回忆，丁颖早在1958年便初步完成了这本书的绝大部分章节初稿，当时大家建议他以个人名义出版，丁颖却坚持要发挥集体力量。

他亲自邀请了国内一些专家共同参与写作，比如请鲍文奎先生编写《稻种的选育》，马锷、陈一吾编写《轮栽》，赵善欢编写《虫害防治》等，最后整合交由国家出版。

20世纪60年代初，丁颖主持了"中国水稻品种对光温条件反应特性的研究"，这也是我国一项少见的科研大协作。他前后共组织了国内12个科研单位协同8个省区设8个试验点和两个附点参与研究。

1963年，在丁颖的建议下，中国农业科学院、广东省农业科学院和华南农学院联合创建了我国第一个水稻生态研究室，集合各方力量进行稻作生态研究。

明确提出人类栽培稻种起源中国南方

日本农史学家渡部武教授1989年在主编《中国的稻作起源》一书时，首次称丁颖为"中国稻作学之父"。

《中国的稻作起源》收录了丁颖的一项重大贡献，就是他于1957年发表的《中国栽培稻种的起源及其演变》一文，明确提出人类栽培稻种起源于中国南方。

丁颖在文中还澄清了一些错误说法。例如，1928年日本学者加藤茂苞等人撰文把栽培稻分为日本型和印度型两个亚种，甚至认为中国的栽培稻部分来自印度，又称在中国栽培了数千年的粳稻为"日本型"等。

而丁颖查阅了大量古农书，并结合自己20世纪20年代就在我国华南热带地区发现有多年生野生稻的事实，经过多方研究最终认定：我国多年生普通野生稻是亚洲栽培稻种的祖先，而中国栽培稻种则起源于华南。

丁颖认为，2100多年前，我国古籍中就已明确地从米质的"黏与不黏"出发，记载了粳、籼两大类型的地理分布和特征特性。他将日本人划分的日本型和印度型改定为粳亚种和籼亚种，指出日本的稻种是由我国传过去的。这些结论后来都得到了国际公认。

据悉，《中国栽培稻种的起源及其演变》荣获了1978年全国科学大会奖。

农业教育史上的"实干家"

丁颖是我国高等农业教育先驱，是一位有远见卓识的人民教育家。

他的学生何贻赞在《丁颖教授传略》中记述：1940年，一度迁址云南澄江的中山大学决定回迁粤北，丁颖临危受命出任中大农学院院长。他克服重重困难，想方设法加强师资队伍，改善办学条件，吸引了许多有志青年前来深造。

广州解放初期，丁颖再挑重任，第二次出任该院院长，短短时间便令曾因战火元气大伤的中山大学农学院恢复了正常教学秩序。

1952年，全国高校院系调整，中山大学、岭南大学和广西大学3所高校的农学院部分合并组建华南农学院，丁颖成为首任院长；1957年，他受命担任中国农业科学院首任院长，并兼任华南农学院院长。

"为振兴中华农业办教育"，是丁颖一贯的办学指导思想。20世纪50年代初，丁颖勉励华南农学院毕业班学生"要以足够的勇气和信心来承担社会主义农业改造和建设的任务""一定要热爱农业、热爱农民、热爱农村、热爱农业生产，牺牲目前的个人利益，献身于长远的农民群众的利益，以求达到为农业生产服务的目的"，并强调指出"这是我们农学家的起码条件"。

丁颖十分重视教学、科研、生产（推广）三者相结合的教育方式。他建起的6个稻作试验场，不仅促进当地的农业生产，也密切配合了教学，培育了科教队伍。这一成功经验开创了广东省农业科研事业的新局面，在推动农业院校与农业科研机构同步发展，促进农业厅、农科院、农学院的协作中发挥了重要作用。

经过他与同事们的共同努力，当时中山大学农学院已成为有8个学系和试验研究机构较齐全的农学院；华南农学院成立，又成为国内少数设有农、林、牧、蚕桑、农机等多专业和多学科研究机构的综合农科大学。

如今，华农拥有全世界收藏古农书最多的中国农业历史文献特藏室，这也是当时在丁颖的大力支持下建立起来的。

据华农教授、著名水稻专家吴灼年回忆，1963年，丁颖老师仍以75岁高龄，亲自带队考察西北稻区。后来，他病情急剧恶化，就算"用枕头压住肝痛部位，仍浑身冒汗"，坚持在济南作完了考察报告，才同意送回北京医院，经确诊为肝癌晚期，住院仅20天就与世长辞了。

丁颖在生命弥留之际，说了一句："我这辈子都没有懒过。"

（资料来源：国科农研院网，2023年2月27日）

思政述评

丁颖的一生都奉献在了这片土地上，他的一颗心，从来没有离开过广大人民。

他竭尽一个人的力量，让全国的老百姓不再挨饿，他的名字很多人并不熟悉，他做了什么事，很多人也并不清楚，然而，那些他仔仔细细观察过的稻种，那些他走过的土地，那些粮食丰收时农民的笑脸都会记得：有这样一个人，曾为了人民，一生都在拼尽全力。

丁颖融中华民族的传统美德和科学家的良好学风于一身，是中国人民的优秀农业科学家和教育家，在数十年的科研路上，他身体力行地体现着矢志为民、务实求真、身教以德、敬业乐群的精神，并实现了自己"为农夫温饱尽责尽力"的誓言，无愧为蜚声国内外农业科技界的"中国稻作科学之父"。

案例15　冯泽芳：制成棉种暖苍生

案例呈现

在我国农业科技界，提到冯泽芳，就会想起棉花，提起棉花，就会想到冯泽芳。他是中国棉业改良事业的同龄人、中国现代棉作科学的主要奠基人和我国现代棉产改进事业的伟大先驱者。

冯泽芳，我国现代棉产改进事业的伟大先驱者，中国农业科学院棉花研究所的第一任所长。他在棉花科学研究、棉种繁殖推广和培育植棉人才等方面成就辉煌。他的学术造诣和大家风范，令后学敬仰、世人赞叹。

研究种间杂交拓宽育种途径

冯泽芳，字馥堂，1899年2月20日出生于浙江省义乌县赤岸村，1917年金华浙江省立第七中学毕业。1918年考入南京高等师范学校农业专修科，1921年毕业。在补读学分后，1925年东南大学本科毕业。在此期间，他就潜心棉花科研工作，发表了7篇论文。其中，《中棉形态及其分类》是整理我国棉种的最早著述，奠定了我国亚洲棉分类的基础；《中棉之孟德尔性初次报告》是孟德尔定律发表后首次应用于中棉性状遗传的研究成果。

20世纪30年代的棉花育种工作，都是纯系育种或品种间杂交育种；对棉属的分类，多以形态特征和纤维性状为主，较少采用细胞学或细胞遗传学的方法进行研究。为拓宽棉花种性改造的途径，冯泽芳大胆从事美洲陆地棉、海岛棉与中国亚洲棉的种间杂交及其后代遗传学和细胞学的研究。亚洲棉与美洲棉的杂交属于种间杂交，很难成功。到20世纪30年代初才渐有可能杂交的报道，且多由美洲棉与草棉杂交。亚洲棉和美洲棉杂交时，亚洲棉为母本，一无所得；以美洲棉为母本，可得少量杂种。当时对这种不育现象尚未得到令人满意的解释。

冯泽芳赴美深造期间，从大量的杂交试验中明确了以染色体多的美洲棉作母本，以染色体少的中国亚洲棉作父本，可以得到极少量的杂种，这在当时是一个新论点，并为以后的实践所证实。他根据杂种一代花粉母细胞第一次减数分裂中期染色体构型，分析了种间不易交配性及杂种一代不育性的原因。这些观点和所提供的富有说服力的论证数据，在当时处于同类研究的先进水平。

值得一提的是，冯泽芳的博士论文《亚洲棉与美洲棉杂种之遗传学及细胞学的研究》是在国内事先构思和设计的，他借留学深造之便，利用国外的先进设备和科研资料（参阅有关文献100余篇），勇于开拓、大胆创新，最终取得了可喜成果。1935年，他的论文发表在美国《植物学公报》（*Botanical Gazette*）上。

主持全国区试推广斯字棉德字棉

19世纪中叶通商开埠后，我国成为一个棉花进口国。第一次世界大战影响了外国原棉、棉纱和棉布的进口，为我国民族棉纺工业带来了发展契机。但是，机械纺织需较高品质的棉花，而我国当时栽种的中棉及退化洋棉产量低、品质差，不适合纺织工业的需要。1919年，华商纱厂联合会为解决原料问题，邀请美国棉花专家顾克（O.F.Cook）来华指导我国棉种改良。顾克将8个美国品种在国内多处试种，最后肯定了脱字棉和爱字棉较为适宜。在随后的十多年中主要是驯化这两个良种。1932年，中央农业实验所成立，美国康奈尔大学教授洛夫（H.H.Love）任总技师，1933年，他征集31个中、美棉品种，在南北各棉区进行区域试验，以选择更适宜的品种。一年后，洛夫回国。时值冯泽芳学成归来，就任中央棉产改进所副所长兼中央大学农艺系教授，接替洛夫主持这项工作。他将试验方法加以改进，经过4年的试验证明，斯字棉4号成熟早、产量高，增产10.6%～66.7%，适于黄河流域棉区种植；德字棉531在长江流域丰产优质，平均增产14.8%。这两个新品种推广后，深受农民和纱厂的欢迎。在国内主要农作物中，棉花是率先进行全国区域试验的。除战争时期一度中断外，迄今已延续半个多世纪，并且成为国家评选优良品种、实行分区域种植的关键环节，对提高我国棉花产量和改善纤维品质起到了重要作用。

1934年，全国中美棉品种区试在18个参试单位的合作下取得良好结果，冯泽芳立即通过棉业统制委员会在彰德（今安阳）和南京两地分别进行斯字棉4号与德字棉531的繁殖、纯系育种工作，为大面积推广做好准备。1936年春，我国又从美国购进2万公斤斯字棉4号，在黄河流域几个试验场繁殖近333公顷，秋季收得种子23.3万公斤。1937年，推行棉种管理制度，集中推广2700公顷，这是斯字棉在中国大量种植的开始。冯泽芳在中央农业实验所和陕、豫、川有关人员配合下，1941年在陕西关中和豫西一带推广斯字棉4号7万公顷；在陕南和四川推广德字棉5万公顷。在当时大环境下推广这么大面积，确属难能可贵。斯字棉和德字棉的推广不仅为抗战时期大后方的纺织工业提供了优质棉原料，也为新中国建立初期华北普及优质棉品种、发展棉花生产打下良好基础。

鉴定离核木棉开拓长绒棉生产

1937年抗日战争爆发后，我国棉区大部分沦陷，大后方缺乏原棉，优质原棉更少。1938年，冯泽芳任中央农业实验所云南工作站主任派驻云南工作，他看到了多年生海岛棉，形同小树，习称木棉，多种在房前屋后用作观赏或在荒地上零星种植。经鉴定，他认为是离核木棉，属优质长绒棉。为此，他积极倡导研究和推广木棉，引起了各界人士的重视。首先由金融界与实业界配合地方政府组成木棉贷款团和推广委员会，在云南开远设立木棉试验场，贷款100万元，并制定出一套领取垦荒地和贷款的办法，扶植农民种植木棉。

在各方面的共同努力下，仅几年，云南的木棉就发展到4700公顷。在推广木棉期间，他经常和助手们下乡，趁赶集日子向农民宣传种木棉的好处。初始阶段，农民收获的木棉无处出售，他便自己出资收购，轧出皮棉后再行销售。这样不仅资金得到周转，而且棉籽也可以赠给推广委员会为扩大繁殖之用。

为推广木棉，冯泽芳不遗余力，倾注了全部心血。他给助手的信中曾写道："斯字棉、德字棉和木棉是我的3个孩子，我爱木棉同爱我的小女儿一样。"这种爱棉如子之心，何等感人！据他的学生和助手俞启葆估算，推广木棉所得的经济效益，其年生产价值比当时国民政府支付的全年农林经常费还多出三分之一。

划分五大棉区探讨纺业布局

中国棉区划分研究是冯泽芳对我国棉花事业的重大贡献之一。他指出，农业是深受地域限制，亦即"地方色彩非常浓厚"的一门学科。1936—1959年，他曾先后6次发表过有关我国适宜棉区的文章。他根据棉区的无霜期、温度、雨量、日照等气象因素，地势、土质、海拔等地理条件，与棉花的分布、生长发育、产量构成的关系，以及农情调查、品种区域适应性等研究资料，将中国棉区的划分由最初提出2个发展为5个：黄河流域、长江流域、特早熟、西北内陆及华南。他还强调指出，某一棉区的良种移到另一棉区种植，效果将变差。这一见解对棉花育种和良种推广具有指导意义。60多年的实践证明，上述分区符合客观实际，至今仍为棉花科技界所沿用。其后的棉区划分研究，基本上都是在这个基础上进行的。冯泽芳在20世纪30—40年代曾指出，淮河流域现在产棉不多，但从宜棉的条件来看，疏导淮河后可成为产棉盛区。如今淮河经过治理，黄淮海平原已成为我国棉花的重要产区，这个预言已成为现实。

在进行棉区划分的同时，冯泽芳又悉心研究棉工业布局。1936年，我国棉花产量已基本满足国内需要。但纺织工业布局不合理，纱厂集中在沿海城市，远离棉花产区，交通不便，且大部分为外商控制，以至于抗日战争时期90%以上的纱厂落在敌占区，大后方的纱锭数还不到全国的5%，而这使当时花纱布价格空前昂贵，令人咋舌。为此，冯泽芳于1940年发表了《我国棉工业区的合理分布》论文，阐述了棉工业合理布局的理论和根据。他从国防和同外国竞争的观点出发，提出今后不宜在沿海大埠扩充纱厂；应在交通便利的产棉中心，如在关中、京汉铁路北段、长江中游和晋南等内地棉区建厂，发展棉纺工业，这样可以利用廉价原料，减低花纱布运费，从而降低生产成本。

冯泽芳从发展棉花生产的总目标出发，先划分宜棉区域，开拓植棉业，然后考虑加工工业与种植业密切配合，以便于农产品的销售和工业原料的供给。他认为今后应建设好棉业区，即在最有利的环境中植棉，在棉产集中的地区发展棉纺工业，这样可以扩大主要棉区，淘汰小棉区；各省不宜提倡棉产自给，应因地制宜发展各自的特产，建成各种特用经济作物区。对于特用经济作物区划，他也主张应在全国范围内实行合理的区域分工，如分别在最适宜的区域发展棉业区、茶叶区、丝业区等，以求国民经济的协调发展和自给。

毕生治学严谨尊师爱友自重

冯泽芳的一生中有较长时间从事教学工作，他是循循善诱的好导师，更是深孚众望的教育家。1923年在江苏农校任教时，他以国内棉作最新资料为主，编著了一本具有中国特色的农校教材《中等棉作学》，由中华书局出版。在长期担任中央大学、南京大学和南京农学院教授期间，他提倡教师从事科学研究工作，教学与科研要联系生产实际，以不断丰富自己的知识与经验。他教导学生说，一个人在事业上的成就，除天资外，更重要的是靠勤奋学习。在指导科学实验时，十分重视收集阅读第一手资料，而不图省力去借鉴二三手资料，人云亦云。对撰写实验报告，他强调严肃性、逻辑性和数据与结论的统一。他勉励学生注重自学，独立思考，锻炼思维能力，只有勤学苦练才能成为有用人才。他虽然在事业上有很大成就，是我国棉业改良的一代宗师，但他始终虚怀若谷，谦虚谨慎，始终不忘师长和同事对他的教诲与帮助。在50周岁时，他套用胡适诗句自勉，"清夜每自思，此身非吾有，一半属师长（胡诗原为'一半属父母'），一半属朋友"，以表达他对师友的怀念和感激之情。

冯泽芳的一生始终保持农家子弟勤劳俭朴的作风。1942年，他在重庆沙坪坝中央大学任教授兼农学院院长，但一家5口仅靠他一人的薪水维持清寒生活。由于长期营养不良，除患胃病外，他还得了夜盲症，但他从来没利用自己在学术界、棉业界的声望以及与纺织企业界人士的关系谋求兼职。他家住在重庆郊区数年，而家人从未到过市区，直到1946年学校迁回南京，才由吴有训校长安排，乘校长专车载全家去城里观光，尔后告别山城。

1949年国民党政府撤离南京时，他接触到由北京派来上海联络科技界人士的沈其益教授，了解了党的知识分子政策，决定留在南京，回到中央大学农学院任教（1952年改名为南京农学院）。在那里，他迎接解放，以更加饱满的热情，为新中国的棉花生产和科教事业努力奋斗。

他建议恢复中断多年的全国棉花品种区域试验，受到农业部的重视，并采纳施行。从1956年起，他亲自主持此项工作，与华兴鼐等组织北方和南方棉区的区域试验，并与汪雄时、杜春培等整理发表了1956—1957两年的试验总结，肯定了徐州209、彭泽4号等优良品种的增产作用和推广价值。他对这些国内自育的棉花新品种能与国外品种并驾齐驱十分欣慰，认为我国的棉花育种工作已进入世界的行列。

1956年，他参加了《1956—1967年科学发展远景规划》的制定工作。他倡议组建全国性棉花研究所，并参与筹建工作。1957年，就任中国农业科学院棉花研究所首任所长。他怀着极大的热情，放弃了大城市优越的工作和生活条件，率先与夫人来到棉区腹地——河南省安阳县白璧乡安家落户，主持工作，为我国棉业改进事业贡献毕生精力。

1959年9月22日，冯泽芳在安阳不幸辞世，年仅60岁。他的去世是我国棉业界的重大损失。

（资料来源：中国农业科学院，2023年9月10日）

思政述评

冯泽芳在科研工作上是才华横溢的科学家，在教学上是深孚众望的教育家、循循善诱的好导师。他在中国棉区划分、离核木棉的鉴定、云南木棉生产、培养棉花科技人才等方面作出了不可磨灭的贡献。他奠定的棉花区域试验方法和棉区划分理论，至今仍指导着棉花科研和生产。

他品德高尚，廉洁奉公，为我国农业教育和棉花生产与科研事业奋斗终身，作出了卓越贡献。他治学严谨、精益求精的态度，他的学术造诣和大家风范，令后学敬仰、世人赞叹。他永远守望在辛勤耕耘的棉花地，广阔的棉田是记录他卓越贡献的画卷，洁白的棉花是他高尚品格的象征。他是我国农业科学家和教育家的楷模，永远值得后人学习。

案例16　金善宝：千顷麦田一生情

案例呈现

金善宝（1895—1997），小麦育种家、农业教育家，中国现代小麦科学主要奠基人，中国科学院院士。

1895年7月2日出生于浙江诸暨，1920年毕业于南京高等师范学校农业专修科，1926年毕业于国立东南大学农学系，1932年获美国明尼苏达大学硕士学位。1933年回国，任浙江大学农艺系副教授，后进入中央大学农艺系任系主任、教授，兼任江南大学农艺系教授。1934年编著了中国第一部小麦专著《实用小麦论》。新中国成立后，历任南京农学院院长，华东农林部副部长，南京市副市长，中国农业科学院副院长、院长、名誉院长等职。

他一生致力于小麦科学研究，并为中国培养了几代农业教育、科研和生产管理人才。早期育成"南大2419""矮粒多"等小麦优良品种，最大年种植面积达7000多万亩，为中国小麦增产作出了重大贡献；后又发现并定名了中国独有的普通小麦亚种——云南小麦。主编的《中国小麦栽培学》《中国小麦品种志》《中国小麦品种及其系谱》和《中国农业百科全书·农作物卷》等专著，集中反映了新中国成立以来作物科学，特别是小麦科学的发展与成就。1955年被聘为中国科学院生物学部委员（院士），1957年被授予全苏列宁农业科学院通讯院士，1986年被授予美国农业服务基金永久荣誉会员。曾任中国科协副主席、荣誉委员，农业部科学技术委员会主任委员，中国农学会副理事长、名誉会长，中国作物学会理事长，国务院学位委员会委员等职。

参与创建九三学社，并担任九三学社第二届中央理事会理事，第三、四届中央委员会委员，第五届中央委员会常委，第六、七届中央委员会副主席，第八、九届中央委员会名誉主席。

兴农报国志不渝

1895年7月2日，金善宝出生于浙江省诸暨县枫桥镇大东乡石口村。父亲是清末秀才，在私塾做教书先生，虽收入微薄，但为人正直、办事公道，颇受当地人敬重与爱戴。母亲贤惠能干，以养蚕为副业，贴补家用。

7岁起，金善宝便跟着父亲开蒙识字，熟读经书。13岁那年，父亲背部生了疔疮，因农村缺医少药医治不及时而去世。父亲临终时对他说："我没有给你留下什么家私，只给你留下两句话，做人最重要的：一是要有气节，二是要有本事。"这两句话深深印刻在金善宝心头，他一直将其引为座右铭，终身恪守。

1911年，辛亥革命的浪潮席卷神州，同年11月，绍兴光复。一心向往革命的金善宝剪去发辫，瞒着家人去了革命形势蓬勃发展的绍兴城，投考革命党同盟会开办的陆军中学。在那里，他第一次接触到民主共和的革命思想，学会了射击、骑马，满怀激情地憧憬着为民主美好的新中国付出一切。然而，1912年轰轰烈烈的民主革命的成果被袁世凯窃取，剪去的辫子重新盘回头上，这让金善宝感到无限怅惋。

1913年夏，金善宝考入浙江绍兴县第五中学。4年后，毕业在即的金善宝从报纸上看到了南京高等师范学校农业专修科的招生简章。从小在农村长大的他，目睹中国农村贫穷落后的悲惨景象，亲历家乡农民世代遭受的苦难生活，萌发出振兴中国农业、改变农村落后面貌的远大志向，于是毫不犹豫地报考了该专修科，并以优异成绩被录取。

3年的刻苦学习为金善宝打下了坚实的农业科学知识基础并积累了丰富的实践经验，恩师邹秉文"理论与实际相结合，科研与教学相结合"的教学方针，更是成为他一生从事农业科研与农业教育的指导准则。

毕业时，金善宝放弃了南京高等师范学校农业教员的职务，选择奔赴一线，前往小麦试验场任技术员，一心从事农业科学研究。虽历经坎坷，他仍矢志不渝地将自己的人生与小麦科学研究紧紧联系在一起，致力于中国农业科学和中国农业教育事业，渴望通过自己的努力改变农民水深火热的生活，让百姓吃饱穿暖。

踏遍中国育良种

在试验场工作期间，金善宝便开始注重小麦品种的收集、选种及分类工作。

20世纪20年代，我国作为贫穷落后的农业国，农业生产力低下、生产关系落后，抵御自然灾害的能力极低，农民辛苦耕种、"靠天吃饭"、粮食产量极低，无法自给。为提升作物产量，让老百姓吃饱饭，金善宝耗费多年心力，在前人研究基础上经过多年的观察、种植与穗选，成功培育出"江东门""南京赤壳""武进无芒"等优良品种，取得了显著的增产效果。其中，"江东门"至今仍作为我国小麦育种的重要早熟种质资源被利用。

1934年，金善宝从国民政府救灾所用的进口小麦中挑选了一批良种，希望从中选育出适合本土栽培的品种。不料，几个月的辛劳换来的却是一场严重的黑穗病，原来美国政府为了防止中国人利用这批麦子做麦种，早在出口前就人为地拌上了腥黑穗病菌。面对百余亩病麦，金善宝痛切地意识到：依靠外援贷款不能解决中国的贫穷落后问题，要振兴祖国农业、发展我国的小麦育种事业，必须靠我们自己努力奋斗，培育自己的小麦新品种。

同年，金善宝从世界各地的3000多份小麦材料中精挑细选出适合我国生长的"矮粒多"和"中大2419"（新中国成立后改称"南大2419"）两个优良品种。

新中国成立后，"南大2419"在长江两岸迅速推广，扩展到陕甘、两广、云贵等地，种植面积最大时达7000多万亩，占全国小麦种植面积的五分之一，各地以此品种作为杂交亲本所得的优良衍生品种达110多个。"南大2419"的推广面积之大、应用时间之长、种植地区之广、衍生品种之多，在小麦改良史上罕有，对我国小麦增产起到巨大作用。

为选育良种，金善宝不畏艰难走遍了全国各地。从东海之滨到青藏高原，从海南群岛到松花江畔，绿波荡漾的麦浪间，到处都留有他的足迹。

1967年，金善宝育成了"京红号"小麦良种（京红1号、京红2号、京红3号、京红4号、京红5号、京红6号）。在"文革"的艰难处境下，他依旧继续进行"京红号"小麦的育种工作。

为加快育种进程，金善宝与科技人员开始了"北京春播—高山夏播—南方秋播"的一年三代加速世代育种方法的研究，先后育成了京红7号、京红8号、京红9号和6082新品种，在早熟性、抗病性、丰产性、适应性和籽粒品质等方面都赶超了当时风靡世界的墨西哥小麦品种，平均比墨西哥小麦增产一到两成。该项成果获得了1978年全国科学大会奖。

金善宝还是我国小麦南繁北育、异地加代的创始人，他率先根据我国幅员辽阔的地理特点，利用不同纬度和高度下的不同气候条件，在小麦杂交育种中实现了一年三代，大大缩短了小麦育种进程。

小麦从杂交亲本选配到育成一个新品种，一般需要7～8年，甚至更长时间。金善宝时常感叹周期太长，"一年一代太慢了"，一个人的生命能有几个七八年？当时人工气候室和温室的条件都比较差，他联想到匈牙利在我国云南进行玉米冬繁的先例，便开始琢磨小麦能不能夏繁。

为了在有限的生命里育出更多、更好的小麦品种，1961年，66岁的金善宝不辞辛劳、跋山涉水，亲自带领助手先后到五指山、黄山、天目山、井冈山、庐山等地实地考察，并在井冈山桐木岭和庐山牯岭两地成功实现了高山夏播。

1966—1967年，他带领团队在北京收获春小麦后，7月初进行高山夏播，10月中收获夏繁种子，当月下旬赶到广东湛江秋播，次年2月收获，成功实现了一年三代育种。后又在海南岛通什、云南元谋建立小麦夏繁基地，对小麦选育和推广起到了重要作用。

南繁北育、异地加代，是学术上的创新、实践中的创举，更是极具战略远见的部署。在小麦加代的过程中，金善宝亲自选点、把握全局，设计实验、购置设备、下地观察，付出了极大的精力与心血。

高山夏播小麦的成功经验，很快辐射推广至全国各育种单位。据不完全统计，仅到庐山进行小麦夏播的单位，高峰时便多达17个。各省区市还利用当地的有利条件，学习金善宝的经验，广泛进行各种作物的夏播繁殖试验，取得了很好的成果。

高瞻远瞩填空白

金善宝从事小麦科学研究长达70年，在重视育种与生产实践长远性和基础性研究工作的同时，还非常重视研究成果的总结和学术思想的提升，亲自撰写或与同事一起完成了百部著作和论文，丰富了我国小麦科学理论，填补了我国小麦论著的多项空白，奠定、开拓了我国小麦育种科学的道路，时至今日仍具有重要参考价值。

他富有远见卓识，非常重视长远的、战略性的、基础性的著书工作。早在1934年，他就结合多年研究小麦的心得经验，撰写了我国第一本小麦专著《实用小麦论》，从理论和实践上对小麦种植与研究进行了较为系统的论述。该书一经出版，即被全国各大专院校农学院用作教材或重点参考书。

在多年的小麦育种研究中，金善宝愈发体会到，我国幅员辽阔，小麦种植遍及全国，性状因地而异，品种数不胜数，保存在农户手中的小麦地方品种既是宝贵的生物财富，又是育种工作者进行农业育种研究的重要基础。为弥补我国小麦种类系统收集与分类方面的空白，金善宝率先开展中国小麦的分类和品种资源的科学研究。

1925年，金善宝从全国790个县搜集到900多个小麦品种并鉴定分属，并于1928年发表我国第一部关于小麦分类的科学论文《中国小麦分类之初步》，较前人更加准确地揭示了当时我国栽培小麦的类别。

20世纪50年代，金善宝组织中国小麦分类研究组，对全国2000多个县的5544份小麦种质资源进行逐一鉴别，把我国的小麦分成17个类型，分属于5个种、126个变种，并首次发现了我国特有的小麦亚种——云南小麦。这一重大发现对中国和世界小麦的起源、进化以及区划提供了重要的科学依据，据此发表的《中国小麦的种类及其分布》一书，成为国内外研究我国小麦的重要基础文献。

在总结广大人民群众的生产实践和科学研究成果的基础上，金善宝以极富战略性的指导思想主编了我国农业科学研究的两部经典著作——《中国小麦栽培学》《中国小麦品种志》。

在编写《中国小麦栽培学》一书时，金善宝强调：一要总结过去国内外所有资料；二要实地参观丰产田，访问生产能手，召开现场座谈会；三要分头执笔、集体创作，减少学术偏见。这本书以较高站位全面论述了我国近30年来小麦生产的发展、育种栽培的成就，并介绍了国外的最新进展，极具中国特色，是一本体现国家最高水平的小麦学专著。

《中国小麦品种志》则侧重于对品种本身的评价，是我国小麦品种的纵观概览。金善宝在编写本书的过程中一再强调，《中国小麦品种志》是一本历史文献，要经得起考证，保证内容的全面性、系统性和深刻性。这本书记载品种之多、内容之全面、论述之深度远超其他作物品种志，科学资料完整、系统，还增加了各种附录、优良性状的检索，为读者选择和利用品种提供了方便。

金善宝的专业知识绝不仅限于小麦，是少有的"一专多能"农学家。

他是最早进行大豆研究的两位老前辈之一，对玉米、马铃薯、谷类、烟草、麻等作物的研究亦有所成，所撰写的系列文章专著，均体现出当时先进的研究成果和试验方法。他在解放初期发表的《多种马铃薯度春荒》《移植冬小麦战胜灾荒》等文章与《马铃薯栽培法》一书，对我国当时农业生产的恢复和发展起到了积极的促进作用。

1982年，金善宝受王震副总理委托，前往三江平原考察，提出该地不适合种小麦、更适合种水稻的重要建议。经过几十年的开垦播种，三江平原果真从昔日的"北大荒"成为今天的"北大仓"。

金善宝高瞻远瞩，早在小麦研究初期便反复强调：小麦育种应注重小麦质量而非一味看重数量。长期以来，我国作为人口大国，农业落后，吃饭问题相当突出，因此在农业生产中往往只注重数量，而不讲质量。

党的十一届三中全会以来，随着各项政策的贯彻落实，农业生产得到了发展，城乡人民生活有了进一步的提高，金善宝更加关注育种质量，提出人民不仅要吃饱而且要吃好，不仅要发展优质麦生产，其他优质农产品也应大力发展，组织优质农产品进城。

言传身教赤子心

金善宝曾赴美国留学，遭受过外国人对海外游子的歧视和侮辱，下定决心要学成报国，振兴祖国农业，改变祖国贫穷落后的面貌。

1937年，日本发动七七事变，全面侵华。在南京"国府"一片逃难声中，中央大学决定内迁重庆。时任中央大学农艺系主任、教授的金善宝义无反顾地与爱国师生站在一起，在贫病交迫中为学生讲授作物学、麦作学等课程，备尝艰辛。

金善宝痛恨国民党统治者的骄奢淫逸，更痛恨他们实行的对内镇压爱国民主运动、对外向日军屈服妥协投降的反动政策，毅然投身于以中国共产党为代表的民主进步阵营，满怀激情地加入抗日民主运动。

在中国共产党抗日民族统一战线政策的影响下，在《新华日报》有关同志帮助下，他和其他知名教授发起组织了"自然科学座谈会"和"民主科学座谈会"（九三学社前身），旗帜鲜明地反对内战、支持抗日。他积极捐款支援前方抗日战士，还将精选的小麦良种送往延安支持大生产运动。1945年底，金善宝和几位进步教授在重庆受到毛主席的接见，这使他深受鼓舞。

在中国共产党的帮助和毛主席的关怀下，金善宝同梁希、许德珩等人于1945年成立了九三学社组织，并长期担任九三学社中央的领导工作，为九三学社作出了不可磨灭的贡献。

新中国成立后，金善宝身兼数职，但仍为九三学社尽心尽力。他身体力行、以身作则，团结广大社员和科技工作者，为爱国统一战线、为中国共产党领导的多党合作和政治协商制度、为振兴中华和祖国统一，奉献了自己的全部心血。

他把满腔的爱国情怀也言传身教给了学生。

任中央大学农艺系主任及教授时，他每讲一种作物，就将国内外产销情况作对比，指出我国受封建束缚、外强侵略，农村破产、民不聊生，农民遭受压迫剥削，天灾人祸频繁的痛切现实，激发学生爱人民、爱科学的情怀。

抗日战争爆发后，他还经常将报纸上报道的抗日前方消息讲给学生听，激起广大青年关心民族危亡、抗日救国的热情。他以各种形式支持学生参加"反饥饿、反内战、反迫害"的斗争，还亲自参加了"一·二五""五二〇"学生运动，多次利用自己的合法身份帮助进步学生躲避追捕。

他关心青年成长，尽其所能解决学生困难，深受学生敬重。他帮助学生解决工作问题，特别关心爱护那些离家求学甚至流亡在外的学子。1942年夏，学生毕业之际，因病在家休养的金善宝在学生的搀扶下来到学生中间，反复叮嘱大家，不管今后生活道路如何崎岖坎坷，千万不要放弃和荒疏自己的专业，满怀深情地勉励大家要热爱农业、珍惜青春，为祖国增光添彩。

在教学上他更是以身作则，相信身教重于言传、理论不能脱离农业生产实际。除了课堂讲学外，在农场实习、教学实验和生产实习时他经常到场指导，手把手教学生如何握锄头和镰刀，示范小麦杂交技术，讲解小麦的不同品种和特性。

"科教兴国是我青年时代的理想，也是我毕生的追求。"金善宝将一生奉献给祖国的农业科学教育事业，桃李满天下，为中国农业科学培养了一代又一代人才。

他所培养的学生或在中国农业科学和教学中承担着重要的研究与教学工作，或在各省份的农业管理部门担任领导骨干。他们肩负实现农业现代化的重任，为发展中国农业科技、教育和促进农业生产而奋力拼搏，如中国科学院院士、著名小麦细胞遗传学家、荣获1978年全国科学大会奖的八倍体小黑麦创造者鲍文奎等。

1997年6月26日，金善宝与世长辞，享年102岁。

（资料来源：光明网，2022年8月15日）

思政述评

这一个世纪，是变革的世纪。百年风云变幻，中国从半殖民地半封建社会步入社会主义社会。亲历巨大社会变革的金善宝怀揣农业兴国梦与拳拳爱国心，矢志不渝地投身农业科学研究，为祖国农业的进步和振兴中华的美好愿景奋斗终生。

这一个世纪，是拼搏的世纪。金善宝一生致力于小麦科学研究，以扎实的农业科技研究理论与实践经验、敏锐的科研方向感、反思与批判精神和战略性的眼光扎实推进小麦培育工作。从选育"南大2419""京红号"等良种，到率先开展中国小麦的分类和品种资源的科学研究并发现"云南小麦"，再到通过革新技术实现"南繁北育，一年三代"，金善宝始终走在中国农业科研的前列，作为领路人和开拓者，打通小麦培育的科研气脉，留下无数小麦科学论著，为我国乃至世界农业科学留下宝贵的知识财富。

金善宝一心为民、爱国爱党的赤子情怀，坚持真理、勤奋求实的科学精神，耿介廉正、刚直不阿的高尚品德滋养着几代农业学人。他用一个世纪的璀璨人生，在中国农业、中国小麦科学发展史上树立了一座金光闪闪的丰碑。

案例17　马育华：追求卓越　兴农报国

案例呈现

马育华（1912—1996），广东海丰人，作物遗传育种学家、数量遗传学家和农业教育家，金陵大学学士，美国伊利诺伊大学硕士、博士。曾任北京大学农学院农艺系代主任、金陵大学农艺系主任、南京农学院农学系主任，国务院学位委员会农学学科评议组第一届召集人、组长，第二、三届成员。

他创建的南京农学院大豆研究所是当时我国南方大豆研究的一个中心；他的《植物育种的数量遗传学基础》是我国该领域首部专著；《田间试验和统计方法》是该领域首部统编教材；他指导的研究成果"中国南方大豆地方品种群体特点和优异种质的发掘、遗传与选育"获国家科技进步奖二等奖。

国内外学术界初展才华

马育华出生于1912年10月12日。1917年5岁开始在广东省海丰县第七初级小学校学习，1930年1月从上海浦东中学高中部毕业，因成绩优异被推荐进入南京金陵大学农学院，主系读作物遗传育种，副系读植物病理。

上大学期间遭遇九一八事变。1931年9月，马育华因精神衰弱休学4个月。非常不幸的是，1932年他的父亲被国民党军阀杀害，让他的生活遇到很大困难；幸运的是，他的多位老师向他伸出了援手，森林系教授陈嵘（陈宗一）代为申请"黄河水利基金"作为学费，农艺系教授沈宗瀚给他提供零工工作的机会以补助生活，农艺系教授王绶、植物病理系教授俞大绂和戴芳澜等都给予他多方面的关心和帮助。加上自己的努力，马育华获得了两年奖学金，且免交学费，才得以顺利完成学业。

1935年1月，马育华大学毕业，2月开始任王绶教授的助教，从事生物统计及大豆、大麦育种工作。助教工作一切都需从实践做起。马育华夏天做大豆育种，冬天做大麦研究，从田间到温室，从校部到试验农场，年复一年的工作为他后来的育种学研究打下了扎实的实践基础。他还参与了当时农艺系学生认为最难的两门课《生物统计》与《田间试验设计》的教学，王绶出版的《实用生物统计法》一书中也有他的付出。良好的开端为他日后在试验统计和数量遗传学方面的造诣奠定了基础。

马育华回忆说，王绶老师经常提及作为一个教书人有"三乐"：得天下的英才而教育之，一乐也；集思广益，钻研作物的某些问题，另一乐也；博览群书，写出心得和特点，写书又是一种乐事。这都深深地影响了马育华。

1937年全面抗战爆发，金陵大学西迁成都，1939年9月马育华任金陵大学农艺系讲师，1942年6月被聘为农学院农艺系副教授。

1937年至1942年间，马育华与叶和才、高立民、王绶等在《金陵大学学报》《试验农业》《中华农学会报》等刊物上发表了《相倚不依试验之研究》《水稻因子式试验》《田间析因实验设计要点》《大豆栽培之研究》和《大麦光芒品种之产量与品质》5篇论文，在学术研究上初展才华，学术水平为同行所推崇。

1944年12月，马育华参加国民政府"派遣国外实习农工矿业技术人员考试"，他还同时报名参加了国民政府考试院的出国考试，因成绩优秀成为第一批赴美人员，并担任第一批的领队，于1945年3月由重庆经印度赴美留学。

　　到美后，马育华被派到伊利诺伊大学学习，师从大豆权威专家伍德沃斯教授。学习和工作是很辛苦的，但马育华抱定信念：为了祖国抗战，再苦也得去干。

　　在伍德沃斯的指导下，马育华参观和学习了美国研究大豆生产的12个州的大学和试验场，以及华府总场和美国农业部。与此同时，马育华还在伍德沃斯帮助下在伊利诺伊大学注册上课，成为该校学生，于1946年完成论文《大豆产量因子的分析》，获得硕士学位。之后伍德沃斯介绍他加入美国大豆学会。其间，他还在康奈尔大学农学院学习了一学期。与马育华同时赴美学习的有卜慕华、蔡旭、丁振麟、史瑞和、梅藉芳、庄巧生等，他们后来都成为中国农业科技领域的著名科学家。

　　1946年8月，马育华回国后经俞大绂介绍到北京大学任农学院农艺系副教授兼代系主任，负责接收、整理北大农学院之仪器、书籍及各种教学设备，教授生物统计、田间技术、农艺讨论及毕业论文等课程，主持大豆育种试验。

　　1947年9月，经俞大绂的推荐，应加拿大萨斯喀彻温大学教授哈林顿邀请，马育华赴萨斯喀彻温大学农学院农艺系担任遗传育种研究员，研究小麦育种，为时一年，北大农学院提供其奖学金和带薪教学的支持。临行前，俞大绂赠言马育华："你在加校不仅代表你个人，而是代表着全中国，要慎重一言一行。"这句话马育华铭记终生，并转赠给后辈。

　　协助哈林顿指导研究生是马育华在加工作的主要内容，另一项重要工作是分析哈林顿历年积累的资料并写出研究论文。之后他以第一作者身份和哈林顿在《科学农业》（*Scientific Agricultural*，当时加拿大唯一的科学杂志）共同发表了两篇有分量和科学价值的论文——《田间试验之各种设计试验误差》《半拉丁方设计试验》。

　　一年后马育华离开加拿大时，由哈林顿推荐，得到了美国伊利诺伊大学研究院学位奖金，仍然师从伍德沃斯攻读博士学位。

　　在攻读博士学位期间，他超乎一般的勤奋，只用两年时间便完成了通常需要3年才能完成的学习和研究。且在这两年中他每年都获得学校的奖学金，也因此被选为Phi Kappa Phi和Sigma Xi荣誉学会会员。

　　在美期间，马育华还参加过两个进步组织：一是"中国农学会在美分会"（该会系当时学农的进步同学所组织），介绍人是朱宏复（后任中国科学院昆虫研究所所长）；二是"在美中国科协"（时任伊利诺伊大学数学系教授华罗庚主持），介绍人是严东生（材料科学家，后为中国科学院院士、中国工程院院士）。

　　1950年6月马育华取得博士学位时，适逢中华人民共和国成立不久，百废待兴。他毫不留恋国外优厚的条件，怀着振兴祖国的丹心，响应周恩来总理的号召，于1950年9月，偕夫人乘坐"威尔逊总统"号邮轮回国，同行的有赵忠尧、叶笃正、邓稼先、鲍文奎、涂光炽等130余人。

在三个领域开创先河

马育华求学时代，生物统计学还是一门新兴学科，大学毕业后他在金陵大学任教的《生物统计》和《田间试验设计》是农艺系高年级的重要课程。他一方面从事教学，另一方面从事试验设计研究，紧跟当时因子式试验及混杂设计发展的步伐。1940年前后他在期刊上发表的相关论文，以及1947年在加拿大与哈林顿联合发表的论文，都表明他一直在该领域的前沿进行探索。

他读博期间，国际上应用生物统计方法研究数量性状的遗传方兴未艾，他的博士论文《大豆产量因子的变异与遗传》，就是将两者结合后对大豆产量因素性状的多基因遗传研究。

数量遗传学是采用数理统计和数学分析方法研究数量性状遗传的遗传学分支学科。20世纪40年代末到80年代中期，是数量遗传学建立和发展时期，这个研究方向吸引了大批育种学家。马育华极其敏锐地注意到这一研究方向的前景并持续学习、研究和推广，是我国植物数量遗传学的开拓者。他和同辈建立了我国植物数量遗传学科。

20世纪50年代，受苏联李森科学说影响，马育华的"应用生物统计方法研究数量性状的遗传"研究无法继续，一直到1958年才逐渐恢复。

由于他在生物统计与试验设计方面的名望，1978年，农业部聘请他担任主编，组织国内专家编写农学专业的统编教材《田间试验和统计方法》，于1979年出版，这本教材是国内该方面的第一本教材；1996年获得农业部第二届全国农业高等院校优秀教材奖一等奖。

参编教材的莫惠栋教授认为，该教材既与国际理论接轨又与中国的实际接轨，对本领域的科研具有开创性的影响。1980年4月开始，按农业部要求，马育华多次在南京举办全国"田间试验与统计方法"讲习班，在全国范围拓展使用该教材，产生了深远影响。

生物统计学引入中国，是中国农学从传统向现代转型的一个重要标志。它促进了中国农学从定性研究向定量研究的转变。

也是在1962年，马育华同时在进行《数量遗传学的基本方法》的编写；1963年，应江苏省科学技术协会的邀请，作题为"遗传力和作物育种"的学术报告；1974年，马育华为援外水稻专家培训班编写了《植物育种的数量遗传学基础》讲义，这本国内首次介绍植物数量遗传学的讲义，综合了英国伯明翰学派与美国主流学派的观念，印数虽仅有几十册，但对当时的植物育种工作者来说极为珍贵，由此打开了与国际数量遗传研究交流的大门。

几经修改、充实和完善，《植物育种的数量遗传学基础》于1982年由江苏科学技术出版社出版。作为国内首部植物数量遗传学专著，得到了植物遗传和育种工作者的高度评价。次年即获得1982年度中国出版工作者协会全国优秀科技图书奖二等奖。

这本书的出版引起了国内大批遗传育种工作者的兴趣，纷纷以数量遗传内容为选题开展经济性状的遗传和育种研究。当时学者评论认为，该书既有较高的学术水平，又有我国特色的实用价值。

书中特别强调，我国原产作物如大豆、水稻以及其他许多以我国为起源中心的作物，它们的地方品种自然群体和野生类型非常丰富，必须进行系统的数量性状遗传研究。从后来全国的作物学研究看，马育华非常有预见性。近些年来科研人员对大豆地方品种、选育品种及野生大豆的研究已从表型向基因型方向发展，发表了一批相关论文，水稻及祖先近缘种普通野生稻研究也是如此。

中国工程院院士盖钧镒认为，马育华的《植物育种的数量遗传学基础》和《田间试验和统计方法》都是在当时国内统计上、数量遗传上最好的书。

1987年12月，第二届国际数量遗传学会议在美国北卡罗来纳州立大学召开，我国数量遗传学界的科学家首次应邀参加会议。鉴于马育华在数量遗传学界的声望，他被邀请为大会计划委员会成员。

植物数量遗传在我国的传播和发展过程，主要是在1979年以后的10年间。这与马育华专著的出版、众多的讲演以及纳入研究生教学计划等一系列努力是分不开的。因此，他被同行推崇为我国植物数量遗传学的开拓者和带头人。

华中农业大学教授章元明认为，马育华发展了应用数量遗传学研究地方品种遗传潜势的方法，并推动了经典数量遗传学的应用研究和我国数量遗传学的发展。

在大豆科研领域，马育华主要有两方面贡献：一是育成南农493-1等大豆品种；二是经当时的农牧渔业部同意，在南京农业大学建立大豆研究所，在五个方向系统布局、制度化地开展持续研究。而中国大豆南方品种资源的收集、保护、整理与研究，为后来获得国家科技进步奖二等奖奠定了坚实基础。

早在1952年马育华就在南京农学院做大豆的研究，1954年在南京农学院开始了第一项大豆研究计划——大豆地方品种研究及新品种选育。1957年育成大豆新品种南农493-1。它是系统选种的成功范例，是外观和内在品质优良的高产大豆品种，20世纪60年代在江苏、安徽、湖北等长江夏大豆适宜区推广种植。

马育华重视大豆科研组织的建设。他深知美国伊利诺伊大学之所以成为美国大豆研究的一个中心，一方面是因为伍德沃斯等一批专家主持研究工作；另一方面是因为美国农业部在该校设置了"区域大豆实验室"，有固定的职位，可以保持相对稳定的梯队开展长期、持续的研究。他早就有心要建立一个中国的大豆研究中心，依托原产于中国的作物——大豆的研究，让中国人在国际科学论坛上占有一席之地。

改革开放以后，学校和农牧渔业部领导十分重视马育华在南方致力的大豆研究，1981年8月批准在南京农学院成立大豆遗传育种研究室，他任主任，开展了新品种选育、种质资源、数量遗传、抗病虫性、栽培生理生态五个方向研究。

1985年8月，农牧渔业部批准将研究室扩展为大豆研究所，马育华任所长。大豆研究所实际上成为我国南方的一个研究中心。1998年，农业部批准在南京农业大学建立国家大豆改良中心，马育华是该中心的奠基人。

数量遗传学提供理论指导、生物统计与田间试验为方法路径、大豆遗传育种做实践载体，这三个方面相互联系、相互促进，贯穿了马育华整个学术人生。它们既是马育华学术生涯的系统支撑，也是他为国家作出重要贡献的三个领域。

办好新中国的农学系

马育华不仅是一位农业科学家，还是一位农业教育家。1952年院系调整后，他任金陵大学农学院与南京大学农学院合并成立的南京农学院农学系首任主任、教授。他在回国之初，就对于办好新中国的农学系提出了自己的见解：一是把教学和科学研究搞上去，二是把全体教师的能力充分发挥出来。

马育华明确表示，在农业教育中教学与科学研究息息相关。他对教学工作异常认真负责。研究生制度恢复前，他承担过农学专业的作物育种学、田间试验设计和统计方法、土壤农化专业的生物统计方法以及各种训练班等多种课程。研究生制度恢复后，他承担了研究生的数量遗传学、高级作物育种学，以及作物遗传育种专题研讨等课程。

每承担一门新课，马育华事先必写好一本讲义。每上一堂课，他事先必做好准备，熟记内容，在课堂上抑扬顿挫地讲述，从不照本宣科，即便教龄已经数十年，同一课程已经反复教过多少遍，亦复如此。

1979年南京农学院恢复教学后，学校请马育华出任研究生部主任。他对于研究生培养工作胸有成竹，因为不仅有求学的亲身经历，而且在北京大学、萨斯喀彻温大学都曾指导过研究生。

20世纪60年代我国初建研究生制度时，马育华招收培养过3名研究生，后来他们都很有成就。1963年招收的承泓良是我国知名棉花育种专家，1964年招收的陆作楣现在是中国种子学会副理事长，同年招收的盖钧镒是我国著名的大豆育种专家、数量遗传学家和农业教育家。

成为研究生部主任后，马育华领导制定了南京农学院研究生招生、考试、培养、管理等一系列制度，使研究生教育迅速正规化。1981年，马育华被国务院学位委员会聘为第一届农学学科评议组成员兼召集人，1984年任组长。

1982年受教育部、农业部的委托，马育华主持制订了《作物遗传育种专业硕士生培养方案》，该方案对我国农科研究生的培养起了指导和示范作用；在1987年修订会议上，他还起草了《作物遗传育种专业博士研究生培养的基本要求》。制定农学专业硕、博士培养标准，是马育华对我国农学研究生教育制度建设的重要贡献。

或许和自己的经历有关，马育华很重视在国际合作中培养人才，送出去、请进来，组会参会是主要的实现方式。只要有机会，他都推荐学生及后辈出去学习国外先进的经验和技术。1954年，新疆八一农学院举办全国性的苏联专家讲习班，马育华宁可自己缺少人手，也要派教学秘书鲍世问去学习耕作学；1956年又推荐时任教学秘书的刘大钧留学苏联。

1980年，因马育华推荐，盖钧镒到美国爱荷华州立大学农艺系留学，学习大豆遗传育种和数量遗传。马育华的硕士研究生翟虎渠1982年毕业后留校任教；1984年马育华推荐他到英国伯明翰大学遗传系应用遗传学专业学习，师从英国皇家科学院院士、数量遗传学家J.L.金克斯教授；1987年翟虎渠获得博士学位后回到学校。

马育华的学生和大豆研究所的同事大多数都有海外学习的经历，这在刚刚对外开放的20世纪80年代是非常难得的。

1982年7月26日至30日，在时任农业部部长何康和美国众议员保罗·范德利的倡议下，第一次中美大豆科学讨论会在美国伊利诺伊大学举行，马育华任中方代表团顾问、主报告人。中美双方交流了大豆遗传育种、栽培生理、植物保护和加工利用等方面的研究。1983年在中国吉林长春召开的第二次中美大豆科学讨论会，马育华也是中方主报告人。盖钧镒说，通过这两个会，国内科学家结识了全美主要的大豆方面的科学家，为此后中美两国大豆界的科研交流奠定了很好的基础。

1984年，马育华组织全国统计遗传研讨班时，邀请美国加利福尼亚大学戴维斯分校农艺及草原科学系教授耿旭来华讲授《遗传型与环境互作及品种稳定性测定》等课程。他还多次邀请英国等国专家来华讲学，先后与美国、日本等国的大豆研究单位和国际原子能机构等建立合作研究关系，获得多项成果并多次应邀出席国际会议，宣传我国大豆研究成果，在国内外产生了重要影响。

在鼓励学生及年轻后辈并给他们创造走出去的机会的同时，马育华也很注意培养他们热爱祖国、献身科学的事业心。

学生承泓良说，马育华给他立下三条规矩：一是要亲临第一线。要多下地、多看，认真观察、认真记。二是老老实实，不能弄虚作假，不能偷改数据。三要搞好同事关系，尊重前辈、长者，爱护、帮助小辈。毕业时，马育华又交代他三句话：要听党的话，跟党走；要认真接受贫下中农再教育，好好工作；专业不能丢。

马育华对招收的每一名研究生的要求是：德才兼备、品学兼优、勇于田间实践。他关心学生们的选课及选题，并亲自指定阅读文献。他对学生充满爱心，这也是学生们的共识。翟虎渠说，马老师就像是一支点燃的红烛。

在马育华铜像座碑的一侧镌刻着他的"回首当年，师恩师德，永世难忘"，提示后人牢记师恩；另一侧镌刻着他的"尊敬前辈，团结同辈，提携后辈"，提示后人牢记为人的准则。马育华的精神继续泽被着后人。

（资料来源：《中国科学报》，2023年2月12日）

思政述评

马育华为中国的农业教育和科学研究奋斗了半个多世纪，创造了丰硕的成果，培养出一代又一代农业专家。他的严谨治学，勤奋工作，诲人不倦，为人师表的精神熏陶着他的学生以及他的学术梯队，这将无声无息地一代一代传下去，这种精神力量的作用是无穷的。

马育华经常说："看一个人的思想品德怎样，既要看他是否有爱国主义精神，是否热爱自己所从事的事业；也要看他对前辈的劳动成果是否尊重，对同辈是否团结，对后辈是否肯帮助。"无论在顺境或逆境下为大豆研究和数量遗传的发展作的坚持不懈的努力，都表现出他对社会主义祖国的忠诚、对前辈的尊重、对后辈的关爱。他不仅是我国国家大豆改良中心奠基人和植物数量遗传学开拓者，同时也是德高望重的农业教育家和人生导师，他的爱国热忱、治学态度和人格风范将永远激励后人。

案例18　王栋：咫尺匠心做学问的畜牧学专家

案例呈现

王栋，畜牧学家，农业教育家，中国草原学科奠基人。毕生致力于我国草原科学建设，在动物营养学上建立了以代谢能为指标的王氏饲养标准，并为我国草原学科发展以及种植业与养殖业结合等领域作出了重要贡献。

王栋，字秉钧，1906年10月24日出生于江苏省崇明县（现属上海市）一个清贫的知识分子家庭。他在青少年时代，受同乡名士张謇的影响，主张实业救国，产生了对农学的兴趣。1918—1923年在南通甲种农校及高级农科中学学习。1923—1927年于南通农科大学学习。毕业后，以优异成绩留校担任助教。1929年在上海国定税则委员会工作，他主要担任收集国内外农产运销情况工作，以供制定税则参考。在工作中，他看到了社会深层的腐朽现象，更促使他发奋科学救国的决心。1937年考取第五届庚子赔款留英公费生，赴英国学习。出国前，他专程往山东、河北、察哈尔、山西等地考察了农牧业。

1937年秋到英国，进入爱丁堡大学农学院学习。按照英国当时大学教育的学制规定，申请者须通过5门普通教育证书考试科目后，于每年9月1日至12月15日向大学入学委员会提出次年入学许可的申请。王栋1938年顺利获得了畜牧学证书，并在凯纳尔及史密斯两位教授指导下从事牧草栽培及利用的研究，于1940年完成学位论文，获博士学位。他的博士论文《牧草中胡萝卜素含量的研究》，深受学术界好评，并发表于世界著名刊物《英国农业科学杂志》上。1941年春，王栋先后到英国剑桥大学、里丁大学、阿百丁大学及其他研究单位参观学习，广泛吸收国外先进经验，为回国工作做好准备。

1941年，正处第二次世界大战时期，国际环境十分紧张。这时中国全面抗战已经5年，大片国土沦丧，祖国处于水深火热之中，王栋怀着对祖国的无比眷恋的赤子之心，于1941年底毅然回国。1942年春，他在贵阳的贵州农工学院任教授兼教务主任。同年秋到西北农学院任教授兼畜牧系主任。

日本投降后，王栋于1946年受聘前往南京任中央大学畜牧兽医系教授兼系主任，1947年应中央畜牧实验所邀请兼任该所特约研究员和营养系主任，并兼任联合国善后救济总署江苏分署专门委员会委员。但当他看到国民政府的善后救济部门不能开展任何有实际意义的工作时，愤然辞去，潜心于学术研究。

中华人民共和国建立后，王栋任南京大学教授、南京农学院教授兼畜牧兽医系主任，全身心投入草原科学的教学和研究工作中。他除了完成繁重的教学和系务工作外，还充分利用假期深入农村、牧区进行调查研究，在学术上取得了具有时代意义的成就。1956年加入中国共产党，由于他积劳成疾，身患癌症，不幸于1957年5月5日于上海逝世，终年51岁。

中国现代草原科学的奠基人

王栋对中国草原科学的贡献是多方面的、开拓性的。40年代他首先把植物—动物生产这一现代草原学的核心和精髓介绍到中国来，并对现代草原科学的这一基本概念作了艰苦的探索。他亲自探讨了植物—动物生产的几乎全过程，其中包括牧草、草原、动物营养、农畜饲养以及种植业和养殖业结合等各个领域，并写出了一系列科学专著。1950年出版了《牧草学通论》上下册，1951年出版了《动物营养学》，1953年出版了《草田轮作的理论和实施》，1954年出版了《家畜饲养概要》，1955年出版了《草原管理学》，1956年，也就是他已患癌症去世的前一年出版了《牧草学各论》，累计约164万字。

这个辛勤著作的轨迹，为我们勾画出一个博大精深的科学家的恢宏风貌。

这一切都是围绕他一个明确的学术思想。他认为"草原管理的对象，一方面是牧畜，一方面是牧草。对于牧草的管理，目的在生产量多而品质优良的草料以饲养家畜。对于牧畜的管理，目的在适当地利用草料，饲养较多的牲畜。但同时必须顾及草原生产力的维持与提高，这样畜产品才能源源生产，而草原也能永续利用，不至耗竭。草原管理学所叙述的就是怎样改进草原提高其生产力，怎样适当地利用草料饲养牲畜，在保持并提高草原生产力的原则下，希望能获得最高额的畜产品"。王栋对草原与环境的关系，也有精辟的阐述，他指出："草原的形成受风土的影响，故风土的情况足以改变草原，同时草原的盛衰亦足以影响风土。""草原的利用管理不仅要适应自然环境，亦与社会情形有不可分割的关系。盖因草原的利用管理视牧场的经营目标定其内容，而牧场的经营目标又视社会情形定其重点。"把土、草、畜及环境（风土）作为一个整体考虑，这已是草地农业生态系统的萌芽。这在当时是学术界的前沿思想。为了探索这个复杂的农业生态系统，他研究了农畜的营养学，并达到精湛的水平，他所著的《动物营养学》，直到现在仍有重要价值，同时还没有可以取代的著作问世。随着营养学原理的具体应用，他又涉足家畜饲养科学领域的研究。当时世界流行的莫尔逊饲养标准，以总消化养分（TDN）为指标，王栋认为其中有些养分以甲烷等气体及尿液的形式排出体外，总消化养分系统不尽合理，因而制订了以代谢能（ME）为指标的王氏饲养标准。为了使营养学原理在生产中便于应用，他还创造了碳水化合物与脂肪分解百分比的"王氏查对图"，可以根据呼吸商很方便地查出脂肪与碳水化合物的分解量。与此同时，还发明了配合农畜日粮用的"配料标尺"和"配料盘"。这是以后许多同类方法的滥觞。

他认为"牧草是农畜最主要、最优美、最经济的饲料"。在大量研究工作和资料收集工作的基础上，先后写了《牧草学通论》与《牧草学各论》两本巨著。出版至今已40年了，从规模上，构思上也还没有可以取代它的同类著作问世。直到1989年才由他的学生们将《牧草学各论》修订再版，而40年前出版的《牧草学通论》仍然为专业人员所珍爱。

他不停顿地沿着农业生产的实际和科学发展的道路前进。他把牧草和家畜与大农业紧密联系起来。在《牧草学通论》上册的扉页上标明"肉皆是草"，下册的扉页上则更进一步标明"无草，无牛；无牛，无粪；无粪，无农作"。从本质上他看到了草业、畜牧业、种植业是作为一个系统而存在的。为此，他研究了这个系统，并写出了《草田轮作的理论与实施》这一专著。这不仅是他对大农业的概念从一个侧面作了阐述，更重要的是表达了他为植物生产与动物生产这两个农业部门之间加强联系的执着追求。

在上述学术思想指导之下，他率领他的科研集体，常年扎根于生产第一线，为解决生产中的问题尽心尽力。他在陕西武功西北农学院任教时，利用当时艰难的工作条件，制作了我国黄土高原上的第一窖青贮。以后到炎热、潮湿的南京，又作了玉米青贮、野草青贮、苜蓿青贮和水生植物的青贮试验，并认真地分析了化学成分，进行饲养试验。因经费很少，这些工作都是尽可能利用当时当地的条件而进行的。例如玉米青贮，是挖半地下式壕沟，人力铡碎，一层层填入壕中，一层层用脚踩实，然后用土掩埋。这种繁重的体力劳动，他总是亲自到场指导，参加操作。有时材料不够分组和重复，他就指导助手用缸作容器。记得最困难的一次，作浮萍青贮，是分组装罐作实验的。

他曾经深入苏北盐城一带，调查饲料资源，在此基础上进行了"盐蒿籽饼喂猪试验""糠粉的饲用价值的研究"等研究工作。

对于大学生，他也从不放过联系实际的思想教育，指导他们进行了"南京主要野生牧草的习性和化学成分的研究""南京地区优秀野生牧草的研究""红三叶、黑麦草混种实验""苜蓿和黑麦草混种比例的研究""苜蓿、红三叶、黑麦草、鸡脚草的栽培试验"。既积累了中国牧草最早的一些基本资料，又培养了青年人的独立工作能力和专业兴趣。

与此同时，还利用假期，在甘肃、内蒙古等地组织草原科学考察。在他的指导下，由他的学生分别写出《皇城滩大马营草原调查报告》及《锡林郭勒盟主要牧草的研究》等我国草原专业的第一代的调查、研究报告。

在整个20世纪40年代，全国动荡不定。这时教育经费不但少，而且朝不保夕，更谈不上有什么研究设备。多数教师除了教课以外，已难以进行研究工作。而王栋在这种困难条件下，却仍然利用一切可能的机会和条件，做些力所能及的工作。记得作牧草化学成分的分析，连烘箱都没有，他就自己画图，请白铁匠用马口铁做了一个夹层烘箱，夹层中注水，下边烧木炭或电炉，靠热水在箱内循环，保持大约98℃的温度，这样把样品烘干。用的天平、显微镜，都是抗日战争以前的旧物，跟着学校流亡到重庆又返回南京。当他制定王氏饲养标准时，整天哗哗地摇动一台手摇计算机。他用的稿纸是土黄色的毛边纸，这种纸需用毛笔写，即使数学公式，化学反应式和英文，也是用毛笔写的。中华人民共和国成立后，生活安定了，但条件还没有来得及改善。他担任系主任，更忙了。就是在那样的条件下，居然每年出一本书，当时大家难以理解。现在认识到，应归功于他有一个博大、恢宏的学术构思和远大理想。

王栋这样渊博的科学素养、卓越的科学成就，作为我国草原科学的拓荒者和奠基人是当之无愧的。

（资料来源：南京农业大学，2023年4月27日）

思政述评

王栋是中国草业科学的开拓者、实践者与奠基人。他于20世纪40年代把植物—动物生产系统的现代草原学的核心概念介绍到中国，并最先在中央大学开设草原管理学课程。随后，逐渐形成了中国草原和牧草教学与研究系统，从而开创了中国草业科学，为中国的草业学科发展指明了方向。他虚怀若谷，博采众长，对后生的关怀是无微不至的，在他的言传身教下，涌现出一大批德才兼备的农业科技人才。

王栋以天下为己任，将崇高境界落到实处，塑造了科学家修养的典范。他既有崇高境界，又能躬亲力行，用其精彩的一生向我们诠释了"诚朴勤仁"这四大优秀的品质，无愧为草业学界的一代宗师。

案例19　陈双田：新中国第一代农业劳模

案例呈现

陈双田是新中国第一代全国农业劳动模范，历任一届、三届和四届全国人大代表，中共十一大代表，出访过朝鲜和苏联，曾受到毛主席的8次接见。1952年4月代表中国农民赴苏联参观集体农庄，受到斯大林的接见和嘉奖。1963年5月，毛主席在浙江干部参加劳动七个好材料上做过批示，赞扬陈双田的模范精神。

陈双田生前说过，"干部不参加劳动，就好比塘中的水浮莲，浮在水面不生根，干部不生根就是脱离农民群众，容易瞎子摸象闹笑话"。他有两个不忘：不忘过去的苦，不忘党和人民的培养。归根结底就是要为群众服务，永远跟党走。

忠心耿耿为人民办实事

1950年9月，陈双田到北京参加全国工农兵劳动模范代表会议，第一次见到了毛泽东主席。毛泽东号召"全国所有的战斗英雄、劳动模范同志们，继续在战斗中学习，向广大人民群众学习。只有决不骄傲自满并且继续不疲倦地学习，才能够对于伟大的中华人民共和国继续作出优异的贡献，并从而继续保持你们的光荣称号"。这一教诲，陈双田始终铭记在心，经常用来鞭策自己。他还把毛泽东在会上说的"群众就像我们的父亲、母亲一样，一时一刻都不能忘"当成座右铭，践行了一生。

从北京回来以后，陈双田就根据汤溪农村的实际情况和大多数农民的意愿，在第二年初成立了全县第一个互助组——陈双田互助组。1952年，他带头办起了全县第一个农业生产合作社。并通过两次蹲点"后进队"，在全村掀起了平整土地，把旱地改造成水田的热潮。

60年代初，在陈双田领导下，汤溪大队制订了"七个一千"计划，即全大队403户1440亩耕地中，种1000亩绿肥、养1000头猪、种1000亩早稻和1000亩连作晚稻、1000亩田平均亩产1000斤，每个生产队收1000斤油菜籽和1000斤籽棉。时任浙江省委第一书记江华到汤溪视察时，又给陈双田加了一个"一千"，就是每户种树1000棵，改成了"八个一千"。经过一年努力，汤溪大队全面实现了预定计划。

在陈双田的带领下，汤溪村建起了200吨自来水塔，完成了村内道路硬化，改善了村民的生活环境；在村东南的黄土丘陵上种植了水果和林木，办起了村砖瓦厂，有效增加了村集体的收入。

陈双田身兼数职，经常外出开会，但他仍然抽空坚持劳动，与群众打成一片。他经常说："当一个干部，常常想一想为啥当干部、为谁当干部、怎样当干部这些问题是很有好处的。""我们当干部，一不为做官，二不为发财，只是为了忠心耿耿为人民办实事。如果不这样想，那就很容易迷失方向、丧失立场。"朴素的话语，凝聚着他对党和事业的无比忠诚。陈双田始终坚持"五带头"——带头执行党的方针政策、带头参加集体生产劳动、带头搞科学实验、吃亏的事情带头做、困难的地方带头去。正是这种率先垂范、带头抓落实的优良作风，使他带领群众完成了一项又一项工作任务，并得到了广大群众的一致拥护。

当劳动模范就是要带头劳动

陈双田虽身兼数职，经常外出开会，但一有空就和社员一起下田劳动，每年实做工分都在1500分以上。在他的影响下，7个支部委员中有5人每年的实做工分都在3500分以上，相当于队里强劳力的全年投工量。

1963年5月26日的《浙江日报》刊登了一篇文章《劳动和"身份"——谈干部参加生产劳动》：汤溪公社党委委员、汤溪大队党支部书记陈双田与社员一起挑粪，有位外地的来访者见了问道："你不是陈双田吗?怎么你还挑粪?"陈双田听得发笑，反问道："这也稀奇吗？"那人说："听说你出过国，见过毛主席，当了模范，今天还回来挑粪？"陈双田说："当劳动模范就是要带头劳动，不劳动，还算啥劳动模范！"这是陈双田时常说的一句话，而他也正是这样做的。

1975年10月，陈双田被任命为金华县委副书记。地位变了，身份变了，但他坚持劳动的本色却丝毫没有变。每次放假回来，他第一件事就是脱掉鞋袜参加队里劳动。对此，生产队要给他记工分，但每次都被他拒绝了。他虽是县委副书记，但他的办公室就在田间，办公用品是锄头和扁担，村里哪里有问题他就身背挎包出现在哪里，被社员称为"赤脚书记"。当县委领导前，他一年干活365天；当领导后，他一年至少干活200天。

能给集体省一分钱就好一分

陈双田当干部几十年，不仅带头劳动生产，而且自己以身作则、廉洁奉公，不乱花集体一分钱。1950年，他第一次上北京参加全国工农兵劳动模范代表大会，只花了5分钱。1960年他到县委党校学习20天只花了6角钱。他外出开会从来不多支钱，每次开会回来马上把会议发的补贴交给队里，从不挪用一分钱。由于陈双田兼职多，开会、出差多，向队里预支路费是必然的，但陈双田觉得经常这样做会影响队里生产资金周转，因而自1961年起，他每年养两头猪，其中一头出售后的钱全部存到大队会计室，此后每次开会外出都支自己的钱。1969年夏，陈双田到诸暨良种场买谷种，为了节省集体开支，他向场里借了一辆手推车，场里人对他说："你何苦呢，雇辆车子，车费集体好报销。"陈双田说："能给集体省一分钱就好一分。"

工资是个人的劳动报酬，但时任县委副书记的陈双田却每月拿出部分工资交到村里换记劳动工分，用他自己的话说："我还是个社员，哪有社员不记工分的？再说，村里定有外出经商、做手艺等要交钱买工分的制度，我应带头执行。"就这样，陈双田坚持拿出工资按时交给集体，以一名普通社员的身份记取工分，直到粮户关系转出为止。

这些生活和工作中的点点滴滴，都充分体现了他时刻严于律己、清正廉洁的优秀品质。他当了几十年劳动模范，在县里也是个职位不低的知名人士，却一贯保持着艰苦朴素的作风。直到去世时，他一家住的还是土改时分来的旧房子。"身不离劳动，心不离群众"是他一生的真实写照。

做事情要从实际出发

20世纪50年代后期，"人有多大胆，地有多大产""插秧越密越高产"的歪风盛行于社会。为了放亩产几万斤的"高产卫星"，汤溪村西门畈部分田块的稻子被连根拔起，统一种在竖着"×××高产试验田"牌子的田里。从不会在田头驻足观望的陈双田呆立在田埂上，眼里噙满了痛心的泪水。县里干部见陈双田没下田，便责问他："你是劳模，是党员，怎么比一个普通社员还落后？"陈双田的回答是："做事情要从实际出发，一亩田能收3万斤、5万斤稻谷，我不敢相信。不要说是稻谷，就是黄泥巴要深挖一层，也要好多天挖呢。"实话实说的陈双田被县里干部大声训斥，但是事实印证了他的话，几天后，该"高产试验田"里的稻子全都腐烂枯死。

"放空炮，只能败坏党风，脱离群众，害了国家，苦了农民，这个弯我不能转！"这是陈双田在被当时的汤溪县委取消了第二届全国人大代表推荐资格时说的一句话。

1971年，陈双田重新担任大队党支部书记，面对生产停滞的局面，陈双田又开始挑起重担。他作出了一个改造西门畈，使西门畈真正成为汤溪村的"米粮仓"的计划。1973年春，陈双田大胆起用一名离职回乡的测绘人员组建测量队，并亲自带队对西门畈的水系、田块、道路、桥梁等进行勘测，随后发动群众实施改田挖渠工程。经过3个冬春的奋战，建成了一条宽3米、长2500米的浆砌排水中心渠，原先的冷水田、烂糊田成了排灌自如的旱涝保收田，平均亩产翻了一番。"田成方、路成行、渠成网"的西门畈成了后来农村园田化改造的样板畈。

2000年4月2日，陈双田病逝。

（资料来源：潮新闻，2023年5月1日）

思政述评

陈双田根植垄头，风云不改亲农色，永葆"赤脚书记"的劳动本色；潜心民意，身先士卒创高产，心系农民温饱问题；求是笃行，纤尘不染守初心，坚持从实际出发，脚踏实地干实事；两袖清风，利名淡泊鉴勤廉，以清廉之风擦亮人生底色。劳动一生、为民一生、务实一生、清廉一生是他人生的真实写照。

陈双田辞世已22年，但这位"赤脚不离田，书记只为民"的农民书记的事迹依旧闪光，他的精神从未消弭，支撑起每一位辛勤劳动者的光荣梦想，也激励着每一位青农人砥砺前行。

案例20 杨善洲：心在人民利归国家

案例呈现

杨善洲，云南省保山地委原书记。退休后，他践行"只要生命不结束，服务人民不停止"的诺言，卷起铺盖扎进大亮山植树造林22年，把5.6万亩荒山变成绿洲，并将价值3亿元的林场经营管理权无偿移交国家。荣获"环境保护杰出贡献者"称号，被追授"全国优秀共产党员"称号。

"我上山种树尽的是一个共产党员的义务和责任，图的是家乡变绿、百姓得利、国家受益。"杨善洲生前在接受记者采访时曾经这样说。

1988年，61岁的杨善洲从云南省保山地委书记的岗位上退休，没有选择去省城昆明安享晚年，而是一头扎进荒凉的大亮山植树造林。

大亮山位于4个乡镇的接合部，多年来的乱砍滥伐使其成为施甸县甚至是保山地区生态破坏最严重的地区之一。山上没有树，天旱时土地绝收，一遇雨则山洪暴发。大亮山周围10个村寨，村民靠种苞谷为生，"一人种三亩，三亩不够吃"。

"山不绿，地瘦薄，这是山里的穷根子。"杨善洲知道，要改变这一切，只能靠造林。他退休的第二天，大亮山国社联营林场挂牌成立。

在极度恶劣的环境中，最初用树枝搭起的简易棚子，不到半年就被风吹烂了。杨善洲就领着大家一边造林一边建房，花了7000块钱建起40间油毛毡房。直到1992年，大亮山林场才建成第一间砖瓦房。

房修好后，职工们动员杨善洲搬家，可杨善洲坚决不去，还反问别人："我一个老头子住那么好的房子干什么？"结果，新房分给新来的技术员，他自己仍住在油毛毡房里。

床是用木桩和树枝搭的，门是用荆条编的，办公桌是用树枝架起的一条长木板，下雨时床褥经常被淋湿，一年四季都要烧火取暖。这样的油毛毡房，杨善洲一住就是9年多，落下了风湿和关节炎的毛病。

职工们心疼他，他却笑道："白天栽树，晚上烤火，不也是一种很好的生活方式吗？"

22年造林5.6万亩

1988年，山林已承包到户。杨善洲创造性地提出"国社合作"建场方案，并成立了大亮山造林指挥部，确定要抢在五六月份雨季来临前育下能种万亩以上的树苗。

林场大面积造林，苗木紧缺，杨善洲便穿梭于德宏、芒市、昌宁、腾冲、龙陵等有苗木的州、县购苗。一次，他打听到龙陵有树苗，就赶到龙陵，到了龙陵树苗已经卖完了。听说昌宁可能有，他又赶到昌宁，那时已经是下午4点。买到树苗连夜赶回，车只能行到摆田，他叫上孙子连夜赶马驮苗上山，赶到大亮山时已经是凌晨3点。林场职工看到满身泥水的爷孙俩都愣住了，杨善洲却长舒一口气，天亮就可以栽树了，这树苗多耽搁一天就会影响成活率。

为了省钱，杨善洲经常拎着塑料袋在大街上捡人们吃剩扔下的桃核、杏核。有人笑他："你一个地委书记在大街上捡果核，多不光彩。"杨善洲说："我这么弯弯腰，林场就有树苗了，等果子成熟了，我就光彩了！"

杨善洲总是戴一顶斗笠，披一件蓑衣，拿一把砍刀，与大家一起整地、育苗、植树……22年间，杨善洲带领林场职工，植树5.6万亩，林场森林覆盖率从1988年的17%提高到了98.7%。林场还解决了8个行政村的生产生活用电问题、6个行政村的公路交通问题、4个行政村3000户的饮水问题。村民人均产粮由原来的100公斤提高到450公斤，周边4个贫困村100多户贫困户开始脱贫。

心在人民利归国家

林子长起来，有人给杨善洲算了一笔账："一亩地种200棵树，5万亩就是1000万棵，一棵树按30元计，就是3亿元。老伙计，你可是名副其实的亿万富翁啊！"

杨善洲一笑，"我种树不为卖钱，只要我活着，我不会砍一棵树，我要将它们留给后人。"

2009年4月，杨善洲将大亮山林场经营管理权无偿移交给国家。此时，林场的活立木价值已经超过3亿元。他说："这笔财富从一开始就是国家和群众的，我只是代表他们在植树造林。实在干不动了，我只能物归原主。"

2010年7月，杨善洲最后一次上大亮山，因为病重他喘得很厉害，每走几步就要停下来歇歇，抚摸着树，笑得无比灿烂。

2010年10月10日，83岁的杨善洲因病告别人世。同年11月，大亮山林场更名为"善洲林场"。

"以后你们要是想我了，就到雪松树下坐坐吧。"如杨善洲生前所愿，他的部分骨灰撒在了林场油毛毡房前的雪松下，永远守望着大亮山。

（资料来源：《中国绿色时报》，2021年6月7日）

思政述评

"杨善洲，杨善洲，老牛拉车不回头，当官一场手空空，退休又钻山沟沟……"这首在滇西保山市施甸县广为流传的民谣，赞美了云南省原保山地委书记杨善洲的崇高品质，生动地向我们这一代年轻党员展示了一名共产党人几十年如一日对理想信念的坚守。杨善洲同志的一生，就像一部为人民服务、为社会主义事业奋斗的壮丽史诗。他始终坚持人民至上、全心全意为人民服务的根本宗旨，无论在任何岗位，都始终保持着对人民的深深关爱。他的"三岔九垄"插秧法、坡地改梯田等创新实践，都是以提高农民生活水平为出发点，为了让人民群众过上更好的生活。

杨善洲同志的一生，就是一部以实干诠释初心和使命的生动教材。他的人民至上、清廉自守、坚韧不拔的品质和品格，永远鞭策我们要以他为榜样，坚定理想信念，始终保持对人民的深深关爱，始终保持清正廉洁的政治品质，始终保持坚韧不拔的精神，以实际行动诠释我们的初心和使命，为实现中华民族伟大复兴的中国梦而努力奋斗。

三

中国新时代涉农杰出人物精选案例

案例1　赵林：向七十六国农业部部长提建议的中国青年农民

案例呈现

赵林最近很忙。这个32岁的年轻人身兼数职，作为四川省江油市青莲镇双石村党总支副书记，他正为村庄空间规划作调研，还要着手起草村规民约，引导村民保护村庄生态环境；作为村庄所在地的三一国际共享农场的经营者，他正忙着跟德国、丹麦等国农业专家商讨合作，计划利用养猪场粪污进行沼气发电。同时，他还是一位年轻的父亲，不论多忙，每天下午5点总要去幼儿园接4岁的女儿，到农场里认识一下花草，研究一下虫子。生产、生活、生态"三生共融"，这是赵林的美丽人生，也是他对美丽乡村的期待。

热衷农业国际交流的大学生

四月春意浓。走进三一国际共享农场，鸟鸣声中繁花正盛，果蔬飘香，绿树掩映间不时能看见三三两两的芦花鸡、大白鹅闲适地踱步觅食。露天的木屋咖啡馆、别致的草屋民宿、随处可见的中英双语指路牌，为这片如画田园风光增添了几许国际范儿。若不是养殖区域那一排排标准化生态养殖场，谁能想到这里竟是一个以生猪养殖为主业的农场呢？

舅舅2005年创立这个农场的时候，赵林还只是一个高中生。从那时起，每年寒暑假赵林都在农场帮忙，这段经历让这个从小没干过农活的农村娃开始真正了解农业生产，了解养育自己的这片土地，也让他萌生了想到全世界不同国家的农村去看看的愿望。

　　为了方便实现自己的心愿，赵林大学选择了英语专业，但"环球农旅"的梦想短期内似乎很难实现。思来想去，他想到了一个两全其美的方式——"If I can't go to the world, let the world come to me."（"如果我不能走向世界，就让世界走向我。"）

　　说干就干。"我们是一家猪—沼—果（林）循环生态农业的农场"，赵林在一个国际志愿者网站上注册了自己的家庭农场，发起"农场国际志愿者"交流活动，邀请外国人前来参观了解中国的农业和文化。"没想到感兴趣的人那么多！"从2012年大一暑假第一批外国志愿者到访开始，迄今已有来自45个国家的400多名志愿者来到农场进行为期1～6个月的学习交流。

　　"有留学生来暑期实践的，有游客来体验中国农耕文化的，有农业专家学者围绕课题搞调研的。"赵林告诉记者，志愿者每天在农场从事5个小时的义工，农场则为志愿者提供免费食宿，还会组织各种主题活动让志愿者之间增进文化交流。

　　新冠疫情发生前，这个川东北的农场里随处可见不同颜色皮肤和发色、说着不同语言的外国人挽着衣袖和裤腿养猪、喂鸡、种果树，这种独特而浓厚的国际文化氛围也吸引了越来越多的周边城市居民前来"看稀奇"，明显带动了当地的乡村旅游。

　　通过"农场国际志愿者"活动，赵林以另一种方式实现了自己"环球农旅"的愿望，了解到各国农业很多新鲜有趣的事，也看到了"跨国文化交流中蕴藏着无限商机"。从那时起，赵林就打定主意大学毕业后要回到农场当一个促进中外农业文化交流的"新农人"。

说英文的年轻村干部

　　2016年上半年，赵林大学毕业回到农场工作不足一年，就在村支书的推荐和邀请下，当上村民小组长。去年5月村委换届又当上了村党总支副书记。

　　"村里年轻人大多都进城务工了，大学毕业还回村务农，我算是个'另类'。"赵林笑着说，"支书看我在农场干得风风火火，希望我给村里年轻人树立个榜样。"

　　赵林这些年先后在农场的种植、基建、养殖、采购、智慧化建设等多岗位工作过，但国际农业文化交流活动始终由他负责。自打当上村干部，赵林就更忙了，不仅要接待源源不断的国际志愿者，还要"以国际视野"带领村民一起过上好日子。

赵林的思路很明确，就是要以"农业+文化"为抓手，推动农旅融合发展。

江油最大的文化牌，就是"李白故里"。"李白在外国人看来，就是中国的莎士比亚。"赵林说，"李白是浪漫主义诗人，'斗酒诗百篇'，可是1000多年前的浪漫主义怎么去感知？我就通过打造诗画田园、开设特色酒吧、举办李白诗歌鉴赏会等主题活动来呈现这种浪漫主义，对外国人的吸引力非常大。"

赵林的第二张牌是农耕文化，"很多人一说到农村老龄化太严重就很沮丧，我倒认为老年人身上都是宝藏。举个例子，我外婆会手工编草鞋、做竹编、做豆腐，外国人对这些非常感兴趣，觉得很神奇。可是我妈妈这代人大都不会做了，这些都是农业文化的名片，失传了多可惜！通过开设各种传统手工作坊，不仅保存了传统文化，同时也能吸引外国人体验和参与。"

"越来越多的外国人已经不满足于到旅游景点走马观花地看中国，他们期待能够融入中国最真实的生产生活方式。"赵林说，"我会带他们先了解双石村，再带他们去青莲镇，然后再接着去江油市、绵阳市、成都市，让他们一点点深入了解中国社会和文化。"

赵林这些年对跨文化交流所做出的努力卓有成效，有的外国志愿者已经深深爱上中国文化而留在这里定居、就业、创业。独特的乡村文化吸引了国际资源，浓厚的国际特色又对周边市民形成吸引力，国际文化沙龙、国际音乐节……新的消费需求不断被创造。这个时而说着一口流利英文、时而操着四川方言的年轻村干部把这个传统村落打造成"网红打卡点"，也给当地村民带去更多致富的新机——这就是文化产业的力量。

最令赵林感到自豪的，是伴随文化产业的聚集和国家乡村振兴战略的推进，许多进城务工的年轻人选择回到家乡创业。"农业的高质量发展离不开有知识有文化的青年农民，你能想象，没有青年农民的主导和参与，在这个传统农村，国际交流活动能开展吗？"

走上国际论坛的中国青年农民

今年1月，在联合国粮农组织、德国联邦食品及农业部联合主办的第十三届全球粮食和农业论坛上，来自全球不同国家的22位青年农民代表向与会的76个国家农业部部长作汇报，并提出自己关于农业发展的建议，而赵林正是其中之一。

作为唯一的中国代表，赵林以一位青年农民的视角，分享了自己的经历和体会。他在发言中特别强调了青年农民对乡村建设的重要性，他说年青一代的农民有知识、懂技术、有进取心，他们更有意识有能力积极与外部世界联系——无论是与城市还是与其他国家，这对突破农业农村地域局限性，去获取更广阔的发展空间非常重要。因此，他提出各国政府应该制定政策支持帮助青年人投身农业发展和农村基层治理等多项建议。"如果没有这样的政策，我自己可能也没有机会在村里任职并发挥作用。"

同时，他还在发言中用较大篇幅向世界介绍了中国的脱贫攻坚成果和乡村振兴战略。"这些政策让近1亿人摆脱贫困，并进一步缩小了城乡差距。"

能有机会让世界了解真实的中国，赵林非常自豪，"经过与其他国家青年农民代表的交流，我才在比较中真正体会到中国取得了多么了不起的成就。"

"我是国际交流活动的组织者，也是国际交流活动的受益者。"赵林之所以能获得这样的机会，得益于中德两国农业部门组织的中德青年农业实用人才交流项目。该项目自2015年启动以来，两国总共已互派100多名优秀青年农民赴对方国家交流访问。作为2020届学员，赵林正是以优异的表现通过项目推荐和德国联邦食品及农业部筛选，站在了世界级舞台上。

令赵林略感遗憾的是，受疫情影响，2020届学员只能通过网络连线的方式学习培训。如果疫情得到有效控制，国际往来正常化，他们将与2021届学员一起，于今年下半年前往德国深度学习。

"与世界交流越多，越能建立自信。"赵林说，中国农业已经在很多领域走在世界前列，即使与德国这样的农业强国相比，也是优势互补的，中国农业大有可为。"青年农民要发挥自身优势更积极地为乡村振兴贡献力量，努力成为联系农村与城市、中国与国际的桥梁。"走在农场春日的阳光里，这个质朴的青年脸上是自信的微笑，"我愿意做这样的践行者，也希望有更多的有志青年参与进来——农业可以很酷。"

（资料来源：《农民日报》，2021年10月8日）

思政述评

赵林大学毕业后就回到家乡从事农业。现在，他所在的江油市三一农业有限公司园区面积达1万余亩，以生猪养殖为核心，通过种养循环农业发展，实现了良好的生态与经济效益。赵林还组织了国际交流项目，接待来自全球的国际志愿者、留学生以及各国农业与环境领域的专家学者前来交流，体验中国的农业发展与文化特色。农业的发展和现代化需要更多青年农民的加入，青年农民也要更积极地为行业和社会贡献自己的力量，成为联系企业与当地社会、农村与城市、中国与国际的桥梁；同时也要多向外界分享自己的故事，让更多有志于农业的年轻人看到机会。

案例2　蘑菇棚里天地宽：全国劳动模范苗银德

案例呈现

"越是阴天越需要掀棚增光。""洒水不能过多，气温低了得适当减少水量。"……在邯郸市魏县院堡镇的扶贫产业园区里，全国劳动模范、农民技师苗银德正在走棚串户，现场指导农户食用菌种植。园区里一排排的食用菌大棚已经整齐地覆盖上了深色的保温棉垫，虽然正值隆冬时节，但大棚里还是一派热火朝天的劳动场面。

苗银德1964年生于魏县院堡镇中三中村，高中毕业后他开始学习蘑菇种植技术，现在已是闻名全国的"蘑菇王"。在苗银德的带领下，院堡镇食用菌园区的种植规模达1300亩，年产鲜菌菇1万吨；院堡镇的食用菌产业带动贫困户386户，拉动就业1500余人。2020年11月，苗银德当选全国劳动模范。

刻苦钻研，手把手免费教会乡亲种植技术

1985年底，苗银德把自家的房子改成了简易菌棚，开始种植蘑菇。年前年后两茬下来，刨去成本纯收入800多元，这让苗银德坚定了种蘑菇致富的信心。"那时，蘑菇交到县里的外贸公司出口，每公斤1.96元，很多老百姓都吃不起。"苗银德说，"虽然自己挣了钱，但是看到乡亲们吃不起自家种的蘑菇，心里不是个滋味。"

于是，苗银德下定决心钻研菌种培育技术，带领群众一起致富。他在自家院里建了100多平方米的大棚，培育了1000多公斤菌种，手把手地教会了3户邻居平菇种植技术。随后，苗银德又带领村里20多户乡亲一起种植平菇。他不仅向村民提供菌种、免费传授技术，还统一回收蘑菇。在苗银德的带领下，中三中村成为当时全

县"万元户"最多的村。

为了提高培育技术，苗银德多次前往北京、山东等地的农业院校和科研机构咨询学习。他曾带着自己培育的平菇菌种，坐火车到北京的中国农科院，千方百计联系到了食用菌专家，希望得到现场指导。专家被他的诚心和钻研精神打动，不仅仔细听取了他的种植经历，一起探讨培育技术，还优价出售给他一份最新研究的平菇优良品种母菌，并把他的食用菌大棚列为实验基地。

经过刻苦钻研探索，苗银德学会了食用菌母种培育技术，投资建造了菌种栽培室和冷藏室。他带领乡亲们，从最初的平菇种植发展到成功育出姬菇、白灵菇、猴头菇、羊肚菌、灵芝等30多个品种。

成立合作社，建设产业园，带领贫困户共同致富

2008年，苗银德获得食用菌种植最高等级技师称号，在乡镇和村里的支持与帮助下，他发动56户村民，筹资102万元注册成立了食用菌专业合作社。随着参与农户越来越多，技术越来越进步，合作社的效益也越来越稳定，他们又创立了自己的品牌，带动周边多地的300多个农户参与进来。

2017年，在政策支持下，苗银德带头建设魏县院堡镇食用菌扶贫产业园，采用"龙头企业公司+村级组织+建档立卡贫困户"的带贫模式，当年就吸纳百余名农民加入，大棚也增至190个。参与的人多了，苗银德也就更忙了，他的手机铃声每天都响个不停，大多是农户打来的求助电话。为了方便大家咨询，苗银德在园区的每个角落都留下了自己的电话号码。

2018年，为了帮助更多没有掌握技术的贫困户，打消他们的后顾之忧，苗银德对产业园施行"五统一"的帮扶管理模式，即统一制棚、统一进料、统一技术指导、统一保鲜储藏、统一销售。他通过言传身教，把村里的18个蘑菇种植户培养成技术标兵，组建起技术服务团队，帮助周边十多个村子的数百名贫困户掌握了大棚种菇技术。

"我长年在园区打工，足不出村，一个月能挣2000多元工资。"今年56岁的中三中村建档立卡贫困户苗雪良说。"媳妇有病，孩子还小，过去我一家就靠种2亩地为生，日子是真苦。"另一名建档立卡贫困户纪云广说，现在他负责12个大棚的管理工作，年收入2万多元，"感觉日子越过越甜了。"

如今，在苗银德的带领下，院堡镇食用菌园区的种植规模已经发展到了1300

亩，建设食用菌大棚1100个，年产鲜菌菇1万吨，优质菌种2500吨。园区带动贫困户386户，拉动就业1500余人，一个大棚带动一户净增收2万元以上，带动一个贫困劳动力年增收1万元以上。

发展全产业链，让小蘑菇成为乡村振兴的"摇钱树"

2020年新冠疫情发生，为了降低疫情给农户造成的损失，苗银德在相关部门的帮助下，申请帮扶资金，在园区建起了4座冷库，存储蘑菇400余吨，缓解了滞销问题；疫情稳定后以市场价售出，为农户增收160余万元，增加农民就业岗位40多个。同时，苗银德还积极捐款捐物，帮助周边4个村购买了防疫物资。

2020年末，魏县北皋镇邵岗村的连英英正在园区里与同伴们一起采摘蘑菇，而来自成安县的运输专业户杨广则在组织装车。一筐筐优质的新鲜蘑菇，当天就将运往邯郸、安阳、石家庄、郑州、济南、北京等地，成为市民餐桌上的美味佳肴。"2020年，我从园区运走的蘑菇价值超过千万元，现在价格正好，蘑菇产销两旺。"杨广说。

而在北京参加完全国劳动模范表彰大会的苗银德，当天就赶回了园区，继续忙着指导农户装料、发菌、上架……苗银德说，作为一名农民，有幸当选为全国劳动模范，感到非常光荣和自豪，同时也深感自己责任重大，"我只有加倍努力，花更多时间将研究成果转化成脱贫生产力，帮助更多群众富起来，心里才能踏实。"

"是党的好政策让咱们富了起来，我还得继续做大蘑菇产业，带领更多群众致富奔小康。"对于未来发展，苗银德信心满怀，"接下来，园区将与北京的公司合作，发展食用菌种植全产业链，创建国家优质食用菌品牌和中国食用菌之乡，让园区成为巩固脱贫攻坚成果、加快乡村振兴步伐的'摇钱树'和'聚宝盆'。"

（资料来源：河北省委《共产党员》杂志，2021年3月23日）

<u>思政述评</u>

从贫困家庭的小伙子，到食用菌高级技师、致富能手，到创办食用菌合作社，他用汗水打造了今日的成就。他是食用菌产业的领头雁，也是创业的佼佼者。苗银德说，作为一名农民，有幸参加全国劳动模范表彰大会，他自己感到无上的光荣和自豪，同时也深感自己责任重大，"我只有加倍努力，花更多时间将研究成果转化成脱贫生产力，服务人民群众，心里才能踏实。"在平凡的冀南农村，苗银德正一步一个脚印，用智慧的劳动书写着对家乡的热爱，用科学创造精神诠释着一位新时代农民的楷模形象。

案例3　聂守军：甘愿做一粒扎根泥土的种子

案例呈现

聂守军1969年出生于黑龙江省齐齐哈尔市，黑龙江省农业科学院绥化分院水稻品质育种所所长、研究员。他承担国家重点研发计划等项目及课题20余项。参加工作20余年来，他和团队选育出以"绥粳18"为代表的一系列优质、抗逆、广适的水稻新品种，累计推广面积达1.4亿亩。2021年，他被评为全国优秀共产党员，他参与的合作项目"水稻遗传资源的创制保护和研究利用"获得2020年度国家科技进步奖一等奖。

6月22日，上午10点。黑龙江省绥化市北林区何家芯子万亩水稻种植园区，聂守军顶着烈日，在稻田埂子上巡视，一会儿拨开茂密的稻苗察看水势，一会儿抚摸水稻叶片，端目凝思。不时地在小本上记录着。

一株株水稻，似百万雄师，整齐划一。蓝天之下，一望无际。

"水稻正处于分蘖期，要加强田间管理。"聂守军说。

聂守军，黑龙江省农业科学院绥化分院党委委员、水稻品质育种所所长、研究员。

水稻育种成果丰硕

黑龙江寒地水稻育种，聂守军是"大家"。26年间，先后选育出了50余个优质、多抗水稻新品种，先后承担国家重点研发计划、省"百千万"工程科技重大专项、省现代农业产业技术协同创新推广体系等一批项目及课题，取得获奖成果20余项，累计经费3200万元以上，发表学术论文60余篇。

20余年，聂守军以执着的科研精神攻坚克难，破解了多项农业科技难题，打破了国外育种技术垄断，用实际行动践行"中国粮食、中国饭碗"。

择一事终一生。20余年的科研历程里，聂守军一直把做好农业科研工作当作人生的不懈追求。

在2000年到2010年间，黑龙江省第二积温带缺少主栽品种，国外品种富士光、莎莎妮等也在冲击着该地区水稻市场。当时生产上应用较多的品种"垦稻12""绥粳4号"都优劣参半："垦稻12"产量高但抗倒伏性差，导致生产成本高；"绥粳4号"品质优、有香味、抗倒伏，但产量低。

为了解决这一难题，聂守军带领团队付出了常人难以想象的艰辛和磨难。他们几乎每天都要在稻田里忙碌，播种、管理、观察、记载、选择、收割，再对收获的水稻进行对比试验，筛选出理想的材料，一茬一茬的水稻长大成熟，记录的档案材料也足足装满了几麻袋。"渴了一瓶水，饿了一桶面，累了地头打个盹儿，手里常握调查本"，成为他和团队的工作常态。

在聂守军的工作日志上，密密麻麻地记载着他的工作内容。

"3月上旬，制订年度工作方案、育种目标，部署项目、课题工作；中旬，南繁育种材料整理、登记、包包；下旬，提交中试水稻品种种子，报审水稻品种……"

聂守军早已习惯了这种忙碌。

经过多年努力，聂守军最终带领团队选育出了一系列优质、多抗、香型水稻新品种，其中"绥粳18"成为黑龙江省第二、三积温带主栽品种，且在吉林、内蒙古、新疆、陕西部分地区均有种植，表现出广阔的生态适应性。2007年以来，"绥粳18"跃居为我国单年推广面积最大的水稻品种，年推广面积达1000万亩以上，受到种业、稻农、米业领域及消费者的广泛好评，被评定为黑龙江省十大优质米品种。目前，该品种累计推广面积超过4000万亩，增收稻谷21.6亿公斤以上，新增社会效益近70亿元。

服务"三农"稻香龙江

2014年，聂守军被黑龙江省科技厅任命为科技特派员。与水稻种植户结成科技支农对子，帮助农民群众致富。

"说话做事都必须得'接地气'，真正做到和老百姓'心连心'。"聂守军说。

在他作为科技特派员服务的绥滨、绥棱、望奎、通河等市县，聂守军不但与当地的水稻种植户结成科技支农对子，更是从育苗管理、田间管理、病虫害防控等方面进行全方位指导，做到"农户随时有需求，专家随时来解答"。

姜维军是绥滨县忠仁镇黎明村的农民。从2015年起，聂守军带着"绥粳18"品种与他结成了帮扶对子。不但在生产上进行技术指导，还帮助他与企业积极对接，推动落实了忠仁镇与中粮集团、绥化市万胜米业合作开展"绥粳18"稻米的订单农业，全面实现该地区优质稻米产业化。同时，在聂守军的牵线下，绥棱县上集镇诺敏河村的邓广友也与当地桃花水水稻种植专业合作社开展了合作，通过种植聂守军育成的优质水稻新品种"绥粳18""绥粳28""绥粳302"实现了丰产增效，累计带动农民增收3200万元以上。

通过技术对接与科技服务，6年来，聂守军累计在帮扶地区推广水稻新品种、新技术20余项，累计推广面积240万亩，带动农民增收3.8亿元。

科企合作"稻"路光明

为进一步加速科技成果转化，聂守军提出适宜科企合作的新思路，"科企合作，优势互补""企业搭台、科研唱戏与科技创新、企业参与相结合"的理念，大力推动水稻产学研、育繁推一体化模式的发展。在他身上，良种转动市场魔方、加速成果转化的神奇功效正在凸显。

自2014年起，在省科技厅成果转化优惠政策的引领下，聂守军与多家大型种业开展了科企合作，累计实现新品种转化7188万元。同时为聂守军科研团队带来了2050万元的经济收入，既实现了农业增产、农民增收、企业增效，又造就出一批"科研富翁"，大大激发了科研团队的创新积极性。有了企业的参与，团队的水稻新品种迅速形成规模效益，累计推广面积1.4亿亩，增加社会效益近222.2亿元。

多年来，正是聂守军团队在育种理念、育种技术、测试检验等多个方面对绥化市盛昌种子繁育有限公司进行科技"输血"，提高了企业"造血"能力，使得该企业于2020年获得黑龙江省高新技术企业认证。双方科企合作共育的"金娃娃"——"绥粳18"也成为我省乃至东北三省单品种转化金额最大的水稻品种，在我省科技成果转化落地的历史上具有里程碑式的意义。

齐齐哈尔市富尔农艺有限公司是黑龙江省知名企业，通过与聂守军团队开展"绥粳11""绥粳20"等多个科技成果的转化合作，实现了企业新增销售利润3000万元以上。同时，企业还与聂守军团队在多个科研项目、课题上进行科技合作，不断提高企业项目管理水平与自主研发能力，并与黑龙江省农业科学院、东北农业大学联合申报获批了黑龙江省"百千万"工程重大科技专项。

"我小时候最大的一个梦想就是天天都能吃上香喷喷的米饭。"聂守军说。

2020年，聂鑫考取了华中农业大学的硕士研究生，前不久又决定攻读博士学位，准备从事农业科研事业。与此同时，聂守军也有了新的科研目标，那就是继续开展种质资源的创新和保护利用，还要进行耐盐碱品种的选育工作。

2022年元旦假期，聂守军给远在千里外的女儿发了一条信息："'把论文写在大地上，把成果留在农民家'，甘愿做一粒扎根泥土的种子——这当是我们父女俩不变的初心，爸爸与你共勉。"

从吃上一碗白米饭单纯的心愿，到守护国家粮食安全的家国情怀，聂守军践行着一名共产党员的初心与使命，也践行着一名农业科技工作者的铮铮誓言：让中国人的饭碗里装满自己的粮食！

（资料来源：中国科协网，2022年1月19日）

思政述评

女儿笔下是"农民"，同事口中是"聂所长"，农民嘴边是"聂水稻"，其中聂守军最珍惜的称呼还是"聂水稻"，只因他心中揣着一个朴素的信念——要让农民用上好种子，种上优质水稻，过上幸福日子。

多年奋斗，承载着聂守军对水稻育种事业的浓浓深情。种质资源有限、技术条件落后、科研环境艰苦，反而激发了聂守军身上的干劲。早出晚归、顶风冒雨，他带领团队几十年如一日地扎根田间地头，选育出一系列优质、多抗新品种，志在让中国人的饭碗牢牢端在自己手上。如今，聂守军依旧坚守在科研一线，用汗水浇灌脚下的热土，孕育出一片片丰收的稻田。

案例4　西北养殖一线有位退而不休的"羊老太"

案例呈现

"咩咩……咩咩……"陕北吴起县山区养羊户栏舍传来众多羊的叫声。11月24日，小雪节气的陕北迎来了2015年的第一场雪，大片雪花在呼啸的寒风中翻飞，飘落到广袤无垠的黄土高原沟壑峁墚。也许是因为突遇寒冷，羊儿在叫。"没甚，羊肥壮哩，有周教授教我们的养羊技术不会有事的。"陕北吴起县周湾镇阳洼村的养殖户李秀富满怀信心地告诉记者。

李秀富说的周教授是西北农林科技大学动物科技学院动物科学系教授周占琴，"布尔山羊"良种引进中国第一人。

爱羊胜过爱自己。年近花甲的周占琴1981年从甘肃农业大学毕业到陕西以来，始终忙碌奔波在实验室和陕西养羊基地县之间，三十多年如一日，一直从事肉羊育种研究和推广工作。"20世纪90年代初，我国山羊饲养数量虽然位居世界第一，但是其品种个体小、生长缓慢、产肉性能低，养殖效益低。"周占琴向记者回顾道。

如何改变这种状况？周占琴结合自己十多年的研究积累，有针对性地查阅大量文献，提出引进世界良种"布尔山羊"，对国内山羊品种进行改造和提高。

1995年，25只布尔山羊首次被周占琴引进国内。为了便于观察，周占琴自己到动物检疫场当起了牧工，并坚持住在羊舍旁边的小棚内守候羊群。在她亲自管理布尔山羊的9个年头，她带着家人在羊场过了7个春节。为了让牧工大年三十能回家团圆，她把丈夫和孩子都带到羊场，一家人当起饲养员，观察、记录羊群生长适应情况和采精、配种、加水、喂料。那个年月的羊场条件还落后，冬天室内无暖气，早晨脸盆的水已冻成冰，必须点着柴火，将其融化后才能洗漱。

很多人不理解她为何这样做，丈夫和孩子也抱怨她爱羊胜过爱自己。但她不言不语，一门心思做她的羊事业。后来，再有亲朋好友劝她时，她干脆就用"我就是爱羊胜过爱自己"来回应。那时的周占琴不敢失败，她要为布尔山羊的科学养殖积累第一手资料，要让这一良种资源为中国农民致富发挥作用。

经过反复试验观察，周占琴发现布尔山羊是最理想的肉羊杂交父本品种。她筛选出布尔山羊为父本的肉山羊杂交模式和适合不同温度保存的布尔山羊精液稀释液和冷精解冻液，并将山羊冷精解冻活力提高到0.6以上。

随后，她改进和完善了肉羊胚胎移植处理程序，成功实施了季节内供体羊重复采卵和异地采胚移植技术，大大加快了布尔山羊的发展与推广速度。目前，布尔山羊已经分布全国各地的山羊饲养区，并被广泛用于肉山羊杂交改良。

此外，为了从根本上解决我国北方地方舍饲肉羊养殖成本高、收益低的问题，周占琴率先提出中国母本绵羊培育计划，同时推出了"8341肉羊发展模式""461肉羊高效生产模式"和"2222高繁羊繁育模式"。这些计划与模式不仅从根本上解决了西北地区肉羊发展方向和方法问题，而且可充分利用肉羊的黄金生长与繁殖年龄，使其生产潜力和繁殖潜力得到最大限度发挥，大大降低养殖成本，实现效益最大化。

如今，周占琴一方面巩固、稳定"布尔肉山羊"的良种特性，同时，面对设施条件下母本绵羊养殖效益低下的问题，又对高繁母本绵羊育种展开了新的研究。

"是周教授带我们发了 '羊' 财"

延安市的吴起县和榆林定边县属于白于山区的浅滩区，养羊历来是农村的传统产业。这两个县一直是贫困县，进入21世纪后，山区农民仍然生活在贫困线水平下。

为让山区农民养羊致富，自1983年起，陕北就成了周占琴的第二故乡。那时，周占琴的孩子还不满周岁，丈夫也从事羊育种工作。因为工作研究需要，又要照看孩子，夫妻俩不得不把孩子也带到陕北蹲点，一去就是40天。那个年代交通十分不便，拖着不满周岁的孩子从咸阳坐火车到兰州，再从兰州转火车到银川，从银川再坐汽车到定边，然后再碰运气等去羊场的拖拉机，运气不好往往一等就是一天。

周占琴的爱人武和平现在还清楚地记得，在一次去定边种羊场途中，孩子发烧了，无奈中途下车，随便找了个诊所给孩子看病退烧。孩子刚退烧，两口子带着孩子又继续赶路。等到羊场孩子又开始发烧。由于羊场位于县城80多里外，试验又忙，最后不得不请羊场的兽医给孩子看病。

就这样，一奔波就是几十年，特别是吴起县与延安市人民政府、西北农林科技大学自2013年3月13日签订"合作共建延安吴起肉羊试验示范基地"协议后，周占琴带领研究团队更是忙于解决养殖户生产中急需解决的问题，开展肉羊科学养殖、人工授精、羔羊育肥、饲料青储等技术培训及研究，确定了肉羊发展方向。

目前，吴起县百只规模羊场已近100个，为滞留在农村30%的人口过上好日子奠定了基础。定边县安边镇全镇羊崽饲养量达到4.3万只，农民年平均收入已接近8000元。养殖户都说："是周教授带我们发了'羊'财。"

不仅授之以鱼，更授之以渔

这些年来，周占琴还致力于技术培训。她在陕西南部秦巴山区的安康市岚皋县等地进行技术培训时，就连交接省份的四川省养殖户也在凌晨4点起来赶路，只为聆听周占琴讲授最新的养殖技术，500人的培训会一讲就是一上午。

每当遇到自己当时解决不了的问题，周占琴总会记下养殖户的问题和电话，回到学校后，通过查阅资料，找到答案后，电话告诉养殖户。她说："毕竟我解决问题的办法比老百姓多，不给他们一个满意的答案自己也不安心。"

周占琴和团队，不仅为当地带来了可观的经济效益，也产生了良好的社会效益；不仅授之以鱼，更授之以渔。很多养殖户不再一味地低头干活，科技意识大大提高。

随着肉羊产业的发展，周占琴服务的地域也由陕西省内延伸到省外。天津、新疆、内蒙古、甘肃等地的万头羊场、牧业公司都有她奋斗的足迹。她经常是下了火车又坐汽车，有时买不到火车卧铺车票，甚至买不到座位，她就买个马扎上车，连她自己都记不清买了多少马扎。"我从来不觉得自己和普通老百姓有什么不一样。只要自己身体允许，只要能为肉羊产业发展和老百姓脱贫致富有所帮助，我都会努力去做。"周占琴说。

近10年来，周占琴主持完成肉羊培育及相关技术研究与推广项目12项，获省部级一、二等成果奖3项，其中"肉羊高效养殖关键技术集成与推广"项目2014年获陕西省农业技术推广成果奖一等奖。她还将自己的技术和总结的先进模式通过电台、电视台以及全国性学术会议传播到全国，每天都会接到来自全国各地的咨询电话。

郑云峰是陕西安康岚皋县养羊户。他告诉记者："2007年，我的孩子得了重病，为了给孩子看病，我办了羊场，有任何问题只要给周老师打电话，她随时给我解答。最令人感动的是我经济困难的那些年，只要给周老师打电话，为了省我的电话费，每次她都挂掉电话，紧接着给我打来！电话解决不了，她还实地过来。我们这里山多，她就拄着棍，一级一级地向山上爬。尤其是在羊患病的时候，按周老师所说的方子配药特别管事，现在家里经济情况已经好了很多，最要感谢的就是周老师！"

为中国的养羊事业，她忙碌着、也快乐着，用她自己的话说："养羊人就要解决好羊的事。"

（资料来源：中国教育新闻网，2022年12月23日）

在西北乡村的田间地头、果园畜圈，活跃着这样一群人——他们头顶专家、学者的光环，一个个却皮肤黝黑、裤脚带泥，将先进的养殖种植技术理念教给农民，手把手带着农民脱贫致富的同时，将问题难题带回大学实验室，他们就是西北农林科技大学的科技特派员，把科研论文写在黄土地上的农业科学家。周占琴就是其中的一员。

十余年来，她扎根农业农村一线，用勤劳智慧出谋划策，用科学技术助农增收，撑起现代农业科技的"半边天"，为乡村振兴、农业现代化发展贡献了巨大的智慧和力量。

案例5 陈耀祥：功不唐捐 玉汝于成

案例呈现

18年前，一场大雪改变了陈耀祥的人生轨迹。

那天，他陪父母一起回甘肃通渭农村老家探亲，准备离开时，皑皑白雪铺满了山峦。正在他惆怅车辆能否安全出山时，几十位乡亲提着铁锹、扫把，清扫起积雪，为他扫出了一条两公里长的下山路……

这一幕，至今让陈耀祥每每想起都十分动情。出山后，他对父亲说："我要为乡亲们做点事情。"回到兰州后，他停掉了房地产生意，决心投资两个亿在家乡发展牛羊养殖产业。

"陇中苦瘠甲天下。"陈耀祥的家乡定西，是全国闻名的贫困地区。从那时起，陈耀祥以及他创办的甘肃中天羊业股份有限公司（简称"中天羊业"）扎根定西乃至甘肃的贫困地区，投身脱贫攻坚这场硬仗。陈耀祥带领中天羊业探索形成了甘肃省重点推广的肉羊产业全产业链带贫益贫的"中天模式"，带动甘肃23个县区数十万养殖户通过"投种还羔""托管代养""育肥回收"等方式，实现了脱贫致富。

去年11月24日，全国劳动模范和先进工作者表彰大会授勋在北京召开，长期扎根贫困地区矢志奋斗决战脱贫攻坚的陈耀祥，在收获"中国青年五四奖章标兵""全国五一劳动奖章""国家'万人计划'领军人才""甘肃省脱贫攻坚先进个人"等荣誉的同时，又荣获"全国劳动模范"称号。

几十年的勤力奋斗，一连串光芒闪耀的荣誉，陈耀祥极其珍视——这是他一心为农助农的成果和见证。但是，在他看来，这些也是"过去的功劳簿"，回望初心，他不能自满，也不会就此止步。脱贫攻坚刚刚收官，他就瞄准了下一个目标：乡村振兴！

回归乡土，一心为农

陈耀祥的家乡什川村，位于陇山腹地，偏远闭塞。千百年来，村里人一直没有摆脱靠天吃饭的命运。恶劣的生存环境和贫困的生活，早早就在他的内心埋下了改变命运、造福桑梓的种子。

1987年，成功"跃过龙门"的陈耀祥，考入西北农林科技大学农学专业。这是他第一次走出大山。他的人生也自此以另一种截然不同的方式打开：在校期间先后担任学校记者团团长、艺术团团长、校学生会主席、陕西省学联主席，毕业时分配到陕西省政府工作，几个月后他自己要求转调到甘肃省农业科学院，担任团委书记……

就在所有人都认为他会在仕途上一路扬帆前进的时候，1992年，他却选择了辞职下海，做一名"南漂"。4年后，陈耀祥又带着"南漂"赚来的钱回到兰州，起步创业。

"投资两个亿在陇西县养牛养羊？"2004年，正在房地产行业干得风生水起的陈耀祥突然提出的这个想法，再次让身边的人大吃一惊：两亿元相当于当时陇西县两年财政收入的总和。"当时，一些当地政府官员都觉得我是来糟蹋钱来了；朋友觉得，我可能吃错药了或者只是想去玩玩；还有些老百姓觉得我是个骗子，只是不知道我要骗什么。"陈耀祥说，"但是，他们没想到我是认真的。我是农村孩子，是一名共产党员，又是学农出身，我时常感受到一种使命的召唤。"

"人的一辈子，能干的事情很多，关键是要找到自己应该干什么。"任凭别人怎么劝，陈耀祥拿定了主意，因为这个决定，既是源自他血脉之中的浓厚的家国情怀和乡土情结，也是建立在敏锐的眼光和缜密的思维之上。"这里的牛羊养殖数量很大，但肉质比较差，所以我打算在陇西建立牛羊屠宰深加工企业，引进国外优质的牛羊品种，帮助农户改良，扩繁成功后再开始深加工。这里蕴藏着巨大商机。"

在大雪中离开家乡的一年后，2004年底，伴随着甘肃陇原中天生物工程有限公司，久久藏于陈耀祥心底的"三农"梦开始逐渐变成现实。

但是，仅仅过了两年，陈耀祥就遇上了一场严重的危机。2007年，青饲料储备收购季，公司资金发生严重短缺，同时由于扩繁速度缓慢，牛羊存栏量不能达标，生产见不着效益，而他手头的两个亿资金已全部花光，更要命的是农户投的羊只必须用现金回收，怎么办？公司有人提出缩小规模，跟农户解除部分合同。陈耀祥断然拒绝："哪怕公司亏剩到一分钱，也不能把农户亏欠了。"四处筹钱无果，陈耀祥一咬牙抛售了自己在兰州市的最后几处房产，拿到3000万元完成了青储饲料收购和羊只回收。2009年，公司的牛羊品种改良成功，与2万多户农户进行合作，经过3年时间，牛羊存栏达到90万头，屠宰加工厂也开工了。

在牛羊养殖上站稳脚跟后，陈耀祥又开始进军中药材行业，并借助养殖和中药材深加工，带动了周边县区40多个乡镇近100万农户增收致富。从养殖到中药材，到全面启动高标准高端羊肉熟食加工、建立畜禽养殖标准化示范场，再到投资15亿元打造"立足甘肃、引领全国、面向世界"的羊产业科技创新中心、羊产业大数据中心、羊产业"丝绸之路"运输走廊和国际枢纽中心——中天羊业兰州新区生态农业示范园区项目，陈耀祥的为农助农之路越走越宽。

教农稼穑，决战脱贫

甘肃是全国打赢脱贫攻坚战的主战场之一。长期以来，甘肃许多贫困地区的农民群众，发展产业缺资金、缺技术、缺市场销路。针对这些制约产业扶贫的症结，陈耀祥带领他的羊产业团队积极构建"政府+龙头企业+合作社+农户+金融机构+保险"的羊产业发展联合体，按照"政府引导、企业带动、合作养殖、农户参股"的思路，积极探索实践。

发展现代农业离不开科技支撑，贫困户要搞好养殖业更离不开技术。于是，陈耀祥把"养殖上挣的一半钱花在培训上"。中天羊业相关负责人说，公司专门设立农民培训中心，聘请专家教授担任主讲培训师，常年深入到乡村和田间地头、羊舍牛棚，巡回培训。借助"军训+体检+理论+实践+考核+发证+训后持续提升"的方式，中天羊业团队帮助甘肃12万名农民掌握肉羊养殖技术并从中获益。

与此同时，通过与合作社或农户、贫困户签订《投母收羔养殖协议》，中天羊业率先免费为群众投放基础母羊和种公羊，农户在两年内只需返还两只6月龄羔羊即可，其余繁殖的羊只，由中天羊业保底回收，企业还每年给合作社（贫困户）按照引羊资金额的8%～10%进行分红；对于确实不具有养殖能力和养殖条件的农户、贫困户，中天羊业则采取"托管代养+入股分红"的方式，帮老百姓分担养殖风险。此外，他们还以"合作育肥+保底收入""扶贫车间+代工奖励"等灵活多样的合作方式，让利于民。

"前期技术培训，中期投种回收，后期加工销售。"多年来，在陈耀祥及其羊业团队的潜心探索下形成的"中天模式"，在陇原大地上释放出了强大的带贫益贫效应。

"羊羔经过育肥周期，中天兜底收购，每只最低能赚400元左右，价格稳定，销路根本不用愁。"白银市会宁县郭城镇养殖大户宋银洲说，过去他养的羊产羔率低，卖羊也只能跑到集市上卖，价格波动大，收益不稳定。2019年，中天羊业入驻会宁，他以"20+1"的模式从中天羊业引进了420只湖羊。"湖羊两年三胎，每胎产羔都在两个以上，比一年仅产一羔的'土羊'强太多了。一只湖羊一年就能多赚2000元，当年我就多赚了80多万元。"

宋银洲所说的湖羊，是陈耀祥带领团队从2012年开始引进的，他将湖羊引进到甘肃进行风土驯化和繁育，不仅为湖羊在北方地区的成功引种和利用作出了积极贡献，也助推了甘肃羊产业发展以及产业扶贫的步伐。

情系乡村，助推振兴

"做农业来不得半点虚假。"过去18年来，这是陈耀祥深耕"三农"的信条，也成了他的团队及企业的文化底蕴。决胜脱贫攻坚的8年，是陈耀祥的企业发展最快的时期。如今，陈耀祥创办的中天羊业已成为甘肃省肉羊全产业链领域涌现出的极具影响力的农业产业化重点龙头企业。陈耀祥坦言："无论是我个人的成长，还是中天羊业的从小到大、由弱变强，都得益于党和政府的好政策，归功于这个伟大的时代。"

前不久，陈耀祥和他的羊业团队进行了一场特殊的"云签约"。签约的另一方是新疆维吾尔自治区沙雅县人民政府。"这场签约打响了中天羊业投身乡村振兴的'第一枪'。"陈耀祥说，和新疆沙雅县的签约几乎同时，中天羊业在陕西南泥湾、黑龙江伊春市的合作正在紧锣密鼓展开。

陈耀祥说，项目总投资5亿元，将采取EPCO模式落地建设 1万只湖羊核心种羊场，10万吨饲草料加工厂。项目落地后将在沙雅县全面引进推广"中天模式"，通过"投种还羔"模式、"羔羊育肥"模式带动沙雅县羊产业发展壮大。

"我们多年探索总结的'中天模式'正在全国开花，作为一家甘肃土生土长的企业，这一路走得既艰难又踏实稳健，迈出这一步，我们将实现从'借船出海'到'造船出海'的跨越。"陈耀祥说，中天"造船出海"意味着甘肃羊产业发展的经验和模式在受到外界的认可和瞩目的同时，开始帮助更广地域的人们发展农业产业，助力更多的乡村迈步振兴。中天羊业将以甘肃为基地向全国推广"中天模式"，当前，中天羊业正在与新疆、陕西、黑龙江等地建立合作，向外输出羊产业发展的"甘肃经验"；推行政府、企业、银行、农户"四赢"的供应链金融模式。

"脱贫攻坚阶段，我们致力于养更多的羊，把数量提起来，但在乡村振兴阶段，我们要把羊养好、养精，把养羊的质量提起来。经过不懈努力，我们已经实现了'甘肃羊、卖全国'。未来，我们还要努力实现'全国羊、卖全球'的宏伟蓝图。"陈耀祥说，下一步，中天羊业将继续积极响应国家号召，持续回报社会，主动承担更多的社会责任，投入更多的资金、更好的资源，吸引更优秀的人才积极投身乡村振兴中去。

（资料来源：中国甘肃网，2023年1月11日）

思政述评

"每一个不奋斗的日子，就是对生命的辜负；每一个不坚持的放弃，就是对灵魂的亵渎。"陈耀祥的人生每一个人生节点都实现了自我把控，包括选择与放弃。17年，6000多个日日夜夜，甘肃中天羊业董事长陈耀祥始终不忘初心，带领企业扎根祖国欠发达地区，教农稼穑。在推动甘肃羊、药产业参与精准扶贫，助力甘肃特色农产品销售，促进甘肃医疗卫生事业、教育事业、沙漠环境改善等方面作出突出贡献，展示出脱贫攻坚"急先锋"的姿态。

案例6　黄文秀：扶贫路上谱写新时代的青春之歌

案例呈现

仲夏的百坭村，山坳间的橘林已挂满青果，在阳光照耀下等待着新一季的丰收。靠近公路的百布屯，一栋新建的村部办公楼已投入使用，办公楼一侧是黄文秀先进事迹陈列馆，另一侧是一所正在建设的幼儿园。

在村里办一所幼儿园，曾是壮族姑娘黄文秀未竟的心愿之一。黄文秀生前系广西壮族自治区百色市委宣传部理论科副科长、百色市乐业县新化镇百坭村驻村第一书记。2019年6月17日凌晨，她在从百色返回乐业途中遭遇山洪不幸遇难，献出了年仅30岁的宝贵生命。

百坭村地处桂西大石山区，11个自然屯位置分散，好几个屯距村部都在10公里以上，这个偏僻的山村曾深度贫困。2018年3月，黄文秀响应组织号召到这里担任驻村第一书记时，全村472户尚有103户没有脱贫，5个屯"出行难"问题突出。

"扶贫之路只有前进没有退路，只要确定了就义无反顾。"驻村伊始，黄文秀便立下"不获全胜、决不收兵"的誓言。为全面掌握贫困户的致贫原因和现状，她白天挨家挨户走访，晚上与村"两委"研究脱贫对策，制订工作方案全力推进。

"文秀书记特别热情，经常和我们一起聊家常、做农活。""家里老人身体不好，她主动带着老人去看病。""她就像亲人一样，遇到困难，总是想方设法帮我们解决。"……黄文秀在村里奔波的身影深深地刻在村民们的脑海里。驻村两个月，黄文秀便走完了全村所有贫困户，并在扶贫日记里绘制了"民情地图"，清楚地标明贫困户的家庭住址等信息。

"文秀书记工作特别认真，充满干劲，她曾给村里扶贫工作群取了一个响亮的名字——百坭村乡村振兴地表超强战队。"百坭村党支部书记周昌战回忆，2018年8月的一天，黄文秀带队下屯入户，当天一直忙到晚上。"回来路上，遇到暴雨，道路塌方，文秀书记和我们一起钻树林、爬泥坡、蹚大水，直到凌晨才回到村部。"

山路弯弯，步履不停。驻村期间，为提高工作效率，黄文秀将在乡镇挂职时贷款买的私家车开到村里当工作车用。2019年3月26日，黄文秀驻村满一年，汽车行驶里程约2.5万公里，当天她发了一条微信朋友圈："我心中的长征。"

驻村一年多，黄文秀带领百坭村88户共418人脱贫，全村贫困发生率下降20%以上，并推动完善了通屯路、蓄水池、路灯等基础设施。而此前村里很少有人知道，黄文秀同样来自贫困家庭。她靠着国家助学政策完成了学业，研究生毕业后毅然回到家乡百色。在百坭村，孩子们的教育问题也是黄文秀最牵挂的一件事。

百坭村村民黄仕京家曾因学致贫，两个孩子读大学，黄文秀帮他的孩子申请了"雨露计划"。黄仕京曾问过黄文秀来山村工作的原因，黄文秀说："百色是脱贫的主战场，我有什么理由不来呢？我们党是切实为群众谋发展谋幸福的党，我是一名共产党员，这就是我的使命。"

"今年儿子毕业了，文秀书记的帮助改变了我们家，但她却没能看到这一刻。"黄仕京回忆起黄文秀难掩感伤。2019年6月16日，黄文秀利用周末回田阳老家看望病重手术不久的父亲后，心系村里工作的她连夜开车返回百坭村，途中遭遇山洪暴发，生命永远定格在了扶贫路上。

"每天都很辛苦，但心里很快乐。"

"我的方言进步了，可以和贫困户用桂柳话交流了。"

"贫困户住房和饮用水问题都达标了，十分开心。"

……

黄文秀扶贫日记里记录下的点点滴滴，成了无数人饱含热泪的回忆。黄文秀牺牲后，被追授"全国优秀共产党员""最美奋斗者""时代楷模""全国脱贫攻坚模范""第七届全国敬业奉献道德模范""全国三八红旗手""全国五一劳动奖章""中国青年五四奖章"等称号。今年2月25日，在全国脱贫攻坚总结表彰大会上，黄文秀被追授"全国脱贫攻坚楷模"荣誉称号，黄文秀的父亲黄忠杰替爱女戴上了大红花，在会场红了眼眶。

"女儿回乡后一心扑在工作上，是党培养了她，她为党的事业作出了贡献，我为她骄傲！"黄忠杰说。

（资料来源：人民网，2021年7月11日）

思政述评

黄文秀研究生毕业后，放弃大城市的工作机会，毅然回到家乡，在脱贫攻坚第一线倾情投入、奉献自我，谱写了新时代的青春之歌。年仅30岁的生命，永远定格在扶贫路上，如流星般划过，闪亮夜空，映照未来。黄文秀的一生并不长，但她把青春奉献给了家乡热土，用担当诠释信仰信念，以奋斗定义人生价值，用短暂而绚丽的生命书写了新时代的芳华之歌，用美好青春诠释了共产党人的初心使命。

案例7　鲍新民：躬身为百姓　力行造"两山"

案例呈现

"活着就要有个人样，还我们健康的身体、给子孙后代留下美丽家园比啥都强。"

2018年12月18日，在庆祝改革开放40周年大会上，宣读了获得改革先锋称号人员名单，"绿水青山就是金山银山"理念的践行者鲍新民在列。

1956年出生的鲍新民是浙江省湖州市安吉县天荒坪镇余村村党支部原书记。余村地处浙北天目山北麓，是天荒坪镇西侧的一个小山村，因天目山余脉——余岭而得名。20世纪80年代，村里办起了村办企业。山里优质的石灰岩，成了最好的资源，矿山开采厂、水泥厂、化工厂……余村人靠山吃山，当年全村有200多户，其中一半以上家庭有人在矿区务工，矿山在大伙眼里就是一座"金山"。

1992年，鲍新民当选为余村村主任，当时不少矿山仍在不断扩大规模、增加产量，余村一度成为安吉县规模最大的石灰石开采区。

矿山生钱，可问题也接踵而至。因为矿山、水泥厂的污染，余村常年笼罩在烟尘中。青山看不见了，竹笋变小了，连千百年的银杏树也不结果了。拖拉机来回开，村路被碾压得泥泞不堪；村民不敢开窗、无处晾衣，一出门鞋子上就蒙上一层灰；一下雨，余村溪溪水就像酱油一样黑。经济高增长的背后，生态环境恶化，使所谓的"石头经济"到了难以为继的地步。

"活着就要有个人样，还我们健康的身体、给子孙后代留下美丽家园比啥都强。"2005年3月，新任村党支部书记鲍新民带着新班子全体成员向村民庄严宣布：从此关闭全村所有矿山企业，彻底停止"靠山吃山"做法，调整发展模式，还小山村绿水青山！

作出这样的决定非常不易。在那个年代余村独辟一条新的发展之路，是需要相当勇气和智慧的。2005年初，鲍新民接任村党支部书记。正当鲍新民和余村处在犹豫不决的十字路口时，时任浙江省委主要领导来到了这个小山村。"听到'绿水青山就是金山银山'时，我脑子里留下的许多顾虑和犹豫，一下子全都烟消云散了。"每一次回忆，都让鲍新民激动不已。

2005年，也是余村发展休闲经济的第一年，余村农家乐服务中心成立，荷花山景区开始市场化运作。村里分批组织村民到外地考察农家乐，想实现从"卖石头"

到"卖风景"的华丽转身。

鲍新民带领余村人下决心封山护水，村里挤出所剩不多的集体资金修复冷水洞水库；拆除溪边所有违章建筑，把竹制品家庭作坊搬进工业区，统一管理、统一治污；大力开展环境综合整治，改造老厂房、旧农居，整治违章建筑，率先推行生活垃圾分类管理；实施村庄绿化、沿线亮化、道路硬化、庭院美化工程，全面系统改造提升人居环境。

村庄整体规划，浇筑、整治村庄干道，改造农房立面和污水管网……2008年，余村成为安吉县第一批美丽乡村精品村。"总书记为我们村指明了一条绿色发展之路。"鲍新民说。

2018年10月，已经退休的鲍新民获聘余村"村务监督员"，继续发挥余热。

如今，在鲍新民家的客厅里，墙上仍挂着总书记当年来调研时和他的合影。"'绿水青山就是金山银山'理念指引的这条路让村庄彻底地变了，变得连我们自己都想不到的美，现在村民不仅生活幸福了，情操和品位也大大上了台阶。今天再看余村，感觉就是换了一个时代！"

（资料来源：光明网，2023年3月15日）

思政述评

走进余村，"绿水青山就是金山银山"石碑豁然竖立。这背后，是余村党支部原书记鲍新民带领老百姓奔向幸福的故事，是一个中国最普通村庄迈向幸福生活的缩影。鲍新民，浙江省湖州市安吉县天荒坪镇余村村党支部原书记。带领村民保护生态，关停矿山、水泥厂，坚持不懈对矿山复垦复绿，大力发展第三产业，促进农民致富。积极探索以保护生态资源促进绿色发展的村庄发展新模式，通过强化村庄规划、加快土地流转、发展农家休闲旅游，坚定不移走绿色兴村、绿色致富经济转型之路，带来了巨大的社会经济效益。如今在成百上千个鲍新民的坚守下，越来越多的"余村"山更绿了，水更净了，天更蓝了，民更富了，而"两山"理念的坚守也必将不断开辟绿色发展的新境界。

案例8　李保国：太行山上新愚公

案例呈现

李保国（1958年2月—2016年4月），经济林专家，山区治理专家。毕生致力于太行山区生态建设和科技富民事业，每年深入基层200多天，让140万亩荒山披绿，带领10万农民脱贫致富。常年高强度工作让李保国积劳成疾，2016年4月10日凌晨，58岁的他心脏病突发，经抢救无效去世。习近平总书记作出重要批示，称赞他是新时期共产党人的楷模、知识分子的优秀代表、太行山上的新愚公。曾荣获"时代楷模""改革先锋"等称号。2019年荣获"人民楷模"称号，入选"庆祝中华人民共和国成立70周年大型成就展"2010—2019年英雄模范人物。

35年，可以让荒山秃岭变成绿水青山；35年，可以让贫穷落后变得富裕兴旺；35年，可以让一个人变作一面旗帜。千年前，愚公在太行山脉誓与天公决胜负；千年后，在这片土地上，李保国成了"太行新愚公"。李保国是教授，更像农民——脸庞黝黑、笑容憨厚，一身尘土、两脚泥巴，扎在人堆里，和农民没啥两样。但就是这样的"农民教授"，以信仰为帆，大山筑梦，与农民为伍，与果树为伴——他用人生最宝贵的35年，扎根太行深处，每年"务农"200多天，致力于山区生态建设和科技富民事业，成为一个被太行山永远记住的人，也让这座英雄辈出的大山更加厚重。

他是一粒种子，深深扎根太行深处

李保国1981年大学毕业后留校任教。当时正值河北省委、省政府组织开展太行山综合开发研究。刚刚走出农门的他第一时间报名，放弃安逸的城市生活，和安建昌、于宗周教授一起扎进太行山，搞起了山区开发研究。当时的太行山，水旱灾频发，交通不便，三分之二的地区人均年收入不足50元，十分贫困。李保国跟课题组的同事们选择了极度贫困的浆水镇前南峪村作为开发试点，搞起了"小流域综合治理"。如果能把这里治理好，其他山区也就有希望了。前南峪的山体现了太行山的普遍特点：土层薄、不涵水，土壤瘠薄、有机质少，再加上干旱少雨，基本上年年种树不见树，年年造林不见林。为了摸清当地山区的"脾气秉性"，李保国每天早上5点起床上山，晚上七八点才返回。山当餐桌地当炕，躺在地上啃干粮是常事，就是在这样艰苦的条件下，他愣是跑遍了山上的山头地块、沟沟坎坎，晚上还要挑灯夜战、分析数据，寻求破解之道。树木存活的唯一途径就是加厚活土层，土从何来？如何保证加厚的土层不被雨水冲蚀？一个个难题在白天的翻山越岭中，在夜晚柴油灯的陪伴中不断得到解决。

1981年开始尝试，1986年爆破整地技术基本形成。4年后，整套石质山地爆破整地技术体系历经10年孕育，终于破壳而出。基于山势，通过爆破每隔4米开一条宽1.5～2米、深1米的条状沟，把周围的土层集中充填到沟里。下雨时，雨水也会汇流到沟中。这样通过"聚集土壤，聚集径流"的"两聚"造林理论，使干旱山地改造具备了树木存活的基本条件。苹果、板栗等经济林木在前南峪的荒山上开始扎根生长。然而，可想而知，蚕桑专业出身的李保国能够把爆破搞得有模有样，成为专家，需要付出多少的辛苦和努力。由于当时各方面条件的限制，整地所用的炸药需要纯手工制作，不仅要自行确定硝铵、煤油、锯末的配比，还要在农村杀猪用的大锅里炒制，混合比例和炒制方法哪一个都不能出问题。爆破整地时，为了保证爆炸深度、范围合适，同时不对周围环境造成破坏，需要反复研究打眼深度、放药量及二者的相互组合，经过近万次的爆破试验才得到准确适用的数据。不管是炸药制作还是爆破试验，危险都如影随形，意外随时可能发生。有一次，他和课题组的同事们在一片土地安装了几十眼实验炮。随着"嘭 嘭"的闷响，炸点连续起爆，但细心的李保国发现有一眼没响，李保国上阶察看时爆炸正好发生，他直接就被崩了个大跟头，全身是土。谈到这段经历时，李保国在意的不是生活的艰苦，不是工作的危险，更多的是对妻儿的愧疚。

从1岁多就带在身边、一待就是4年多的儿子"小流域"，还有一同扎根太行山的妻子郭素萍，甘愿被自己"拉下水"。为了自己的治山梦想，这个家付出得太多太多。功夫不负有心人。前南峪经过十几年的开发治理，"光山秃岭和尚头，洪水下山遍地流"的荒山秃岭早已不见踪影，"山顶洋槐戴帽、山中果树缠腰、山底梯田抱脚"的"生态经济沟"随处可见，这里被誉为"太行山最绿的地方"之一，并获得联合国"全球生态环境建设五百佳"提名。1996年8月、2016年7月，河北省中南部山区遭遇两次特大暴雨，与太行山区很多地方发生严重滑坡和泥石流灾害的情况不同，李保国治理的前南峪"过洪无灾"，而且"生态经济沟"里蓄存的都是清水，以"蓄、集、整、改、排"为一体的标准化"太行山片麻岩区防洪减灾工程技术"治理成效在全国引起轰动。

他是一棵树，绿遍太行山川

1996年的大洪水中前南峪葱茏依旧，而与之相距几十公里的内丘县岗底村就没这么幸运了，洪水冲毁了村里200多亩保命田，山上的果树也遭受不同程度的伤害。同时岗底村又是幸运的，李保国来到了这里。面对这个满目疮痍的小山村，农民出身的他被深深触动。1996—2003年，他连续九年常年吃住在村里，成了岗底的"编外村民"，白天钻果园察看情况，晚上用黑光灯观测虫情，夜间研究解决方案，一整套无公害苹果栽培配套技术也随之研发出来。他设计开发了苹果生产的128道工序，亲手培养的191名村民获得国家颁发的果树工证书，首次实现了优质无公害苹果生产的标准化，果农像工厂里生产标准件一样生产苹果。岗底村还在国内建立了第一个苹果类食品安全追溯系统，实现了从果园到餐桌全程监控。富岗苹果成为2008年北京奥运会专供苹果，先后获得昆明世博会银奖、中国驰名商标等12项国家级荣誉。

回首这条苹果致富路，李保国不仅自掏腰包，还得苦口婆心。苹果套袋，村民不愿掏钱买纸袋，李保国掏出了5万元钱；果树整形修剪，村民舍不得锯掉，李保国急了就跟他们嚷。这样才能把技术"死盯、盯死"地让农民落实到位，当取得效果后，农民才会真正自觉落实。1999年，在岗底苹果生产逐渐走上正轨的同时，李保国得以腾出手来，应邀来到了临城县凤凰岭。面对"石头蛋子"堆成的"乱石岗子"，李保国坦陈这里是太行山治理的一块硬骨头。这也激起了他的斗志，"这地方可以治理"——在大家的一片质疑中，李保国的话掷地有声。随后一个多月里，他带着技术团队从土壤、气候、水利条件和市场需求等多个方面展开研究，确定出种植核桃的发展方向。

传统核桃品种杂、品质差、产量低，为了选育出优质核桃新品种，2000年，李保国亲自从美国加利福尼亚大学引进6个核桃品种和11个山核桃品种，从国内其他地方引进13个优良核桃品种，进行了一次又一次的嫁接组培实验。为了掌握核桃开花授粉的第一手资料，从3月下旬开始，他每天背一个水壶，从上午10点盯到下午4点，中午在树底下啃两个馒头就算一顿饭了。一个多月，天天如此，别人心疼想替换他片刻，他一口回绝："关键时刻我必须盯好，错过了，要耽误一年时间。"2003年夏，正在进行人工干预实验，突降大雨，李保国用伞护住核桃新苗，自己则任凭雨水浇打。经过5年辛苦的努力，李保国成功培育出国内优质品种——绿岭薄皮核桃。继而，李保国创造了核桃的矮化密植技术，实现了壮枝挂果，管理方便，连年丰产，被中国工程院院士、北京林业大学校长尹伟伦教授认定为国内首创。2009年，"太行山优质核桃产业化技术及深加工系列产品开发"项目获河北省科技进步奖二等奖。

2011年，原国家林业局在绿岭举办了首届中国核桃节，把这项标准化管理规模化发展的模式推向了全国，仅在邢台市，薄皮核桃年产值就超过20亿元。太行山板栗集约栽培技术、优质无公害苹果栽培技术、绿色核桃栽培技术等36项农业实用技术，在与农技人员的交流中，在农技推广的培训中，通过李保国朴实易懂的话语，转化成实实在在的生产力。富岗苹果、绿岭核桃、浆水板栗等一系列名优产品成为山区群众致富的"聚宝盆"，邢台县前南峪村、内丘县岗底村、临城县绿岭果业、平山县葫芦峪等16个山区开发先进典型迅速成长并不断发挥示范带动作用。他先后取得研究成果28项，培训人员9万余人（次），技术推广面积1826万亩，带动省内外10万山区农民增收58.5亿元，把最好的论文写在了巍巍太行山上。

他是一朵花，永远盛开在太行百姓心间

"我是农民的儿子，最见不得百姓穷。""老百姓需要什么，我就研究什么。"从内丘县到临城县，从邢台县到南和县，从浆水镇到前南峪，从岗底村到南沟村，从凤凰岭、狐子沟再到村后脑、树莓谷，许多乡镇、村庄，都曾出现过他矫健的身影，都镌刻着他深深的足迹，都浮现着他朴实可亲的笑脸。农民教授、科技财神、太行新愚公……太行山上，从李保国帮助过的农民口中，不时听到对他的各种称呼。这也是他一直留在人们心中的形象。"常年给山区的农户和企业提供技术指导，每年至少也得有几百万的收入吧？"类似的问题李保国不知回答过多少次，"我始终认为，农业是公益事业。给农民服务是公益，给农业企业服务也是公益。"农业企业发展了，在自身盈利的同时，还能够辐射带动周围山区的发展，最终还是对农民有利。不但不从企业、农户拿钱，很多时候，下乡往返的路费、请专家来培训的费用等，他都是自掏腰包。

2013年正月初六，他去富岗乡指导苹果春季修剪，连续十几天，每天有6户村民邀请他做客吃饭。有一次下乡遇到交通堵塞，一户村民把自家的院墙拆了两个大口子，保证车辆顺利前行。村民的热情使他感到的是成就背后依然沉重的担子。不管是熟悉的还是不熟悉的，只要农民有需要，李保国都会热心帮助。手机里将近900个电话号码，农民有三四百个。"井陉核桃""曲阳核桃""洛阳高核

桃"	"平山苹果"	"宁夏苹果"……素不相识的求助者就这样被存入通讯录，以便随时指导。常人眼中的教授，背景应该是书斋、讲台、学生，李保国的背景却是大山、村庄和乡亲。

2007年，李保国在张家口黑龙山林场作技术指导时，突然觉得憋气，嘴唇发紫，被确诊为疲劳性冠心病，心脏造影显示他75%的血管狭窄，连心脏支架都做不了，只能做搭桥。大家都劝他去医院好好治治，可他说忙，就是不肯去，劝急了，他就说："活着干，死了算。"多少人劝他："慢一点，慢一点。"他总说不行，"在这个点讲完了，还要去下个点呢。"多少次，李保国上午在基地指导完，午饭都顾不上吃，带上干粮就往下一个点赶，"我晚吃会儿不要紧，不能让农民等我。"在基地，他爬沟过坎，大步流星；讲课示范，他精神百倍，毫无病态；回到保定的家，他却常常连上楼的力气都没有了。有一次，他一天跑了石家庄的4000亩果园。"我累点不算什么，如果我的技术能让这些果树早点进入盛果期，一亩地增收几千斤苹果，一斤就按两块钱算，那也不得了哇。一个人辛苦一天，增收几千万元，多值，多有成就感！"

在李保国的帮助下，内丘县岗底村摘掉了"穷帽子"，有人就问杨双牛："你们一年给李保国多少钱？""李老师从来不要农民的钱。"杨双牛说。有一年，李保国在岗底村忙到腊月二十三，才赶回保定过年。临走时，杨双牛给他准备了2000元钱，想让他买点年货，他死活不肯收。2003年，富岗公司改制，杨双牛对李保国说："你辛辛苦苦搞服务，送你个股吧。"李保国手一摆，斩钉截铁地说："可不能！这事你以后也不要再说了。"李保国说："不为名来，不为利去，一心为百姓，农民才信你，才听你。"种果植林，昔日山区成富境；视农为己，民心深处有丰碑。在他人生中的最后一个春节里，李保国对友人说："一代人有一代人的担当，走太行山道路不是一代人的事。"

（资料来源：新华网，2023年2月13日）

思政述评

古有愚公移太行，今有楷模拔穷根。35年，每年深耕基层200多天，倾注毕生精力和情感，太行山上的新愚公李保国以深山为家，谋一方发展，带一方致富，用实际行动诠释了一个共产党人无私的为民情怀。李保国曾说过："我有3个家，一个是常住的，在几个主要帮扶基地；一个是流动的，在那辆越野车上；一个是永久的，在河北农业大学家属院。"这3个家中蕴含了李保国无私奉献、心系群众、扎实苦干的一生。

案例9 "新农人"发展"立体农业"

案例呈现

走进重庆市彭水苗族土家族自治县长生镇三合社区，这里的"立体农业"让人印象深刻。山坡上种植的大片毛叶山桐子树已经挂满了深黄色的果实，树干上种植着中药材铁皮石斛，山桐子林下则种植辣椒和中药川射干。"在这里，一份地有三份收益。"当地村干部介绍。谁曾想到，这个焕发着现代农业活力的小山村，就在几年前还是传统农村的模样。这些变化背后的"导演"，是一名返乡创业的女性"新农人"，她叫廖秀兰。

长生镇地处彭水县东部，位于大山深处，镇上劳动力大多选择外出务工，剩下的村民多年来以种植玉米、水稻、土豆等作物为主。当年的廖秀兰也一心想走出大山，到城里去打拼。于是她外出务工，经过多年创业，终于过上了富足的生活，成了乡亲们口中的"能干人"。但她每次回老家，看着熟悉的山山水水，就会思考如何让家乡摆脱传统落后的面貌。走出大山十几年后，她毅然决定回乡做一名"新农人"。

经过多方考察，2016年，廖秀兰决定在当地发展毛叶山桐子，作为改变山村面貌的长效产业。毛叶山桐子是含油量较高的高大乔木，也是生产优质食用油和高级护肤皂、保健品的上佳原料，具有产量高、出油多等特点，不仅经济价值高，而且还具有极高的观赏性，彭水的气候和地理条件也十分适合栽种。通过一年的实验种植，廖秀兰增强了信心。2017年，她流转了3000亩土地，采取"公司+专业合作社+农户"模式，在当地种植了2000多亩毛叶山桐子。

毛叶山桐子从种植到挂果要5年时间，前期投入时间长，这让当地群众很难接受。思考再三，廖秀兰想出了一个长短结合、可持续发展的计划。通过探索"立体农业"发展模式，山坡上种山桐子，山桐子林下种植辣椒，树干上种植铁皮石斛，林下的土地除了发展传统粮食作物，还引导村民种植经济价值更高的中药川射干。每到春季，川射干种植基地内盛开的鸢尾花都会吸引不少游客前来观赏。

在廖秀兰的带动下，当地村集体还打造了石斛园，发展"庭院经济"，推动农旅融合发展。廖秀兰探索的"立体农业"发展模式，不仅解决了短期的资金问题，而且随着规模化种植，原来的撂荒地变成了良田好土，从上到下的空间实现了综合利用，大幅提高了生产效率。

彭水属于劳务输出大县，不少青壮劳力都外出务工，廖秀兰就把留守妇女组织起来，参与管护工作，让山桐子在这里"安家落户"。通过在基地内务工，几百名妇女有了额外收入。为此，她的种植基地还被评为"巴渝巾帼产业示范基地"。

技术方面，廖秀兰不惜重金，从外面请来技术员和专家团队，逐一解决在种植过程中出现的问题。她还十分注意培养自己的技术骨干和后备技术人才，在这个过程中，廖秀兰也逐渐成长为山桐子种植方面的"土专家"。在基地内，经常可以看到当地农技专家在山桐子树下指导村民种植管护的身影。

彭水县农业农村委组织的青年农场主培训和农村致富带头人培训，也帮助解决了廖秀兰在种植管理过程中的许多难题。彭水县农业农村委还指导廖秀兰从外地引进了优质山桐子树苗，并且在种植过程中为其争取政策和资金扶持。另外，当地政府还为她的基地修建了"产业便道"，极大地方便了产品、生产物料的运转。

2021年，廖秀兰最早种下的2000多亩的毛叶山桐子实现了初挂果，产值40万元左右，产业发展取得了初步成效，也为村民找到了增收门路；而她种下的600亩川射干也与四川一家药企签订了购销合同，每年的产值达到七八十万元。廖秀兰通过发展"立体农业"，提高了土地的产出效益，实实在在增加了当地群众的收入。

"秋天的时候，山桐子丰收了，这里满山遍野都是火红色，场景相当震撼。"现在，廖秀兰已经着手对山桐子和中药材川射干进行深加工，把山桐子、川射干的附加产值进一步开发出来，力争打造成彭水农产品的一张"新名片"。

（资料来源：《农家科技》，2021年07期）

思政述评

不忘初心，廖秀兰曾说："我的初心就是回来建设家乡，看着父老乡亲脸上增收的喜悦，我是又自豪又开心。"如今这名新时代的"新农人"，正带领着当地群众，在乡村振兴的奋斗路上，让曾经落后的小山村"变了人间"。

案例10 廖兴：不畏艰辛实现"油茶梦"

案例呈现

"来廖老板这基地里干活，每天都有钱赚，油盐钱得了，过年都不用愁喽。"初冬时节，在贵州省岑巩县注溪镇中寨村火焰沟油茶种植基地，六部屯村的村民朱占兰一边干活，一边盘算着自己的务工收入。

时下正是油茶成熟挂果的季节，油茶管护、采收、分拣，每天都需要大量人手，自从到油茶基地务工以来，朱占兰跟周边其他村民一样，不用出远门就实现了挣钱顾家两不误。而这个基地的负责人——注溪镇注溪村村民廖兴，曾经也是名下岗工人，如今却成就了一番事业。

廖兴，1988年中专毕业后被分配到凯里市一家玻璃厂工作，从一名普通员工到公司生产部负责人一干就是8年。1996年，由于工厂效益不好，被迫停产，他也离开工作岗位回到家乡从事药材收购工作。当看到家乡部分土地闲置，于是萌生返乡创业的想法。2011年，在党的惠民政策指引下，从事药材收购的廖兴再次转行，果断承包了近500亩土地开始发展油茶种植。

油茶从下苗移栽、到挂果成熟，需要3～5年以上的时间，没有资金和技术投入很难发展。在产业发展最艰难的时候，廖兴甚至有了打退堂鼓的想法，在家人的支持下，他最终坚持下来。

"当时很多人都认为种植油茶是很难的事，但我还是看准了这个产业，政府大力推广，家人也很支持，我就有决心把这个产业做好。"廖兴回忆道。

功夫不负有心人，2017年油茶进入盛果期，廖兴的投入也开始有了回报，实现创收20余万元。尝到甜头后，他开始逐步扩大种植规模，2018年，在当地政府与村"两委"的支持下，廖兴通过"支部+合作社+农户"发展模式，与中寨村70户农户签订入股协议，油茶面积从500亩扩大到1000余亩。

"做这个产业确实不容易，非常辛苦，每天天还没亮就出门，看到他这么辛苦，我也把我手上的工作放下，跟随他来做这份产业，希望他能为家乡发展带个好头。"廖兴妻子侯永菊说。

十年磨一剑，风雨共担当。在家人的支持下，廖兴风雨无阻、起早贪黑，全身心地投入到产业发展上。目前，廖兴已成立农民专业合作社，种植油茶1000余亩，其中500亩已挂果见效，年产油茶果30多万斤，实现年创收60余万元。

从一名不懂农业的门外汉，到当地有名的"油茶大王"，不仅自己的产业做得红红火火，也带动周边的群众一起增收，如今的廖兴已成为当地产业发展的领路人，带动村民致富的"新农人"，幸福感、获得感与日俱增。

"从目前来看，这个产业的市场前景还是可以，销路不愁，价格也稳定，只要管护好就能赚钱，明年我还要继续扩大规模，一人富不算富，带领大家一起富才是我的梦想……"谈到未来打算，廖兴满怀憧憬。

（资料来源：人民网，2021年12月23日）

思政述评

从曾因工厂生产效益不好，被迫回乡的年轻小伙儿，到种植油茶的技术能手和农业专家，从下岗工人到创业成功，多年来，产业致富带头人廖兴，在党的政策指引下，为家乡带来了新思路、新技术、新业态，把1200多亩荒山变成油茶林，带动380余户1640余人增收致富，实现了自己的"油茶梦"，实现了乡亲们的"幸福梦"，书写了一滴山茶油带富一方群众的动人故事，在山间田野里点燃了希望。

案例11　余善伟：以一人之善行，带众人之善为

在河南省信阳市商城县余集镇仪学村，余善伟的老家门楣上，写着醒目的"积善之家"4个大字。从内院往堂屋走，一块特别的石匾映入眼帘，正面用不同字体写满"善"字，背面写满"福"字。

1974年，余善伟出生于一个贫困的农村家庭。18岁时，父亲意外去世，余善伟挑起家里的重担，放弃学业外出打工。经过多年打拼，这个农村小伙儿逐渐闯出一番事业，创立了自己的公司后，返乡从事房地产行业。

从乡村来再到乡村去，回乡创业的余善伟始终惦记着乡亲们。他决心发展志愿服务事业，帮助老百姓过上好日子。

如今，作为商城县志愿服务联合会会长，余善伟已为慈善事业默默奉献十余载，助力贫困学子圆梦、关爱孤寡老人，以一人善行带众人善为，用点滴善举助万家幸福。2021年11月，余善伟荣获第八届"全国助人为乐道德模范"称号。

为贫困家庭建"幸福居"

"小姑娘，你一定要好好学习。将来考上大学了，余叔叔还会继续帮助你……"2021年11月20日，余善伟带领志愿者走进余集镇连塘村脱贫户余耀传家，对余耀传12岁的女儿语重心长地说道。

5年前，余善伟出资10万元为余耀传家建了一套新房，村委会又花费近万元为其安装水电、购置生活必需品，助其顺利入住新居。

长竹园乡蛇山村儿童小慧也是余善伟的帮助对象。几年前，小慧的母亲意外身亡，姐姐又在外务工，9岁的小慧只能和身患残疾的父亲相依为命。2016年9月，小慧家的房子被暴雨冲垮，她只能和父亲住在用塑料篷布搭起的临时塑料棚里。每天放学后，小慧就回到阴暗潮湿的屋内，趴在小板凳上写作业。

"了解到小慧家的情况之后，我感触特别深，想着不能让孩子在塑料棚里学习，就决定帮她家重建房屋。"余善伟回忆道，"当时我把手头工作都放下了，专心忙建房的事，确保每个环节都不出岔子。"不到一个半月，小慧一家就住进了崭新的农家四合院。这是余善伟建起的第一套"幸福居"，他将其命名为"幸福居01号"。

"幸福居01号"建成后，余善伟又帮助更多家庭建起"幸福居02号""幸福居03号"……截至目前，余善伟共出资100多万元，为十余户贫困家庭建起了幸福新居。

"捐资助学，是我最欣慰的事"

未能踏入大学校园，是余善伟心中永远的遗憾。一路走来，余善伟最牵挂的还是那些大山里的孩子，"从离乡务工到现在创业归来，我希望这一代的孩子不再吃我那时候受的苦，有更多的机会读书学习，为自己的目标奋斗。"

家住花园路南街社区的曾文英今年81岁，10年前，儿子儿媳因车祸不幸去世，留下孙子孙女与其相依为命。余善伟了解情况后，当即决定将老人14岁的孙子小程纳入"华儒孤贫少儿"项目，每个月为其提供助学金400元，并定期和志愿者前来看望老人和孩子。

小程只是余善伟帮助过的众多学子中的一员。2013年，他联合县妇联开展为期10年的"关爱女孩，放飞梦想"活动，每年拿出15万元，资助贫困孩子求学；两年后，余善伟又倡议启动"华儒圆梦——关爱孤贫少儿"志愿服务项目，每月为60

名孤贫儿童分别提供400元生活费。"孩子就是希望。捐资助学，是我做过最欣慰的事。"余善伟说。

2018年，余善伟发起第六届"华儒圆梦，你我同行"爱心助学活动，并设立500万元"菁英励志奖"，帮助更多贫困学子圆大学梦。

"帮人这件事，一定要做到底"

点滴善行，荡起涟漪。在建起"幸福居"、筑下"求学路"之外，余善伟也将"善种"播撒到了商城大地的各个角落。

在赤城街道办事处东街社区，4位半身不遂的老人在余善伟的帮助下坐上了新轮椅；在余集镇敬老院，余善伟出资10万元助力养老院建设，还每月为老人们资助2000元生活费。

伸出援手，共渡难关。2015年河南特大暴雨中，余善伟第一时间向商城县南部两个受灾严重的乡镇捐款捐物，挽起裤腿进泥沟，亲手为群众送上急需物资。2020年初，余善伟在防疫值守点坚守30多天，带头缴纳特殊党费1万元，捐助抗疫资金6万元，组织爱心企业、人士捐款达20余万元。今年7月，河南新乡发生严重洪涝灾害，在余善伟的倡议下，全县社会各界踊跃捐款捐物，不到4天时间筹集现金51万元、各类物品价值30万余元。

"帮人这件事，一定要做到底。"2017年，为帮助更多贫困群体，余善伟出资60万元，在全县20余个贫困村开展"助脱贫、倡文明、暖冬行"活动，为690余户贫困户送去生活必需品、慰问金。一年后，他又出资在全县17个深度贫困村建起爱心超市，为贫困群众免费提供生活用品。

涟漪荡漾，激起波澜。2019年5月，商城县志愿服务联合会正式成立，余善伟当选会长。协会成立后随即开展"五个100"志愿服务项目：每年慰问100名贫困老党员、100名贫困下岗工人、100名孤寡老人、100名留守儿童，打扫100条背街小巷，让善行浸润各个角落。

见贤思齐。在余善伟的影响带动下，商城大地上助人为乐蔚然成风，争当志愿者成为商城新时尚。

"在我们商城县，做志愿者已成为一种时尚，'红马甲'已成为一道亮丽风景线。"余善伟自豪地说。

（资料来源：《农民日报》，2021年12月23日 ）

思政述评

奉献精神是志愿服务的精髓。"我越干越有劲，我们越干人越多。"余善伟说，"我们的目标是带动更多人向善向上，让更多需要帮助的人感受到爱的力量。"这些年，在余善伟的引领带动下，商城县注册志愿者已接近7万人，成立志愿服务队531支，建立各类志愿服务站点166个，累计开展志愿服务活动2万余次，服务群众40余万人次。

个人事业的成功，若不能造福一方人民，那只能获得昙花一现的惊艳。力所能及地帮助别人，才能让人生获得无限幸福与力量。

案例12　刘沈厅的家庭农场梦

案例呈现

12月6日，冬日的暖阳照耀在四川省眉山市彭山区公义镇博视家庭农场，刘沈厅正在给草莓种子浇灌肥料。在配料房内把肥料搅拌均匀，利用延伸到每颗种子的浇灌系统，偌大的种植田在一个小时左右就可以浇灌完成，相比传统浇灌方式，这种浇灌系统更省时省力，而这里只是刘沈厅的其中一个农场基地。

今年33岁的刘沈厅毕业于电子科技大学，是眉山市第一个具有985高校硕士学位的"新农人"，自2016年回乡创办家庭农场至今已有5年。

"目前我主要有两个基地，一号基地大概有130亩晚熟柑橘春见，今年预计有接近30万斤的产量。二号基地是今年新投入的，主要是做产学研的示范基地，总面积有100亩左右，主要种植一些蔬菜、葡萄、草莓和黄桃。"刘沈厅介绍。

在校期间，刘沈厅学习成绩优异，先后获得国家奖学金、百人会英才奖、成都榜样·身边好青年等。2015年，刘沈厅以"成电十大杰出学生"的荣誉，顺利毕业并获得电子科学与技术专业硕士学位。

"我回家创业得益于党的好政策，当时彭山作为全国深化农村土地改革试点区，让我有信心在广袤农村也能够作出成绩。"2016年回到彭山，刘沈厅流转土地130亩，开启了自己的回乡创业之旅。

起初作为一名"门外汉"，刘沈厅被现实"上了一课"。由于技术匮乏，最开始他种植了80亩猕猴桃、50亩晚熟柑橘。但因作为底肥的有机肥发酵不充分，结果这80亩猕猴桃全被"烧死了"。眼看辛苦的投入打了水漂，走投无路之时，当地政府主动帮助他用两权抵押贷款了30万元。

为了补齐自身短板，刘沈厅积极参加各种技术培训，掌握了晚熟柑橘的种植技术。2020年，他的农场售果30多万斤，实现营收150多万元，用3年的时间实现了华丽的转变。农场每年为周边农民提供约40个就业岗位，人均每年增收2万元，不少贫困户在他的带动下脱贫致富。

同时，依托学校时期搞科研的劲儿，他还主动搞起了"发明"。除了广泛应用科技设备，刘沈厅现在正把农场打造成一个产学研示范基地，时常会有电子科技大学、省农科院、四川农业大学等高校和机构的学生和专家来参观交流，内容包括AI智能识别、物联网智能大棚、互联网直播电商等新技术和新理念方面的应用。

"作为一个'新农人'，我将根据乡村振兴的发展要求，带动更多的农民致富增收，为推进农业农村现代化，实现建成社会主义现代化强国第二个百年奋斗目标贡献自己的力量。"刘沈厅说起未来的发展，更是信心满满，他将带领一批有知识、有文化、懂农村、爱农业的年轻人，投入到农村中，让他们能够用自己的知识和文化，带动更多的人一起做好产业，一起实现共同富裕。

（资料来源：《中国社会报》，2021年12月16日）

思政述评

让刘沈厅"红"的，是他的高学历和"职业农民"的身份差异。返乡创业5年，历经多次挫折的刘沈厅内心中逐渐坚定了一个认识：农民是一个职业，不是身份，它是和老师、医生、工程师等一样的充满希望和挑战的职业，在广阔的农村天地，青年人可以有一番作为。

案例13 吴文高的三次"触网"

案例呈现

晚上9点，当大多数人准备休息的时候，吴文高和妻子谢玉华却开始了一天当中最紧张的一项工作——他们的香芋南瓜要在这个时间段完成在美团优选仓库的配货。

在位于江西赣州综合保税区的仓库内，加工人员正在将种植户送来的蔬菜按照销售规格进行筛选、打包；后端则会根据用户在平台的下单情况，第二天准时配送到居民手中。

"今年我们刚开始种香芋南瓜就对接了社区电商，销路和价格都很稳定，农民也能实打实赚到钱。"吴文高说。

第一次"触网"——"二道贩子"吃了品控的亏

吴文高的微信头像是一个写有"吴哥哥果园"的LOGO，地区显示的是江苏无锡。无锡的"水果哥哥"为什么在赣南卖香芋南瓜呢？

原来，吴文高做农业、"触网"的起点是在无锡。

1999年，吴文高考入中国科学技术大学成为村里第一个大学生。毕业后一直在江苏、上海等地工作，到了2011年时已经是无锡一家企业的中层。那年，一名吴文高此前并不相识的老乡拉着家里卖不出去的脐橙来到无锡，但是半个月过去，2万斤脐橙也只卖出去1万斤。无奈之下，老乡辗转找到吴文高，希望他能想想办法。

"当时也没接触过农业，但想着既然是老乡就得帮忙。正好那个时候流行用QQ，我在几个群里也比较活跃，就把卖脐橙的消息发到群里了。"吴文高告诉记者，起初，他只是简单描述自己这里有新鲜脐橙，配上了照片，没想到感兴趣的人很多，3天就把1万斤脐橙卖出去了。

"我跟爱人分工，她负责登记信息，我来安排路线，算是开始了我们第一次的创业尝试。"尝到互联网代销脐橙甜头的吴文高，准备第二年扩大规模，却遇到了大麻烦，"我们对品控都不太懂，销路也不固定，就带着货去农贸市场碰碰运气。"

结果这一去不要紧，吴文高认识到了与真正扎根农业的差距："那时老家的脐橙都是带着叶子摘，有时下雨后也会摘，结果发现人家农贸市场早有严格标准。"脐橙不能带把带叶，容易互相戳碰导致损坏；雨后不能采摘，容易腐烂；果子要分级，不能"一筐筐"……一项项细微的要求让吴文高傻了眼，一下亏了3万多元。

吴文高下定决心，辞去城市的工作，专心做农业。吴文高算了算，从2011年至今，他的投入已经达到1000万元。"说来也巧，我的第一次'触网'就接触了社区团购的雏形。"吴文高向记者回忆他这个QQ群里"二道贩子"的变身经历。

第二次"触网"——卖完2万斤只需两三个小时

午饭时间，一盘清炒香芋南瓜端上桌来，从外观上看与普通的炒南瓜没什么不同，但是一口咬下去，非但没有一般南瓜那种绵软腻口的感觉，反倒多了几分脆爽。味道也是先发甜，乍一品尝有些突兀，但细嚼之后甜味便不那么重，留在嘴里的是清香。

"这就是香芋南瓜独特的口感，也是广受消费者欢迎的原因，相比普通南瓜和贝贝南瓜，在个头儿和口感上都更适合现在的消费者。"吴文高介绍。

其实在种香芋南瓜之前，吴文高选择的是售卖期较长、客单价较高的黄金百香果。当年，市场上的黄金百香果一个可以卖到3～5元，同时果品便于物流运输、适合做电商。但百香果投入较高，每亩要六七千元，而且受天气影响很大。4月至6月是百香果花期，假如那几个月雨水多，当年就得亏本。

因此今年，吴文高开始改种南瓜。他调研后发现，南瓜的市场规律是"越小越值钱"。而赣州农村一般种植单个重十几斤的老南瓜。老南瓜体型巨大，在互联网平台上卖不动，只能切成几小段，在本地市场卖。

于是，吴文高和谢玉华在赣州市安远县孔田镇太平村流转了200多亩示范基地，吸纳近50名农民种植个头更小的香芋南瓜。让农民改变种植习惯不是一件容易事，为了取得老乡的信任，吴文高带头示范，香芋南瓜也取得了大丰收。

然而新的问题摆在了面前：由于前期产销对接不畅，新品种的市场认可度低，销量惨淡。这让吴文高想起了当年卖脐橙时的尴尬，不同的是，这次他要承担的风险更大。为了保证给农民的钱按时发放，吴文高甚至找朋友借了2000元周转。

转机还是来自"触网"，今年7月底，吴文高联系到美团优选平台，上线了香芋南瓜和冬瓜。让吴文高这个老网民也没想到的是，2万斤冬瓜不到2小时便被抢购一空，2万斤香芋南瓜也在3小时内售罄。

看到销量见好，美团优选的工作人员跟吴文高商量，除江西之外，要把香芋南瓜"复制"到福建、广东、广西、湖南等更远的地方去。一个想法也在吴文高脑海中逐渐清晰："与农户形成利益共同体，带动他们致富。"

吴文高打算把在城里学到的"消费者喜好"输出为一套标准，手把手教给农户。农户种出符合标准的农产品后，吴文高再提供平台。"这样，整个链路就通了，我负责保障农产品的品质，运营和对接销路的事交给社区电商的专业人士打理，对农民来说风险最小。"吴文高说。

第三次"触网"——带动更多小农户对接大市场

最近，赣州市南康区太窝乡农民李君祥找到吴文高，打算明年跟着一起种香芋南瓜，"我跟吴文高是校友，之前一直在家开挖掘机，了解到吴文高的香芋南瓜后，我也想试试。"

一个多年不搞种植的农民"重新拾起锄头"，这给吴文高出了一个难题。他拉着李君祥找到赣州有名的"柚王"梁凯，商讨几个关键问题。

"除了种植，香芋南瓜还有没有其他需要关注的环节？会不会有风险？"李君祥问。

"确实，现在最大的问题还是储存和加工，你看，南瓜摘下来就只能暂存在村里废弃的烤烟房旁。"吴文高很无奈，香芋南瓜上市前的工序仍显原始，这也是目前制约他扩大规模的瓶颈。

"我这里空间大，要不我把厂区提供给你们？"梁凯给出了方案。梁凯的凯大农场同样位于南康区，离美团优选赣州仓库和李君祥都很近，储存场地条件更好，还能够用上自动化分级筛选设备。李君祥的顾虑打消了，吴文高也准备把香芋南瓜的加工厂建在这里。

梁凯种了大半辈子柚子，作为"农业老人"的他，在与吴文高的接触中渐渐认识到了互联网对农业的改变，"与美团优选合作后，吴文高的农产品从过去一度'卖不动'变成了'不够卖'，电商的作用确实显著。"

"为什么小农户往往难以直接对接大市场？就是因为小农户要去搜索市场信息、寻找营销渠道、定位细分市场，还要有一套物流系统，跟市场打交道的成本特别高。所以我们需要通过数字化、信息化的方式把这些农户连在一起。"中国农业大学副校长林万龙说。

今年2月，中共中央办公厅、国务院办公厅印发《关于加快推进乡村人才振兴的意见》。该意见指出，加强农村电商人才培育。提升电子商务进农村效果，开展电商专家下乡活动。依托全国电子商务公共服务平台，加快建立农村电商人才培养载体及师资、标准、认证体系，开展线上线下相结合的多层次人才培训。

林万龙表示，一切产业组织模式内在的推动力，都是降低生产者和消费者之间连接的交易成本。比如生鲜电商集中采购的模式，加上有一定规模性和集约经营能力的新农商，更有利于降低小农户跟消费者打交道的交易成本，促进农民增收。

接受完记者的采访，吴文高又要拉上梁凯一起去云南，对接更多的香芋南瓜上下游客户。在吴文高看来，构建稳定的利益联结机制、扩大产业链的宽度，是必须迈出的步伐。

更多像吴文高一样的人也在成长，据统计，目前我国社区电商业态已缔造数十万"新农商"，其中与美团优选平台对接的就超过10万人，他们正成为衔接小农户和现代农业的重要一环。

（资料来源：《农民日报》，2021年12月17日）

思政述评

曾经，离开面朝黄土背朝天的农村生活，是很多农村大学生的梦想。如今，看准农业生产向规模化、机械化、科技化、现代化转变的机会，一些大学生毕业后，选择走进田间地头，把青春播撒在希望的田野上，成为新型职业农民，让"谁来种地、怎么种地"的时代课题有了新答案。他们不仅为农业生产插上了科技的翅膀，也为农业发展插上了信息的翅膀，让新耕作技术走入人心，让新农人的路越走越宽。未来，会有更多像吴文高一样的年轻人将扎根农村、服务"三农"、为民创收，在乡村振兴的道路上作出新突破！

案例14　王林辉：退伍返乡当上"牛司令"

案例呈现

湖北省枣阳市七方镇地处鄂北，是汉光武帝麾下大将马武的故里，是省域副中心城市襄阳市的重要卫星城镇，也是襄阳地区重要的畜禽商品生产基地。

"牛司令"王林辉就出生在这里，从小在田间地头长大的他，农田是他的游乐园，牛就是他儿时的"小伙伴"。皮肤黝黑、精干结实的王林辉从小就有一个"将军梦"，毕业后顺利进入部队成为一名战士，2009年退伍后，他外出闯荡多年。

2011年，王林辉怀揣着带领乡亲建设家乡的梦想，回到家乡七方镇安庄村创业。"作为一名退役军人，在返乡创业、建设家乡的路上我也绝不能退缩。"王林辉说。

回到家乡，说干就干。在父亲的农场打工，一边向乡亲学习种植技术，一边努力学习新技术。经过几年的历练，王林辉发现安庄村干旱贫瘠，种植小麦、玉米、花生等农作物，产出有限。但是肉牛价格近几年十分稳定，七方镇30多万亩的小麦、玉米秸秆可为发展养殖提供充足的饲料，发展肉牛养殖前景可观。2013年，王林辉在亲戚朋友的资助下，投资50多万元，接手一家肉牛养殖场，流转土地100多亩，成立犇盛家庭农场。

为掌握肉牛养殖技术，王林辉跑遍周边40多个村拜访100多位养殖大户；各类畜牧养殖培训班，他更是一期都没落下。渐渐地，他逐步从一个"门外汉"成为行家里手。家庭农场肉牛养殖规模从最初的20多头发展到现在的100多头。

"本小利薄，小规模养殖一年忙到头赚不到几个钱。只有扩大养殖规模，才能节约成本、增收致富。"王林辉说。

2016年冬天，王林辉贷款一次性从内蒙古通辽购回体型大、生长快、饲料转化率高的"西门塔尔""夏洛莱"品种肉牛90多头。然而，与本地肉牛混养后，30多头牛陆续得了肺炎。王林辉没日没夜地守在牛棚，半个月不到就损失十多万元。

心急如焚的他，四处找畜牧专家会诊，终于找到症结。原来，王林辉接手的养殖场是南北走向，通风不畅，采光不好，加之引种前没有做好防疫，经过长途运输后又不采取隔离措施，混群养殖最终造成牛应激反应大，出现发烧、咳嗽、拉稀等。

经过人工授精的母牛在繁殖期间习惯性流产这一难题一直困扰着王林辉，他不断在实践中摸索尝试，不停地向当地专家请教，邀请畜牧专家上门传授技术，最终掌握一整套饲料管理、病疫防治、科学繁育技术。

在专家的指导下，经过半年的建设，6个标准化、规模化的养殖场建成，让王林辉的事业迈向新的起点。

如今，犇盛家庭农场投资360万元，固定资产投资275万元，建设标准化牛舍6栋、青贮池2座、草料仓库1栋，并配套相应现代化养殖设备。农场年出栏肉牛200多头，小牛实现自繁自育，饲料实现自产自给，养殖成本大大降低，养殖效益大幅提升，去年经营收入达417万元。

农场走上正轨，王林辉的日子好起来了。为了带动更多的农户奔向致富路，王林辉采取"家庭农场+养殖基地+农户"的模式，网罗周边5户农户发展肉牛养殖，家庭农场提供种牛、饲料、养殖技术，负责回收、销售，这一模式被七方镇大力推广。

62岁的彭延华的妻子长年患病，夫妻俩把5头小牛寄养在犇盛家庭农场并在这里打工。农场管吃管住，每月还发2000元工资，夫妇俩年收入达3万余元，彭延华逢人就说王林辉的好。

2017年以来，犇盛家庭农场与9户农户签订肉牛寄养协议，由家庭农场为没有劳动能力的农户提供肉牛寄养服务，农户寄养5头牛，每年每户分红7500元，家庭农场还提供5个就业岗位。

"多年的付出，终于有了回报！从小我就跟牛亲近，我还是喜欢养牛，我就想当'牛司令'。"王林辉说。

（资料来源：《农民日报》，2021年12月16日）

思政述评

我国农村市场发展潜力巨大，在乡村振兴的大背景下，在人社部门政策支持和贴心服务下，越来越多人加入到返乡入乡创业的队伍之中，他们在提高自身收入的同时，增加就业，带动群众脱贫致富，促进当地经济发展。"牛司令"王林辉在返乡创业过程中，能够更好地利用自己的专业技能为乡村发展注入新的动力和活力，促进农业农村的现代化发展。他是军人的骄傲，也是返乡创业人的骄傲。

案例15　朱家宝：一位"95后"的数字乡村梦

案例呈现

"95后""大学生村官""卖桃书记""全国优秀共青团员""中国青年好网民""山东省乡村'好青年'"……朱家宝身上的标签很多，每个标签都是他奋斗路上的生动注脚。大学毕业后，朱家宝毅然返乡，冲在脱贫攻坚最前沿、乡村振兴第一线，发挥专业所学发展网络经济，通过电商直播带动群众增收，不断破解数字乡村"基因密码"，闯出了一条快递电商融合发展的乡村振兴之路。

"乡村振兴的时代大潮呼唤更多有为青年，扎根基层、服务父老乡亲，更显年轻人的责任与担当。"朱家宝在乡村找到了事业的支点，也用自己的青春年华和聪明才智，为这片希望的田野注入新的生机和活力。

"到了我回报社会的时候了"

选择投身基层，这与朱家宝早年的成长经历分不开。1995年，朱家宝出生于山东省济宁市微山县一个农村家庭，原本快乐无忧的童年却在6岁时因父亲病逝戛然而止。母亲带着他回到外公家居住，后被政府列为建档立卡贫困户。

十年寒窗苦读，2014年8月，朱家宝终于收到了大学录取通知书。可困难随之而来，入学需要缴纳学费，但是家中拮据，要拿出这么一大笔钱，实在是捉襟见肘。正当全家一筹莫展之际，由共青团济宁市委组织开展的"希望工程——再圆学子梦"爱心助学行动雪中送炭，为他送来5000元的圆梦助学金。"本来很无助的我，一下有了希望"，当时的场景，朱家宝历历在目。在这笔助学金的帮助下，他得以进入山东管理学院市场营销专业学习，重新点燃了求学的希望。

入学后，经过学校摸底、审核、确认，朱家宝拿到了第一笔国家助学金。为减轻求学负担，他在辅导机构做过助教，在酒店当过服务员，申请过勤工助学岗位。他始终不敢放松学业，勤勉学习，综合测评成绩一直保持专业第一，还多次获得国家奖学金、励志奖学金。

四年风雨兼程，朱家宝抓住一切可以锻炼自己的机会，他担任班长，积极参与学生会工作，带领所在班级获得山东省先进班集体，成为学院学生会组织的骨干力量。2017年7月，他光荣地加入了中国共产党。

朱家宝深知，是国家和学校托起了他改变命运的希望。感恩之余，他时常思考怎么能为学校、为社会多做一些事情。在学院老师们的指导帮助下，他参加了暑期"三下乡"社会实践活动，成立了鲁志调研团，组织十余名志愿者到济宁、菏泽、临沂等地13个行政村300多户村民家中走访，开展"三农"调研。他们发放整理问卷，了解村民的收入水平、经营方式等，并形成调研报告报送中央有关部门。

学习市场营销的朱家宝也在专业方面进行实践，组织开展"萤火虫"农村电商扶贫活动。他十分喜欢"萤火虫"这个名字，"萤火虫个体很小，但集合起来便似点点繁星，给人以光明和希望的温暖，点亮群众脱贫致富的方向。"通过团县委的联系对接，他在家乡微山县，用学到的电子商务和市场营销知识，销售当地特产鸭蛋，还手把手教一部分新农人开设淘宝店铺，为他们打开网上销路。

生于农村、长于农村，这份成长经历，让朱家宝更加明确了人生方向，那就是回到农村、反哺农村。

2018年大学毕业后，他毅然放弃省城的工作机会，响应"青年到基层成长、在基层成才"号召，考取山东省选调生，到金乡县兴隆镇兴隆村担任党支部书记助理。

选调村官变身"卖桃书记"

驻村伊始，朱家宝的日常工作就是走访、扶贫、整理党建材料等。起初，村干部和乡亲们都觉得这个小年轻是来基层镀金的，待两天就走，对他并不在意。面对冷言冷语，朱家宝没有心灰意冷，"与其和他们争辩，不如用实际行动表达"，他暗下决心，一定要好好干，用成绩说话。

从那之后，朱家宝经常出现在田间地头、贫困户家中，笔记本上密密麻麻记满了村民的诉求，脚下虽然沾满了泥土，心中却逐渐摸透了村情民情。

入职3个月后，在一次主持兴隆村党员大会时，朱家宝了解到村民遇到了冬桃滞销的难题，老党员张西文与几户村民在4年前种起了冬桃，2018年是第一次开花结果，但市场认可度低，1万多斤冬桃卖不出去，就快要烂在地里。经过调查，朱家宝发现，这样的情况在兴隆村不仅张大爷一家。当时兴隆村共有桃农4户，桃园13亩，年产冬桃近2万斤。因为是第一年种，桃农需要自己想办法卖。

朱家宝大学学的是市场营销专业，又熟悉网络。能不能帮助村民在网上卖桃呢？但刚一提议，村民的质疑声就纷至沓来："那么年轻会干什么？知道桃是怎么种的吗？""网上能卖出去吗？""货发了收不到钱咋办？""发快递，这桃磕坏了算谁的？"……村民对电商这种"看不见摸不着"的东西有些怀疑，面对各种质疑，朱家宝并没有打退堂鼓，反而暗下决心："村民们越是怀疑，我越要干出个样子！"

平时喜爱刷微博的朱家宝灵机一动，想到通过微博帮助村民卖桃。在村"两委"的支持下，他开设"兴隆村官朱小宝"微博账号，没想到，第一条微博发出去当天，浏览量就达到3万多，上万斤冬桃3天内销售一空。见此情形，其他桃农纷纷找到朱家宝，开始借助他的微博出售冬桃。朱家宝和村"两委"因势利导，成立冬桃产业合作社，搭建起电商平台，还吸纳了几名贫困户参与到冬桃包装中来。这样不仅增加了村里的集体收入，也让桃农亩增效益2000多元。也因此，朱家宝被村民亲切地称为"卖桃书记"。

2019年，朱家宝趁热打铁，为兴隆村冬桃申请"兴隆大桃"标识，本想按照上一年模式进行第二次卖桃时，却碰到了更大的难题：冬桃价格低，镇上其他村桃农种植的40多亩桃园10万多斤冬桃销售无门，只能低价售卖。倾听村民诉求后，朱家宝紧急联系山东管理学院等高校师生，联合打造"买卖兴隆"网上商城，对接多个电商平台发起助农活动，开辟网上购买直通车，通过实地取景、发短视频、抖音直播等方式，最终将全镇滞销的10万多斤冬桃全部售空，网络销售额达到40余万元，让桃农获得了更多收益。

为搭建选调生和大学生村官学习、交流、借鉴的平台，朱家宝还借助团中央开展"我和我的家乡"、微博"百县千红新农人"等活动契机，牵头成立了齐鲁青年矩阵，开通微博"齐鲁青年矩阵"话题，吸引了济南、济宁、临沂等多名大学生村官加入。"矩阵的成立，不仅吸引了越来越多选调生加入，还真正在齐鲁农村落地生根，取得了流量转化为真金白银的明显效果，让微博'刷'出致富路模式在济宁生根发芽。"朱家宝高兴地说。

破局发展网络经济

2020年，朱家宝驻村期满，成为金乡县兴隆镇工作人员。当地工业基础薄弱、地理位置不优、交通物流不畅，如何破解发展困局？考验着青年干部的能力和本领。面对种种制约，朱家宝转变思路，争取镇党委、政府支持，发展起网络经济。

由朱家宝牵头，规划建设了数字兴隆直播基地、买卖兴隆物流中心、人才兴隆孵化平台，打造12个电商直播间，招引13家电商企业入驻，对接5所高校、79名大学生开展电商助农行动。此外，他还动员第一书记、选调生、乡村好青年等年轻力量走进电商直播间，将苗刘村的甜瓜、杨堂村的金银花等特色农产品连上了网络大市场，当年实现网络销售额3200万元，以全市第四名的成绩创建成济宁市首批电商直播基地。

在带领群众脱贫致富的小康路上，朱家宝从没有停下过探索的脚步。发展电商，物流很关键，但"快递量小""快递成本高""收寄快递距离远"制约着全镇电商产业的发展。为了打通电商发展的物流链，他开展快递进村试点项目。起初，快递企业不理解、各村超市不配合，他就逐村逐店上门做工作，帮助企业选定店址、协调租金价格、配备乡村快递运输车……最终建成一个镇级公共物流配送中心、34个村级快递便民服务站，构建了物流到县、快递到镇、配送到村的物流体系，在全市率先实现快递进村全覆盖，让老百姓在村里就能拿到快递，成为全市首个实现快递进村全覆盖的乡镇。

"全力以赴是把工作做得更好的秘诀所在。"朱家宝积极研究上级政策，全力争取资金项目，他亲手撰写的近百页申报材料，成为破解"数字基因"密码的关键。在他努力下，兴隆镇获批山东省数字乡村首批试点乡镇，成为济宁市仅有的3个省级试点乡镇之一，此外还点亮了济宁市电子商务示范镇、济宁市快递进村试点镇等十余项金字招牌。

"现在的兴隆镇，数字元素融入了基层社会治理的每个场景，正在改变群众日常的点点滴滴。"朱家宝介绍，兴隆镇以山东省数字乡村试点乡镇建设为契机，集中攻坚线下基础建设，包括覆盖全镇的5G网络和各种物联网终端传感器。同时，通过对居民信息、基础地理、卫星遥感等各类数据的收集整理和智能分析，搭建兴隆镇数字乡村信息服务平台，做全镇数字乡村指挥运营中心的"大脑"和"眼睛"，让社会治理、产业发展、民生服务数字化运营可见、可管、可控。

做好一件工作容易，难的是件件工作都做好。朱家宝兼职三个部门，承担六条业务工作线，加班加点是常有的事，但他说"自己多累一点没什么，就怕工作不出色"。在疫情防控工作中，他承担电商企业服务保障、快递行业风险防范、智慧防疫技术支撑任务；作为包村干部，他坚持值班值守，认真落实各项防控任务；在承办的现场观摩活动中，他既要做好文字材料起草，又要做好活动现场准备，还要担任现场讲解；作为基层理论宣讲员，他让党的"好声音"飞入寻常百姓家……"年轻有活力，上进又好学，不怕苦和累，工作交给他，放心！"是领导同事对他的一致评价。

2022年11月，朱家宝又来到了新岗位，他被任命为金乡县鱼山街道党工委委员、宣传委员、武装部部长。鱼山街道是山东省首批乡村振兴齐鲁样板示范片区，朱家宝深知自己肩上的责任，"我要用自己的专业能力，为打造数字乡村提供智力支持，利用自己'网络特长生'的优势，为乡村振兴注入数字动力。"站在新起点、踏上新征程，朱家宝将继续在服务群众的第一线贡献力量，为金乡这片土地倾情奉献，争做全面推进乡村振兴的排头兵。

（资料来源：《农民日报》，2021年8月26日）

思政述评

朱家宝从"受助者"变为"助人者",从被希望工程资助,到帮助农民脱贫;他投身农村基层建设,十年苦读跳出"农门",学成归来又反哺乡村;他是"95后"选调生,从寒门学子到乡镇干部,凭着年轻人的拼劲、干劲、闯劲,努力练就服务群众的真本领。4年的基层工作,让朱家宝褪去了校园的青涩,成长为一个和乡亲们打成一片,带领群众走向致富道路的村干部,在农村大地上书写一个年轻人的胆识和担当。

案例16 高颜值女大学生毕业养猪,就业不只是"转变观念"的事

案例呈现

最近就有这么个热搜词条,"24岁高颜值女孩回应大学毕业养猪"。这名叫孙卓的女大学生,兽医专业毕业后在养猪场做技术员,每天早上6点起来给猪喂料喂水,再为猪诊断有没有疾病,然后在下午四五点下班,年薪大概10万元。

在此之前,原本只是想单纯记录和分享养猪生活的她,没有想到会受到这么多人的关注。

24岁的孙卓,是湖南新五丰股份有限公司(以下简称"新五丰")生产技术中心的一名技术员。如今的日常工作,是通过分析比对养殖数据,为各猪场提供技术服务。

在孙卓走红的标签里,有这几个关键词:"24岁""高颜值""女大学生""养猪"。有人称呼她为"湖南养猪西施"。"很幸运也很感谢大家看到和喜欢,有些受宠若惊,也希望大家更多地关注到养猪行业本身。"孙卓说,伴随着夸赞,也有一些质疑的声音,有人说她是摆拍、是炒作,也有人好奇为什么长相如此甜美的高才生会选择养猪?

不愿被"孔乙己的长衫"束缚

孙卓进入养猪行业，是偶然，似乎也是必然。

溯其原因，她说，可从高中说起。"读高中的时候，我学习的是理科，生物成绩比较好，而且我一直都挺喜欢小动物。"这也是孙卓高考志愿填报山东农业大学动物检疫专业的原因。

毕业季，在考研还是就业的选择中，孙卓选择回湖南老家工作。

"因为没有养过猪，还是比较新奇的。"抱着如何才能养好一头猪的好奇，她进入了新五丰，从事和自己专业相关的养殖工作。

读了这么多书为什么去养猪？

年轻又漂亮为什么想不开要和猪做伴？

面对这些不同的声音，孙卓称："我其实能理解他们的想法，但每个人都有自己的选择，都有自己热爱的东西，不是吗？"

在孙卓看来，每个行业都应该得到尊重，他们都在不同的领域努力地释放着自己的光彩，三百六十行，行行出状元。

"我们不应该被孔乙己的长衫束缚，努力打破学历的限制，探索人生更多的可能性。"孙卓说。

当父母得知孙卓要去养猪，也十分支持。甚至笑称，在肉类消费量里，大家吃得最多的是猪肉，养猪起码不会失业，并叮嘱她要踏实用心地干。

美少女的"撸猪"快乐

决定养猪，孙卓是做好了吃苦准备的。

在很多人的印象里，养猪场的环境可能会是"脏乱差"。起初，孙卓理解的养猪，也是需要饲料自己喂、猪粪自己铲。

入职后，她被安排在了吉鑫猪场，成为一名饲养员，负责照看一个猪舍的500余头猪。

结果，第一天上班，孙卓就被惊艳到了。

"和我想象的不一样，现在很多猪舍都是全场自动恒温环控、里面水回收雾化除臭，投料、饮水、除粪工作都采用自动化管理。"孙卓说，而且每一头猪都有自己的耳标，就像人的身份证一样，只要通过这些耳号将猪的信息录入数据系统，就可以分析母猪的生长情况。

因为一开始就对养猪充满好奇和热爱，所以即使是封闭枯燥的猪场生活，孙卓也总能在其中找到乐趣。

"我遇到过一头很聪明的猪，因为我老是在它面前晃，我也喜欢去撸它一下，时间久了，它就认识我了。"孙卓说，只要自己一路过，猪就会凑过来让她去撸。

最开始孙卓以为猪毛应该是软软的，但摸的时候，发现猪毛甚是扎手。

在孙卓看来，猪场工作中，最难的是给猪打疫苗，"一头成年的猪，大概有200多公斤，面对这个大家伙，我有些招架不住。"

她也有过被咬的经历，有一次给猪调栏，在看猪的耳标的时候，被咬了一口，还好当时穿着很厚的鞋子，虽然没有被咬伤，但还是很疼。

"现在猪场的生物安全非常严苛，为了把疫病排除在猪场外，我们进入猪场需要洗好几次澡。"孙卓说，这段特别的养猪经历，也让她对如何养好一头猪有了更深刻的理解和认识。

现在是用"数据"养猪

基层锻炼后，孙卓来到了生产技术中心，肩负了更加重要的任务。如今的孙卓不仅要奔波于多个猪场之间，更要挖掘出养殖数据背后的故事。孙卓介绍，"在新五丰，所有技术岗位的员工几乎都有在基层锻炼的经历。"以她为例，只有熟悉了解一线的工作，才能知道每个数据波动背后的原因是怎么导致的，才能进而提出解决方案。她介绍，大数据的运用，能极大提高养猪场的生产效率和生物安全。

"就算人不在猪场，也能把猪场的情况摸得一清二楚。"孙卓还打了一个生动的比方，一组数据，就像是一头猪的成长档案，能够实时检测和追溯生猪入群、出栏，实现保育、出栏、售卖、运输、屠宰全生命周期数字化管控。

孙卓现在负责的不仅仅是她原来的一个猪舍，而是全公司100多个猪场的数据整理与分析。经常需要下到公司的各个猪场，去检查猪群的数据填报是否真实、准确、及时。

有时也会需要下到全省的各个猪场进行数据培训，面对新挑战，孙卓充满干劲。每次培训，她都会十分用心地提前准备分享的内容。

成为"猪猪女孩"需要具备的品质

火了之后，也伴随着一些质疑的声音。有人说是摆拍，也有人说是炒作。

最开始看到这些评论，孙卓会焦虑，也会想证明自己。

由于工作岗位的调动，她一有去猪场的机会，就会拍一些在猪场工作的照片和视频，证明她不是摆拍。

"现在释然了。"孙卓表示，我确实是在干这个事，通过自己分享，也让更多人关注和了解到了养殖行业，这是一件很有意义的事。

受到关注后，有很多人在她的分享评论里表示也想养猪。

孙卓说，很高兴能看到这样的评论，"但养猪并不是一件轻松的事。"

她总结了几条当代"猪猪男孩""猪猪女孩"需要具备的品质。

"需要耐得住寂寞。"由于对环境、土地要求较高，养猪场大多建在偏远山区，封闭式管理。可能生活就是与猪为伴。

"需要细心、有爱心。"孙卓说，像照顾小猪仔，肯定是要细心的。

"需要善于学习。"养猪也是一个需要不断学习的行业。你爱这个行业，才会钻进去。

如今，越来越多的年轻人，加入了养猪人的队伍里。

新五丰的一名工作人员表示，"像孙卓这样的90后年轻人，公司占比约有四分之一。"关于未来，"猪猪女孩"表示，会继续分享一些养猪的日常，做最美的自己。

（资料来源：红网，2023年3月11日）

思政述评

和大家想象中的"猪圈"饲养员不一样，"安猪拉baby"，大眼睛，高鼻梁，黑长直的秀发，精致的着装。和她分享在社交平台的日常工作生活图片和视频相比，眼前的女孩更漂亮、灵动。这位新生代"养殖员"，颠覆了人们对养殖业的传统认知。除开颜值，孙卓的爆火，同时也和如今的就业焦虑不无关系。但和之前"211硕士吐槽毕业月薪5000"相比，另一种心态在年轻人中蔓延——谁规定大学生就不能做看上去"很简单"的基础工作？当新一代人急着想脱下长衫的时候，社会也亟待完成这种转变——往基层走，并不丢人。曾经许多人眼中"瞧不起"的基层一线工作，其实是年轻人磨炼意志、增长本领最好的熔炉。读好"无字书"、进好"百家门"、行好"万里路"，才能学到活知识，练就真本领。越来越多的大学生开始领悟，脚下沾满的泥土，也会化作心中的肺腑真情。

案例17　齐维天：做强中国"种质"　青年责无旁贷

案例呈现

疏密有致的树林，宽敞的平地，散落在林间的木屋酷似一个个小别墅，阳光透过树梢，在地面上投下斑驳的光影。若不是鸡群在林间徜徉踱步，很难想到如此惬意的地方会是一个养鸡场。

清晨上班后的第一件事，齐维天会先去林子里转一转，不时有鸡群围上来和他"亲近"。走近观察，这些鸡羽毛蓬松、色黄，煞是好看；姿态昂首挺胸，颇为"傲娇"。

"五指、凤头、毛腿、胡子嘴——这是'北京油鸡'这一优良肉蛋兼用型地方鸡品种的标志性特征。对本土古老传统畜禽品种的好奇，以及立志保护和发扬这些本土品种的信念，是我选择在养殖场工作的一大原因。"齐维天说。

齐维天供职的绿多乐农业公司位于北京市东北部的顺义区张镇，境内涵养的大片林地，为发展"林—草—禽复合生态系统"提供了得天独厚的资源环境。

从小就对各种动植物产生浓厚兴趣的齐维天是一个"90后"，随着年龄增长，对生物学、博物学的喜爱与日俱增。留学澳大利亚期间，齐维天毫不犹豫地选择了农学专业，"这为我日后择业、投身农业打下了基础。"

学成回国后，齐维天一心"想做一些不一样、差异化的农业"。在他看来，"与众不同是一件很酷的事。差异化不仅能提高农产品市场竞争力，还能在农产品同质化的市场竞争中摆脱价格与产量竞争的'怪圈'。"

留学海外的经历，加上在国内从事养殖业的历练，齐维天慢慢觉得"有些知识不够用了，还需要继续学习国内外最新行业知识和技能"。

在一次公司和北京市畜牧总站合作开展的项目中，齐维天获悉中德青年农业实用人才能力建设项目即将启动的消息，很是兴奋，萌生了报名"入学"的念头。

"上大学时，我就对家禽和蔬菜的原始品种非常感兴趣，所以我抱着能和德国专家及青年交流的初衷，希望能接触到更多最新种质资源知识和信息，同时希望能学习德国先进的家庭农场运营模式和管理方法。用国际化眼光和专业积累，梦想有朝一日能建一个自己的精致综合家庭农场，围绕种质保护、品种研究、动物福利等领域开展工作，为强大中国种质资源做点事。"齐维天说。

凭着自身农学科班出身和较好的外语水平，齐维天顺利成为中德青年农业实用人才能力建设项目学员。

"受新冠疫情影响，中德两国青年参加线上课程，通过相关视频软件进行教学，德国专家向中国学员讲授德国农业信息和知识。德国养猪产业发达，德方专家侧重于围绕猪品种差异、繁育、养殖以及圈舍建设和饲料等课题进行讲解。"齐维天说，"曾在世界动物保护协会做农场动物福利项目顾问的经历，让我特别关注福利养殖、畜禽动物行为研究的最新发展动态和趋势，这对我今后的从业方向和专业知识积累将大有裨益。"

执着于对畜禽传统品种、地方品种的兴趣，齐维天在学习中时常向德国专家询问，他们在和商业化畜禽品种的竞争中是如何保护、繁育、养殖那些本土传统品种的。

齐维天在与德国专家的交流中得知，一些全球知名的德国商业化畜禽品种就来源于本土传统品种，且最初形成的体系都有很多普通农民和农场参与育种。

"这令我印象十分深刻，也让我更加意识到种质资源就是一个国家农牧业健康发展、产业强大的基石和'芯片'。我们应加大力度保护好、发扬好我们自己的优良种质资源，降低在一些品种和技术环节受制于人的风险。"齐维天说。

他举例说，市场上对鸡肉和鸡蛋等需求量巨大，产品细分也做得比较极致。在商品鸡品种中有专用肉用鸡和专用蛋用鸡，而肉用鸡根据生产时间又分为速成鸡、中速鸡和慢速鸡，"从某种意义上说，生产速度决定了一个产品对市场占有的广度和深度。"

"这会导致怎样一种结果？哪个品种生长快、产量多、价格高、利润厚，大家就会一哄而上选择俏销品种，造成一些本土传统品种被冷落。近些年来，一些国外畜禽品种在国内的流行，从某种层面上对我们本土品种的保护和发扬带来一定影响。"齐维天认为。

（资料来源：《农民日报》，2023年4月18日）

思政述评

中国是农牧业生产大国，更是全球农牧业贸易大国。因此，我们需要有更多具备全球视野、专业素养和职业精神的年轻人，知农、爱农、学农、务农；提升中国农牧业发展水平，强大中国"种质"，增强国际竞争力，中国青年责无旁贷、大有可为。齐维天以"自找苦吃"精神，埋头苦干、勇毅前行，为强农兴农贡献科教力量。

案例18 张海彪：让梦想照亮布朗山

案例呈现

2021年12月30日，由共青团中央、农业农村部联合评审表彰的首届"全国乡村振兴青年先锋"名单揭晓，施甸县青年张海彪上榜。这是一个怎样的青年?为何能够获得这样的荣誉?

隆冬时节，走进施甸县新海家庭农场，山林间一只只鸡正在觅食。布朗族青年张海彪在林子里撒了一些苞谷，并仔细察看着鸡的健康情况。

眼前的农场占地200多亩，灌木、阔叶林、针叶林混交，80多亩是张海彪自家的，100多亩是流转来的。

2015年7月，张海彪大学毕业。是进入体制，还是自主创业?90后的张海彪选择了后者，回到了他曾经一直想逃离的大山，创办了施甸县新海家庭农场有限责任公司，一干就是7年。

一个走出大山的大学生为什么要重返山乡? 面对这样的问题，张海彪给出了他的理由。

"大学期间，老师经常带我们去实践基地观摩，在不断的学习中，我发现家乡的环境比起这些基地都更有优势。从那时起，我便有了回乡创业的想法。"张海彪说。

从小就生长在大山里的张海彪，对于养殖并不陌生。父亲是村里的兽医，这让张海彪对养殖有了先天的亲近。2011年，张海彪考上了云南农业大学，学习动物科学专业。跳出"农门"，留在城里，是许多农村孩子的理想，也是张海彪父母在他学生时代对他的叮嘱。大学期间，刻苦好学的张海彪深受老师喜爱。大四时，张海彪在学校餐厅管理的竞标中脱颖而出，成为学校餐厅的管理人员。在经营学校餐厅期间，张海彪深刻地感受到原生态农特产品的市场需求。多方信息的汇聚，更坚定了他回乡创业的想法。

2015年7月，张海彪大学毕业后，回到了家乡摆榔乡大中村，开始了以林下养殖为主的家庭农场建设。为了节约资金，一家人自己动手搭鸡棚、建农场，累了，就在简易棚子里睡一会儿。

"水电不通，就自己修建了两个蓄水池，靠收集雨水熬过了最艰难的一年；路是泥巴路，下雨天根本没有办法通车，只有在泥巴路上填沙子才能通过……"张海彪向记者回忆着创业初期的艰辛与不易。

经过5个多月的建设和努力，2015年12月，新海家庭农场终于有了雏形，张海彪又开始着手市场衔接事宜。为了把鸡卖出去，动物学专业的他硬着头皮跑餐饮连锁店、超市、农贸市场，开微店、淘宝店……

不到半年，大学生张海彪返乡养鸡的故事在摆榔乡就传开了，故事也传到了摆榔乡的对口帮扶单位人员耳中。

2016年，对口帮扶的云南中烟公司相关领导主动联系上张海彪，帮助他成立了养殖合作社，并通过他给合作社的124户建档立卡户发放了5万多羽免费的土鸡苗。刚刚起步的农场突然担负起了带领群众致富的任务，这对张海彪来说，无疑是养殖以外的另一个挑战。

如何指导群众养好鸡，如何销售出去，如何卖到好价钱，都是摆在张海彪面前的新课题。

2016年8月，小鸡脱温环节，因为管理跟不上，导致规模性疾病暴发。张海彪心急如焚，几天几夜睡不着觉，只能给母校老师打求助电话。

当母校的杨老师带着专家来到农场时，张海彪忍不住流下了眼泪。在老师和专家的帮助下，张海彪解决了小鸡脱温的难题。2016年9月，5万多只鸡苗养殖成活率达到90%以上，出栏率83%。

"经过海彪无数次动员、做工作，我开始尝试养鸡。海彪手把手教我养鸡，遇到问题就打电话给他，不管是晴天还是下雨，他总是第一时间赶来。2019年至2021年，光养鸡，我们家一年都可以赚到3万元左右。"施甸县摆榔彝族布朗族乡大中村一组村民张云福感言。

2019年7月，从福建打工回来的张云福在自己的玉米地里盖起圈舍，开始了第一批次的土鸡养殖。6个月后，通过张海彪的销售渠道，平均每只土鸡售价达到72元。尝到甜头的张云福扩大了养鸡规模，在张海彪的技术指导下，还新建了脱温室。3年多来，光养鸡的收入就达到了十余万元。

"我们的鸡养了，卖不出去怎么办？""一下子那么多鸡，我们不会养，得病死了，不是浪费粮食了吗？""我家没有那么多的粮食，哪里够鸡吃？"……村民刚开始养鸡时有很多顾虑。祖祖辈辈从来没有见过这么多鸡，村民有担心也很正常。

为了解除村民的顾虑，张海彪挨家挨户宣传动员，解疑释惑，因信息闭塞、文化水平不高，村民的问题一个接一个，解决了思想问题，养殖问题又接踵而来。为此，张海彪多次邀请母校的教授和研究生到实地对村民进行养殖技术指导，组织林下养殖技术培训100多场次，现场讲解养殖技术，帮助乡亲们解决技术难题。

面对很多贫困群众想发展、能发展，但是缺乏资金的困难，张海彪创新模式，建立农场与合作社、农户利益联结机制，低于市场价给农户发放鸡苗和鸭苗；提供固定饲料合作商并可先赊欠3个月饲料款；土鸡和鸭子出栏，农场以不低于市场的价格回收达标成品土鸡及鸭子。

有了稳定的销售渠道，越来越多的农户加入合作社参与养殖。为了更便捷地远距离运输和满足部分超市、饭店对屠宰鸡鸭的需求，2019年，张海彪在家庭农场里建起了一间400平方米的屠宰车间，购置屠宰流水线设备。有了屠宰设备的农场销售渠道更多了，可以根据客户的需求，销售活禽或配送屠宰后的成品。

通过不断的努力，张海彪创建的新海家庭农场总占地面积达到了216亩，资产规模达333万元，主要以林下养殖生态土鸡和鸭子为主，土鸡年出栏3万羽，年产值达210万元；鸭子年出栏0.8万羽，年产值达64万元；农场年产值达427.4万元；农场长期聘用员工18人，其中建档立卡户14人；采用"家庭农场+合作社+农户+市场"的运营模式，到2019年，共带动摆榔乡124户次农户进行林下规模养殖，实现农户每年增收2500～21000元。

凭着优秀的表现，张海彪先后荣获施甸县创业致富带头人、农村科技辅导员，被评为摆榔乡优秀共产党员、保山市优秀共产党员、云南省科技特派员、云南省劳动模范。他所创办的新海家庭农场被认定为市级示范家庭农场、保山市青年就业创业见习基地、省级示范家庭农场。张海彪本人在共青团保山市委举办的创业创新大赛中荣获季军。

如今，张海彪又有了新想法。他和村里的年轻人研究如何依托摆榔的700余亩古树茶资源，把施甸布朗族的古树茶做大做强，带动更多的人致富。

在新海农场，一座姬松茸种植的大棚即将建成；在新海农场附近的移民新村，一个农家乐正在建设；农家乐附近，一间茶叶加工厂房里炒茶灶、烤茶机、红茶发酵机等设备已安装完毕……这些，都是这位布朗族青年先锋不断前进的印证。

"下一步，我们几个年轻人要把农庄经营的范围扩大，在林下养殖的基础上尝试乡村旅游。争取年末把布朗山乡村旅游搞起来，吸引人们到布朗山住民宿、品美食、体验原生态，通过乡村旅游带动乡村振兴。"张海彪说。

乡村振兴刚刚开始，可青年张海彪早已准备好了，他要在乡村振兴的征程中，继续前行，留下无悔青春。

（资料来源：《保山日报》，2021年4月5日）

思政述评

在创业这条路上，在乡村振兴的时代大潮中，张海彪一直在奋力奔跑。施甸县是最美奋斗者杨善洲老书记的故乡，张海彪一直以杨善洲老书记为榜样，把对党忠诚、一心为民、艰苦奋斗、大公无私的精神品质传播到青年创业中去。90后布朗族青年张海彪，经过多年艰难创业，不仅实现了自己的人生价值，也带领家乡群众走上了致富路，用实际行动诠释了当代青年在乡村振兴征程中的责任和使命担当。

案例19　扎根牧区的"草原之子"

案例呈现

廷·巴特尔，男，蒙古族，1955年6月生，1976年11月入党，内蒙古呼和浩特人，内蒙古自治区阿巴嘎旗洪格尔高勒镇萨如拉图雅嘎查党支部原书记，党的十七大、十八大代表，第十届全国人大代表，第十三届全国政协委员。

廷·巴特尔是扎根牧区、苦干实干的楷模，凭着"让牧民过上好日子"的信念，扎根牧区近50年，探索出保护生态、发展经济、促进增收新路子，使当地牧民生产生活发生翻天覆地的变化。先后荣获"全国劳动模范""全国优秀共产党员""全国民族团结进步模范个人""改革先锋"等称号，"七一"前夕荣获

"七一勋章", 被牧民誉为致富带头人。

2021年6月29日上午, 庆祝中国共产党成立100周年"七一勋章"颁授仪式在首都北京人民大会堂隆重举行。中共中央总书记、国家主席、中央军委主席习近平向"七一勋章"获得者颁授"七一勋章"。29名为党和人民作出杰出贡献、创造宝贵精神财富的党员获颁"七一勋章"。其中, 身着一袭蓝色蒙古族长袍的, 正是被称为"草原之子"的廷·巴特尔。

作为内蒙古自治区阿巴嘎旗洪格尔高勒镇萨如拉图雅嘎查党支部原书记, 廷·巴特尔扎根牧区, 在近50年的时间里, 凭着"让牧民过上好日子"的信念, 探索出保护生态、发展经济、促进增收新路子, 使当地牧民生产生活发生翻天覆地的变化。

"感谢党中央对我的肯定, 这是我们内蒙古的荣誉, 属于全区人民。"6月29日下午, 接受媒体采访时, 廷·巴特尔由衷地说。

"继续当一个好牧民!"当习近平总书记向廷·巴特尔颁授"七一勋章"的光荣时刻, 他发自内心地向总书记如是表达决心。

"牧民"二字在廷·巴特尔心中有着至高无上的地位。

"巴特尔"蒙古语意为"英雄", 廷·巴特尔也是当地牧民心中的英雄。

从"全国优秀共产党员""全国劳动模范""全国民族团结进步模范个人""改革先锋", 到党内最高荣誉"七一勋章"的获得者, 廷·巴特尔载誉无数。但每次接受采访, 他都会强调说, 我是一名牧民, 这是我的职业荣耀。

从"将军之子"到"草原之子", 廷·巴特尔把毕生的心血献给了草原, 成为牧民群众最为信赖的带头人。

"保护好草原的生态环境, 配齐基础设施, 我们就能够过上'贵族'的生活。"在廷·巴特尔看来, 呼吸着新鲜空气, 住在田园"小别墅", 享受着城市文明, 这就是最美好的生活。

一颗红心, 只为这片草原和人民

廷·巴特尔出生于1955年6月。这一年, 他的父亲廷懋被授予少将军衔, 成为中华人民共和国开国少将之一。廷懋还先后被授予中华人民共和国二级独立自由勋章、一级解放勋章和中国人民解放军一级红星功勋荣誉章。

廷·巴特尔虽生长在父辈的光环下, 却下决心自己作出一番事业。

20世纪70年代，知识青年上山下乡。1974年，19岁的廷·巴特尔高中毕业，走出内蒙古自治区首府呼和浩特市，下乡插队到阿巴嘎旗洪格尔高勒苏木萨如拉图雅嘎查。知青返城时，他本可以回到呼和浩特，却成为同批几十名知青中唯一没有离开的人。

萨如拉图雅嘎查是一片总面积达430多平方公里的草原，地处有着"黄色野马"之称的浑善达克沙地西北部。由于超载过牧和连年的自然灾害，萨如拉图雅嘎查曾是全苏木（乡）生态条件最差、经济最落后的嘎查。

廷·巴特尔回忆：刚到嘎查时，牧民们夜里睡觉连被褥都没有，照明是棉花捻插在羊油里面点燃，写一封信寄到呼和浩特要半年时间。

面对陌生的环境，一切都需从头学起。从蒙古语到骑马、放牧、打草，廷·巴特尔每一样都用心学习琢磨，这些，对于年轻好学的廷·巴特尔来说都不是事。他用心去贴近草原，用心去贴近牧民。两年时间，蒙古语交流和牧区生产生活知识基本掌握，有些技能还成了行家里手。很快，他就融入当地，还当选了萨如拉图雅生产大队大队长。

1976年，廷·巴特尔的父亲——廷懋将军出任内蒙古军区政委、内蒙古自治区党委第二书记。与此同时，知青可以返城的政策也出台了。在萨如拉图雅知青点，大家普遍认为，廷·巴特尔肯定是第一个返城的知青。然而，出乎人们意料的是，知青们都想方设法回城了，只有廷·巴特尔选择扎根在这片北疆草原。送走除他之外的最后一名返城知青，廷·巴特尔在萨如拉图雅嘎查扎下了根。他决心为改变牧区的落后面貌，为带领当地牧民群众脱贫致富，为建设草原和保护生态环境，继续奋斗着、奉献着……

廷·巴特尔的真心换来了草原人民的信任。领导让他去经营乳品厂，廷·巴特尔欣然接受，开始四处奔走，学经验、换设备、跑销路，一年下来，硬是让濒临倒闭的乳品厂扭亏为盈，当年就营利5万多元。1981年秋，廷·巴特尔在美丽的高格斯台河畔与美丽的蒙古族姑娘额尔登其其格组建了幸福的家庭。

廷·巴特尔在萨如拉图雅不仅找到了心上人，也找到了实现人生价值的支点，加入了中国共产党。老将军廷懋送给儿子的礼物是一本党章，并语重心长地叮嘱："千万不能辜负党组织的信任。"那一刻，他感觉自己的责任更大了，肩上的担子更重了。

1993年，担任萨如拉图雅嘎查党支部书记的廷·巴特尔又一次面临考验，按政策他可以随父亲到北京工作和生活。对他来说，这次机会非常难得。但面对严重退化的草场、贫穷的牧民、已经围封的草原和他亲手绘制的蓝图，经过一夜的思想斗争，他决心留下来。他对父亲说："这里的牧民太穷了，我有点文化，我要留下来。"他的想法得到了父亲的支持。

廷·巴特尔说："全心全意为人民服务，把人民群众的冷暖时刻装在心里，是一名共产党员的责任。"

萨如拉图雅嘎查有83户牧民，如星星般散落在草原的各个角落，从一家到另一家，最远距离超过80公里。2001年，锡林郭勒草原遭受了一场罕见的雪灾。廷·巴特尔牵挂着雪灾中的每一户牧民，带领人们硬是用铁锹开出一条条通往牧户家的"雪路"，把党的关怀送到每一户牧民家里，送到每一个牧民心中。

围封禁牧，让贫瘠草原重获生机

蒙古语萨如拉图雅，意为"美丽的霞光"。嘎查所在的阿巴嘎旗，地处浑善达克沙地北缘，面积437.5平方公里。这里曾是一望无际的草原，水草肥美的天然牧场，108眼泉水汇聚而成的高格斯台河从这里流过。

20世纪80年代，由于放牧过度，草原加速退化。廷·巴特尔刚到这里的时候草原上经常泛起黄沙，环境日益恶劣。

1983年，政府实行草畜双承包。作为当时的嘎查长，廷·巴特尔承包了全嘎查退化最严重的草场。近6000亩草场，大部分被白沙覆盖，草场毗邻的高格斯台河两旁全是盐碱地。走遍了草场的每个角落，廷·巴特尔发现，传统的数量型游牧是导致草场退化的根本原因。

廷·巴特尔意识到，不能再无节制地放牧了，要让草原休息休息，必须尽快围封退化草原、禁牧沙化草地。可是草原不放牧，让牧民咋活？廷·巴特尔想，共产党员要率先垂范，"喊破嗓子，不如作出样子"。

此时，正赶上盟委、行署实施"围封禁牧、集约经营"战略。他的想法与上级政府的思路不谋而合。搞草场修复，不能一个模式。夫妻俩买来角钢，分批分类拉起了网围栏。草场分四季轮牧，打了井，还在沙化严重的草场撒播草籽、种植饲料玉米。

为了找到治沙办法，他曾走遍方圆百里的沙窝子，又托城里的父母送来优质草籽、树种，并广泛种植沙柳、杨柴和榆树，有效改善了草原生态环境。

他卖掉了自家的60只羊，圈起300多亩草场进行封育，结果第二年就打了9马车草，相当于其他牧民1000亩草场的打草量。两年后，曾经最差的草场养出了最肥壮的牛羊。围栏轮牧也让廷·巴特尔家的草场停止了退化。

2006年，廷·巴特尔又完善划区轮牧，把全部草牧场划分成9块，面积最大的一块为夏季草场，其余8块为冬春季草场、秋季草场、打草场、两块牛犊放牧场、备用草场、经济区以及生活区。草场因常年实行禁牧，产草量逐年增加，冬季饲草能够自给，经济效益翻番。

2005年返青时节，他家牧草只有9厘米高，草场植被盖度也仅有15%。到了2009年，植被高度和盖度已分别达到16厘米和35%，曾经砂石遍地的河滩旁也长出郁郁葱葱的牧草，一簇簇野花点缀其间。

如今，在廷·巴特尔的家庭牧场，草场生态得到了很好的恢复，牧草长得有成年人小腿那么高，牧场里野花野草品类繁多，有的都叫不上名字，廷·巴特尔就自己命名。生态好转了，草原上不时还有鹿、狍子、獾子等野生动物出没，偶尔还能看到迁徙途中到此歇脚的天鹅和大雁。

牧民们看到了围封轮牧的好处，纷纷进行封育和划区轮牧，在廷·巴特尔的引领和悉心指导下，很快产生了以点带面的效应。

首创"蹄腿理论"，让畜牧良性发展

20世纪末，牧民的牲畜饲养方式虽然有所改变，但增收的热情不减，羊越养越多，草场不堪重负。

廷·巴特尔看到，草场植被虽然恢复了，但草畜平衡问题还没有解决。为了进一步恢复草原生态，廷·巴特尔又开始琢磨着如何改变牧民的养殖结构。

一天，廷·巴特尔看到正在吃草的牛羊，来了灵感。按照草畜平衡制度，每5只羊折算1头牛，养1头牛只有4个蹄子践踏草原，养5只羊却有20个蹄子践踏草原；养1头牛的效益不会低于5只羊，但20只羊蹄子对草原的破坏力却远远大于4只牛蹄子。如果能减羊增牛，既保护了草原，又减轻了劳动强度，何乐而不为呢？这就是后来著名的"蹄腿理论"。

"蹄腿理论"要付诸实施有不小的阻力。他不厌其烦地向牧民做工作，让大家了解减羊增牛的好处，可当时连他妻子也不理解。家里承包了近6000亩草场，养1000只羊并不算多，且收入稳定，何必瞎折腾？

廷·巴特尔告诉妻子，草原不仅是我们的命根子，更是子孙后代的命根子。身为嘎查的党支部书记，一定要带头跟上时代，养护好我们的生态家园。最有效的办法就是减羊增牛。征得了家人的同意后，廷·巴特尔再次率先示范，带头做起了"牛"文章。他将自家的1000多只羊全部卖掉，引进了西门塔尔优质肉乳兼用牛和本地牛杂交，同时利用杂交优势育肥牛，通过多年的选育培养高产优质母牛，在少养精养下实现了生态恢复、增加收入的双赢目标。他家的牲畜虽然数量少了，但收入却比周边牧民高出几倍。

大家了解到减羊增牛的好处后，都抢着减少羊的数量，改养肉牛，牧业生产对草原的压力逐渐减小，草原也慢慢恢复了元气。在廷·巴特尔的带动下，萨如拉图雅嘎查绝大多数牧民都调整了牲畜结构和养殖模式，人均年纯收入从40年前的40元增加到现在的近2万元。

这一做法得到了政府的重视，很快在全旗和全盟进行推广。如今，嘎查50%以上的草场实施了标准化划区轮牧，牲畜改良比重达到98%。

无私无畏，脱贫路上坚定带头人

生态好转了，对于草原的未来，廷·巴特尔又有了更高的追求。如何让贫困的牧民尽快致富，除了养羊、养牛还能干什么？扶贫先扶智。

为了把自己的好经验好做法让更多的牧民知道，2009年，在各级党委、政府的大力支持下，廷·巴特尔在家里建起了一座农牧民培训基地。课堂上，他自己成了讲师，掰着指头给牧民算收入账、成本账、劳动账、生态账。他把几十年在生产中摸索出来的实践经验，特别是现代经营理念，毫无保留地传授给嘎查的农牧民。人们将这个培训基地称为"廷·巴特尔大讲堂"。

在这里参加培训，可以观摩廷·巴特尔家及周边牧民几十年来治理生态、完善基础设施等在社会主义新牧区建设中取得的实实在在成果，廷·巴特尔所讲授的也都是与时俱进的新经验、新方法，没有空话，句句实用，不仅造福一方牧民，也成了全国各地建设现代农牧业的典范。截至目前，"廷·巴特尔大讲堂"已累计培训盟内外乃至蒙古国、俄罗斯等地主动参与培训的人员两万多人次。他还把当年父亲支援他的5万公斤草籽免费分给了学员。

廷·巴特尔不但热心助人，也紧跟时代。除了搞培训，他还带领牧民成立了股份制公司，加工销售鲜奶和风干肉，并办起了"牧民之家"。草原蚊虫多，啃噬草场又影响牛的健康，他推广生态养鱼，用灯光把蚊虫吸引到鱼塘。他还鼓励牧民发展生态旅游。

　　如今的萨如拉图雅嘎查已经成了远近闻名的生态村、富裕村，天更蓝、水更清、草更绿，牧民的生活也更富裕，家家户户住上了砖瓦房，通了电、修了路、拉了网，摩托车换成了小汽车。

　　2018年6月，尽管很多人不愿意，廷·巴特尔还是选择从嘎查党支部书记的位置上退了下来。他说："文化程度跟不上了，现在的年轻人有文化、有思想，书记和嘎查长都是大学生，要相信年轻人。"

　　他说自己年龄大了，干不动了。也是在2018年，廷·巴特尔解散了公司，将公司的235头牛和16万元钱全部分给了贫困牧民，兑现了当初"公司赔了算我的，赚了分给大伙儿"的承诺。早在2015年，他卸任嘎查党支部书记之时，就曾将公司332万元的房产和财产给了嘎查，使新"两委"班子有了坚实的物质保障。

　　廷·巴特尔说："全心全意为人民服务，把人民群众的冷暖放在心上，是一名共产党员的责任。"

　　2001年，阿巴嘎旗遭受罕见的雪灾，廷·巴特尔用铁锹和双手开出一条"雪路"，走访每一个需要帮助的牧民。嘎查83户牧民如星星般散落在草原的各个角落，从一家到另一家，最远距离达80多公里。廷·巴特尔每年不止一次挨家挨户地问寒问暖，把党的关怀送到每一户牧民家里。

　　在全国巡回演讲时，一些地方政府和企业资助了40多万元，他不据为己有，而是买了25头西门塔尔公牛犊分给牧户，引导他们对本地牛进行改良；又给牧民新村的20户牧民每户买了5头奶牛，调整养殖结构。如今，嘎查50%以上的草场实施了标准化划区轮牧，牲畜改良比例达到97.9%，草场恢复了生机盎然的景象。

　　廷·巴特尔头脑灵活，勤奋好学，一年四季手脚不闲。设计装修房屋，安装自来水、暖气，做家具、蒙古袍，他都会；就连治个小病小灾的，他也会。这些年，到底帮牧民做了多少事，他自己也说不清。

　　如今，经过30多年的反复实践和努力奋斗，廷·巴特尔已经找到了经济和生态效益的最佳平衡点。他家草场是锡林郭勒草原上保护得最好的草场之一，他家养殖的牛也是最纯种的优质牛。住在美丽如画的草原上，呼吸着清新空气，沐浴在毫无遮挡的阳光下，只养50头牛，年收入即可达到50万元。按廷·巴特尔的话说："这不就是我们向往的生活吗？"

　　在廷·巴特尔家的草场，生长着270多种植物，鹿、獾子、狐狸、翠鸟、天鹅、大雁等100余种野生动物时常出没。品类繁多的野花野草，很多都叫不上名字，廷·巴特尔就自己命名，诸如草原黄牡丹、冰凌草等。他家的展厅里，悬挂着百余幅精美的摄影作品，皆取材于草场：油光碧绿的鸟蛋、悠闲踱步的白枕鹤、探头探脑的狍子、闯进院里不走的貉子等等，真是妙趣横生，令八方来客流连忘返。

我的根在草原，情在牧区

如今，年过六旬的廷·巴特尔仍然闲不住，谁家牧民有事，招呼一下就来。大到修理机械，小到缝蒙古袍，就连给牲畜治病他也能干。

每当人们问他，一个将军的儿子为什么愿意当一辈子牧民、做一辈子普通老百姓时，廷·巴特尔说："人的价值，不在于你有多大的名气、生活多好，主要是看能不能把群众当亲人，多为他们办一些好事实事。"

廷·巴特尔是个大忙人。虽然年过花甲，但家里所有的日常生活全靠老两口自己打理，再加上外出开会、参加宣讲等等，他每天的时间都安排得满满的。在这样的情况下，只要家里来了取经的牧民，廷·巴特尔都会把手头的活放下，为他们传授经验。他说："每年来我家参观学习的牧民有1万多人次。喊破嗓子不如作出样子，只要我的做法对牧民有用，我就有责任和义务倾囊相授。"

劳作之余，廷·巴特尔和老伴最大的乐趣就是拿着相机拍摄花花草草和野生动物。他家的墙上挂满了牧场动植物的照片，并在女儿的帮助下，通过网络分享给四面八方的人们。

夏季的草原绿草如茵，各种野花争相绽放。清晨，廷·巴特尔像往常一样漫步在自家草场，身边不时有小动物从草丛中跃出。此时，他会停下脚步，掏出手机进行抓拍，布满皱纹的脸上露出惬意的笑容。

对于脚下的这片草原，廷·巴特尔有着独特的思考。他说，牧民应该把草场搞成休闲牧场，如果养的牲畜太多，草场压力大，买草买料支出也大，劳动强度也大，收入却不见得有多高。经过多年实践摸索，他找到了付出与回报的最佳平衡点，将牛的数量严格控制在50头。"这样，支出最少，收入最多，生态环境最好，劳动强度最低。"廷·巴特尔怡然自得地说道，"生活是用来享受的，人不应该成为牲畜的奴隶。"

如今，善于思考的廷·巴特尔又总结出了新经验：在生产经营中必须找到收入最高点、支出最低点，生态最好点、劳动强度最低点。在他看来，这四个点相结合，就是经济和生态效益的最高点。

廷·巴特尔勤勉地创造着幸福的生活，同时也享受着生活的快乐。廷懋将军晚年提起这个"自讨苦吃"的儿子时，自豪地说："我那个儿子比我强！"廷·巴特尔感恩父母的支持和理解，也无悔于自己的选择。

"我的根在草原，情在牧区，我的本质就是一个普通牧民，我要永远留守故乡，守护美丽的大草原，把扎根草原近50年来的实践经验传授给牧民群众，保护生态，建设草原，共同创造美好生活。"廷·巴特尔有感而发。

（资料来源：中工网，2022年5月22日）

思政述评

40多年前，他离开自治区首府，插队到遥远的锡林郭勒草原。多年来，他带领牧民走上了一条保护生态、建设牧区的致富路。从全国劳动模范到获得"七一勋章"，这些年来，廷·巴特尔已经成为草原牧民的代言人，成为草原牧民发家致富的引路人。廷·巴特尔就像一棵红柳，守护着这片草原。

案例20　那永光：农业科技领域的时代楷模

案例呈现

黑龙江省农垦科学院水稻研究所所长那永光，三十年如一日醉心水稻科研，用自己的满腔热血和对科研事业的执着追求，默默在农业科研工作岗位上诠释着共产党员的铮铮誓言。

潜心研究，创新奉献农业科研事业

2005年10月15日，为了验证水稻移栽机的作业效果，那永光和机械专家反复跟踪机械作业，在推熄火机器入库时，机器过坡快速滑动，撞在另一台机械后梁上，那永光右手无名指被挤得血肉模糊，因此被截去一段。可次日清晨，他仍然挂着吊瓶继续工作。

为不受干扰研究双氧催芽技术，2011年，那永光放弃春节与家人团聚的时光，从腊月二十八一直工作到正月初五，平均4小时一取样，功夫不负有心人，双氧催芽技术大获成功，把原来10天左右出一批芽的时间缩短到两天，使催芽投资成本断崖式降低，经济效益井喷式提升。

那永光带领科研团队在水稻科研与生产技术中攻坚克难。一是解决了苗床与壮苗营养怎样供给的问题，并形成了自身壮秧剂营养供给系统；二是制定了因品种不同而研究不同栽培措施的原则；三是研究出了双氧催芽技术。通过试验、示范，他把科研与生产有机结合，取得累累硕果，并无偿地奉献给社会。

心系稻农恪尽职守，全心全意为农民服务的农技专家

那永光不单是水稻专家，更是科研成果转化和新技术推广的带头人。在阳光培训、科技之冬、春雷行动等常态化培训中，他奔赴垦区30多个农场和绥化等地区开展培训，还通过广播电视、互联网等媒体传播新技术、讲解新理论、推广新方法，年均授课100多学时，受训人员近万人次。

在2020年疫情防控期间，他利用北大荒课堂、钉钉等网络平台为稻农连续授课80多节，总时间超过200个小时，使5000余名稻农受益，为全省和垦区培养水稻科技人才、推广科技成果作出了突出贡献。

2014年6月，建三江分局的一个农场电话咨询那永光水稻插秧后生长缓慢、不分蘖的问题。因为单位工作太忙，那永光在不耽误上班的情况下，连夜奔赴田间现场，在连续看了几个地号并仔细了解管理情况后，他提出了通过利用改方、增肥的方式解决缓解"滞长"问题。第二天清晨，奔波一夜的他又回到了单位继续工作。

2018年4月，有农户捎来秧盘咨询那永光大棚不出苗的问题，面对一时难以判断的无苗秧盘，他把秧苗装在饭盒里，带在身边日夜观察，最终找出了是高温所致秧苗不生长的原因，并提出了解决办法，使农户避免了揭盘重播，减少了损失。

大公无私作风严谨，农业科研事业的不懈耕耘者

星光不忘赶路人，时光不负有心人。在"十一五"至"十三五"期间，那永光先后主持和参加了26个国家、省部和总局级科研项目，获得各级成果奖12项，发表学术论文13篇，出版专著6部，其多项技术成果达到国际国内先进水平。他参与推广的水稻叶龄诊断栽培技术，累计推广1亿多亩，累计增产稻谷45.7亿公斤，增

加效益64.2亿元，为粮食安全提供了强有力的科技支撑。

（资料来源：求是网，2022年11月7日）

思政述评

　　那永光始终把党的事业作为自己最大的职责和最高的使命，他严于律己，从不计较个人得失，他开拓创新，从不故步自封，用自己的满腔热血和对科研事业的执着追求，默默在农业科研工作岗位上诠释着共产党员的铮铮誓言，始终保持优秀共产党员的风范，成为农业科技领域的时代楷模。

第二部分

敏知笃行

——高校"大思政课"实践探索成果

综　述

习近平总书记在看望参加全国政协会议的医药卫生界教育界委员时强调："'大思政课'我们要善用之，一定要跟现实结合起来，上思政课不能拿着文件宣读，没有生命、干巴巴的。""思政课不仅应该在课堂上讲，也应该在生活中来讲。"从思政课到"大思政课"，一字之别，体现了办好思政课的视野、目标、格局和涉及范围等方面的不同。

传统思政课课堂覆盖范围及设施空间等要素相对来讲是固定和有限的，"大思政课"打破了传统的教师讲学生听思政课课堂授课模式，以引入现实社会生活元素作为逻辑起点，增强思政课的社会生活内涵，以开放包容和"善用之"的理念，全面地把握影响学生思想变化的主要场域和各类因素，推动各类资源要素动态集聚，不同场域配合协同，并且形成思政教育由思政课堂向所有课堂、由校内向校外延伸开放的多样化工作体系，教育时空有序延展，教学育人形式更加立体化，善用"大思政课"推进全员、全方位、全过程"三全育人"体系。

"大思政课"的教学形式开放立体化，导致教学内容更加丰富多彩，既突破了恪守思想政治教育指定的思政课程内容的教学限制，对传统思政课的教学内容进行有效延伸，又巧妙地利用学科之间的联系，找准思政知识点和学科之间的切入点，精准地融合各个学科富含思政要素的教学内容，打破学科壁垒，形成学科合力，发挥立德树人的重要作用。同时，充分调动各行业企事业单位的社会教育资源，引导其参与到"大思政课"建设的过程中，并以此促动其努力开展更为自觉、更高水准的自身建设，要让实践基地、实践活动真正成为校外的课堂、"行走的课堂"，成为思政课教学的有机组成部分。

教育主体由单一走向多元是现代思想政治教育主体发展的重要特征，也是新时代大学生思想政治教育工作科学有效的重要保证。新时代下，全员育人是整个社会应该承担的育人责任，培养什么人、为谁培养人、怎样培养人是全社会共同的事业，政府、家庭、学校、社会方方面面都应该积极参与。"大思政课"就是以立德树人为首要任务，激发校内外各类组织和个体的育人志趣，形成强大合力，引导其在塑造学生理想信念、家国情怀、品德素养等方面明确自身职责使命，形成齐抓共管、人人参与的良好局面。

善用"大思政课"是新时代全面贯彻党中央精神、推进思想政治理论课创新发展的重要理念，也是高校思想政治理论课贯彻落实立德树人、培根铸魂目标的重要前提。2022 年 7 月，由教育部等十部门共同印发的《全面推进"大思政课"建设的工作方案》指出，要坚持开门办思政课，充分调动全社会力量和资源，建设"大课堂"、搭建"大平台"、建好"大师资"等，打通"三全育人"体系，全面履行为党育人、为国育才的使命。新时代下深刻认识"大思政课"的基本特点，把握好"大思政课"的课程属性，走出"大思政课"的误区，对于我们建设好"大思政课"具有重要的指导作用。同时，结合农业类院校自身特点和优势，运用"大思政课"提升育人实效、提出实践路径，以期为"大思政课"建设的守正创新提供参考借鉴。

一

耕读究理　讲好"农味"思政课

华中农业大学马克思主义学院　程华东

　　中共中央办公厅2021年印发了《关于加强新时代马克思主义学院建设的意见》，指出："马克思主义学院是学习研究宣传马克思主义的主阵地，是全面贯彻党的教育方针、彰显大学社会主义底色的重要阵地。""马院要建成马克思主义教学、研究、宣传的坚强阵地，思想政治理论课是用习近平新时代中国特色社会主义思想铸魂育人的主渠道。""马克思主义学院建设是基础性、战略性工程。"教育部印发的《普通高等学校马克思主义学院建设标准（2023年版）》提出："切实发挥思政课立德树人关键课程作用和马克思主义理论学科引领作用，坚持马克思主义在意识形态领域指导地位的根本制度，进一步建强建好高校马克思主义学院，不断提升马克思主义学院建设的科学化、规范化、现代化水平，打造马克思主义理论教育教学、研究、宣传和人才培养的坚强阵地，使之成为办好高校思政课的坚强战斗堡垒。"2019年3月18日，习近平总书记主持召开学校思想政治理论课教师座谈会，并发表题为《思政课是落实立德树人根本任务的关键课程》的重要讲话，为推进思政课内涵式发展指明了前进方向、提供了根本遵循。

　　习近平总书记强调，思想政治理论课能否在立德树人中发挥应有作用，关键看重视不重视、适应不适应、做得好不好。思政课的本质是讲道理，要注重方式方法，把道理讲深、讲透、讲活，老师要用心教，学生要用心悟，达到沟通心灵、启智润心、激扬斗志。作为农业院校思政课教师，要深入学习领会习近平总书记关于思政课建设的重要论述，在思政课教学实践中讲清楚蕴含其中的学理、道理、哲理、情理，务求讲深、讲透、讲活，还要讲出"农味"，讲出真理的力量、思想的力量、人格的力量、实践的力量。

（一）讲好"农味"思政课，要种好"三块田"

2013年12月5日，习近平总书记给华中农业大学本禹志愿服务队同学们回信，提出"与祖国同行、为人民奉献"的殷殷嘱托。2019年9月5日，习近平总书记给全国涉农高校的书记校长和专家代表回信，勉励涉农高校以强农兴农为己任，培养更多知农爱农新型人才。2023年5月1日，习近平总书记给中国农业大学科技小院的同学们回信，勉励大学生厚植爱农情怀，练就兴农本领，在乡村振兴的大舞台上建功立业。习近平总书记先后给农业院校师生的一系列重要回信，是农业院校思政课建设的宝贵资源。

农业院校加强思政课建设，要坚守本分，精心种好"三块田"：一是坚守培根铸魂本分，种好"责任田"。"让有信仰的人讲信仰"，坚持"知、情、意、行"相统一，锐意改革、全面创优，在政治引导、学理阐释、价值塑造上下功夫，把道理讲深、讲透、讲活，善用"大思政课"，推进大中小学思政课一体化建设，切实提高思政课的理论性、思想性和亲和力、针对性。二是坚守立德树人本分，种好"种子田"。"以马为梦、以梦为马"，引导教师践行"六要"，以德立身、以德立学、以德施教、以德育德，做"四有"好老师，在引导学生立大志、明大德、成大才、担大任上下功夫，引导学生向英雄学习、向前辈学习、向榜样学习，坚定不移听党话、跟党走，争做堪当民族复兴重任的时代新人。三是坚守启智润心本分，种好"示范田"。自觉以回答中国之问、世界之问、人民之问、时代之问为学术己任，以彰显中国之路、中国之治、中国之理为思想追求，聚焦习近平新时代中国特色社会主义思想，在创新性、前沿性、针对性上下功夫，研究真问题，真研究问题，做好新时代党的创新理论研学、宣讲和传播。

（二）讲好"农味"思政课，要做到"四个把握"

把握"关键课程"的重大意义。思政课是落实立德树人根本任务的关键课程，思政课作用不可替代，思政课教师队伍责任重大。在革命、建设、改革各个历史时期，我们党对思政课建设都作出过重要部署。习近平总书记特别强调："办好思政课，是我非常关心的一件事。"党的十八大以来，党中央先后召开全国高校思想政治工作会议、全国教育大会、思政课教师座谈会，对思政课建设作出重要部署，提出具体要求。

把握思政课教师的"关键作用"。习近平总书记对思政课教师队伍建设作出一系列重要论述："办好思政课关键在教师。调动思政课教师的积极性、主动性、创造性，必须增强教师的职业认同感、荣誉感、责任感。""要让有信仰的人讲信仰。对马克思主义的信仰，对社会主义和共产主义的信念，只有首先在思政课教师心中扎下根，才能在学生心中开花结果。""有人格，才有吸引力。亲其师，才能信其道。思政课教师要有堂堂正正的人格，用高尚的人格感染学生、赢得学生。""只有打动学生，才能引导学生。教师在课堂上展现的情怀最能打动人，甚至会影响学生一生。真信才有真情，真情才能感染人。"要求思政课教师要有家国情怀、传道情怀、仁爱情怀。"学生的疑惑就是思政课要讲清楚的重点。"要求思政课教师具备知识、国际、历史视野。

把握思政课改革创新的基本要求。"坚持问题导向和目标导向相结合，坚持守正和创新相统一，推动思政课建设内涵式发展""改革创新是时代精神，青少年是最活跃的群体，思政课建设要向改革创新要活力""推动思想政治理论课改革创新，不断增强思政课的思想性、理论性和亲和力、针对性""坚持改革创新，提高思政课的针对性和吸引力"。推动思政课改革创新，要坚持"八个相统一"：政治性和学理性相统一；价值性和知识性相统一；建设性和批判性相统一；理论性和实践性相统一；统一性和多样性相统一；主导性和主体性相统一；灌输性和启发性相统一；显性教育和隐性教育相统一。

把握"大思政课"的本质要义。"大思政课"概念，源自习近平总书记高度重视思政课建设、强调善用"大思政课"的语境。"大思政课"理念，是在如何进一步办好思政课的要求下提出的。"大思政课"的本质要义在于思政课的形态更新、思政课堂的延伸拓展。2016年12月7日至8日，习近平总书记在全国高校思想政治工作会议上强调"使各类课程与思想政治理论课同向同行，形成协同效应"。2019年3月18日，习近平总书记在思政课教师座谈会上要求"统筹推进大中小学思政课一体化建设"，"把思政小课堂同社会大课堂结合起来"。2021年3月6日，习近平总书记在看望参加全国政协会议医药卫生界教育界委员时强调"思政课不仅应该在课堂上讲，也应该在社会生活中来讲""'大思政课'我们要善用之，一定要跟现实结合起来"。

（三）讲好"农味"思政课，要实现"四个融通"

内容融通：推进耕读特色思政教育一体化。基于"五育融通"理念，开展耕读特色思政教育一体化实践，实现思政教育与思政课教学有机融合、内容融通。学校以"勤读力耕、立己达人"为理念，坚持耕读办学传统，面向现代农业发展、生态文明建设，将耕读教育融入人才培养全过程，探索"三融合"（通专融合、产教融合、知行融合）耕读教育模式。秉持"大思政观"和"五育融通"理念，以"读"致"知"、以"耕"促"行"，促进耕读教育与思政教育有机融合、思政教育与思政课教学有机融合，推进耕读特色思政教育一体化，实现家国情怀、"三农"情怀涵育与专业素养教育融通，培养富有知农爱农情怀、强农兴农本领的新型农林人才。

价值融通：推进思政课程与课程思政一体化。基于"三全育人"理念，开展思政课程和课程思政一体化研究与实践，实现同向同行、价值融通。守好一段渠，种好责任田。秉持"大课程观"和"三全育人"理念，将思政课程、课程思政与"三农"实践有机结合，"同心"铸魂，"同力"夯基，"同向"激励，"同行"致远，通过理论讲授、情境体验、实践锻炼等，形成育人合力。建立教学研究工作坊，探索思政课程与课程思政一体化建设，突出课程育人；建设师生融合交流平台，建设高质量耕读场域，发挥场域浸润、感染、熏陶作用，突出情境育人；建立思政课教师担任一线思政工作制度和协同机制，实现理念、目标、内容、平台、人员、制度融合，突出协同育人。

资源融通：推进思政小课堂与社会大课堂一体化。基于"大思政课"理念，开展思政小课堂与社会大课堂一体化研究与实践，实现联动协同、资源融通。秉持"大思政课"理念，开门办思政课，思政小课堂对接红色大讲堂、乡村振兴大课堂、"三农"大舞台，开展思政小课堂与社会大课堂一体化研究与实践，实现课堂内外、校地校企、线上线下等联动协同、资源融通。充分利用"首义之城""英雄城市""农耕文明"等教育资源，"理论热点面对面""百马宣讲行动""乡村振兴荆楚行"等平台，"请进来""走出去"，"三农"实践案例融入教学，"三农"兼职教师走进课堂，开展"耕读路上"社会实践、"耕读同行"产业实践、"耕读中国"志愿服务，引导学生深入"三农"一线，突出实践育人。

发展融通：推进城乡大中小学思政课一体化。基于服务乡村振兴理念，开展城乡大中小学思政课一体化研究与实践，实现共建共享、发展融通。从融合城乡教育资源、促进教育均衡发展视角，以教育内容学理衔接、教育形式学情衔接、教育功能协同衔接为基本内涵，以政策、技术与人力资源优化配置方式，建设集教育实践、人才培养、创新研究为一体的城乡大中小学思政课一体化共同体改革示范校。坚持城乡二元主体联动、大中小学三学段贯通，完善课程研发、教学研讨、师资培养、实践研学、城乡发展等方面机制，共建共享价值共同体、教学共同体、成长共同体、实践共同体、发展共同体等"五大共同体"。

（四）讲好"农味"思政课要聚焦"三个重点"

将思政课作为立院之本、强院之基、兴院之源，统一思想、统一意志、统一行动，强化思政课建设党委主责、书记院长"第一责任"、班子成员"一岗双责"、支部首责，做到人人有责、人人负责、人人尽责。坚持问题导向、目标导向、质量导向、效果导向，在问题精准、措施精细、执行精致、效果精确上下功夫，"高标准、严要求"贯穿全过程、各环节。聚焦党组织政治功能发挥、教师学养和育人能力提升、思政课教学质量和效果提升，抓紧、抓实、抓好，整体推进、重点突破。

一是聚焦发挥党组织政治功能。突出效果导向，固化学院"思政课改革创新年"建设成果，以"一人一案"为牵引和抓手，完善"一系一案""一课一案"，落实落细思政课改革创新"施工图""任务书""时间表""成绩单"。突出目标导向，完善班子成员"上一门思政课、抓一门思政课"和"上好一门思政课、抓好一门思政课"的目标考核机制，上思政课一刻不懈怠，抓思政课一刻不放松。健全长效机制，落实党中央关于思政课建设的重要部署作为党的创新理论学习研讨的"第一议题"；解决思政课建设和教学中的问题作为学院党政联席会的"常设议题"；思政课建设与改革作为学院党委理论学习中心组集中学习、支部理论学习、书记党课的"必修科目"，列为"一题一学一议"必备内容。

二是聚焦提升教师学养和育人能力。持续深化"四个主题活动"：2019年以来，以培植"悦读品牌"为抓手，深化"阅读经典·提升学养"主题活动；2021年以来，以"说课""研课""青教赛""教创赛"为依托，深化"教师育人能力提升"活动；2022年以来，以培育"金师"为牵引，深化党建与思政课建设深度融合"五个一"活动；2023年以来，以打造"精彩一课"为示范，深化"一堂思政好课"专题研讨和践行活动。结合学院特点和性质，健全"党的一切工作到支部"工作体系，推进支部建设"五个一工程"，建设一门思政"金课"、培植一个

"名师工作室"、组建一个"精读精讲"宣讲分队、形成一个"阅读经典·提升学养"学术品牌、建立一个思政课程育人实践平台，找准工作抓手，激活支部主体意识，发挥"样板支部一面旗"引领作用。持续推进"三进三入"。将用习近平新时代中国特色社会主义思想铸魂育人作为重中之重，深化研究阐释、精读精讲，推动党的创新理论进教材、进课堂、进头脑，入脑、入心、入行。持续强化"六要"素养。自觉践行"政治要强、情怀要深、思维要新、视野要广、自律要严、人格要正"的素养要求，加强师德师风修养，用"三强"（强信念、强业务、强本领）检验培根铸魂、启智润心的成效。

三是聚焦提升思政课教学质量和效果。抓好"一个支点"：以教研室为主体，建好开好"概论课"，章章内容集体备，共性问题专题研，"教师用心教+学生用心悟"，以"概论课"为支点带动思政金课建设。抓实"四个常态"：常态化集体备课（每学期至少4次）；常态化运用"大思政课"资源；小组自主学习、原著选读等纳入课程考核；常态化开展教学反思。抓住"五个要处"：围绕增强课堂吸引力，以示范课方式，提升教学导入设计、PPT美化、现代教育技术应用水平；围绕增强课堂交互性，以问题链方式，精心设计课堂提问环节，提升课堂师生互动效果；围绕增强内容针对性，以立项方式建设教学案例库，用好经典案例、开发校本案例。

二

新媒体时代内蒙古农业大学思想政治
理论课实践教学模式探析

——以毛泽东思想和中国特色社会主义理论体系概论
课程为例

内蒙古农业大学马克思主义学院院长　李士珍

2022年党的二十大报告指出："全党要把青年工作作为战略性工作来抓，用党的科学理论武装青年，用党的初心使命感召青年，做青年朋友的知心人、青年工作的热心人、青年群众的引路人。"思想政治理论课是向青年传授党的科学理论的重要渠道。思想政治理论课的本质是讲道理，通过思想政治理论课向青年讲清楚"中国共产党为什么能，中国特色社会主义为什么好，马克思主义为什么行，马克思主义中国化时代化为什么行"的道理。而实践教学是思想政治理论课教学的重要组成部分，其目的在于引导学生了解国情、党情、世情，培养学生的创新与实践能力，并运用马克思主义理论分析问题和解决问题，以增强学生的使命担当与社会责任感，引导学生用青春之火在全面建设社会主义现代化国家的实践中绽放绚丽之花。而新媒体的流行既为实践教学提供了教育资源，也带来了挑战。2015年，中央宣传部、教育部印发《普通高校思想政治理论课建设体系创新计划》，要求"注重发挥实践环节的育人功能，创新推动学生实践教学和教师实践研修……形成第一课堂与第二课堂、理论教学与实践教学、课堂教学与网络教学相互支撑，理念手段先进、方式方法多样、组织管理高效的思想政治理论课教学体系"。2016年，习近平总书记在全国高校思想政治工作会议上指出，"要运用新媒体新技术使工作活起来，推动思想政治工作传统优势同信息技术高度融合，增强时代感和吸引力"。2021年，习近平总书记在参加全国政协十三届四次会议的医药卫生界、教育界委员时提出"'大思政课'我们要善用之，一定要跟现实结合起来"。如何运用新媒体推进实践教学的实效性成为新时代思想政治理论课的一个重要议题。本文立足于内蒙古农业大学的现实情况，以《毛泽东思想和中国特色社会主义理论体系概论》课程为例，根据新媒体时代思想政治理论课实践教学特征，充分利用新媒体平台，探索实践育人的有效途径，进而提升思想政治理论课实践教学的吸引力和感染力。

（一）思想政治理论课实践教学面临的新挑战

新媒体是利用数字技术，主要是依托智能手机、平板电脑等互联网工具，通过微信朋友圈、公众号、微博、论坛、数字杂志、数字报纸、数字电视等平台传播信息，具有互动性、共享性、虚拟性、即时性与多样性等特征。新媒体的流行一方面为思想政治理论课实践教学提供了丰富的教学资源与载体，使学生学习从平面走向立体，由单调变为生动。习近平总书记也提到全媒体时代"导致舆论生态、媒体格局和传播方式深刻变化"。同时，新媒体的传播也对思想政治理论课实践教学带来一定的挑战。

传统的实践教学方式满足不了学生的需求。当今时代的大学生大部分都是20世纪末、21世纪初出生的孩子，这些学生的成长历程与网络、移动信息相伴随，他们信息搜集能力强，知识面广。全媒体时代，信息无处不在、无人不用。而传统的实践教学方式，如做实践练习册、撰写读书报告，形式相对单调，不仅吸引不了学生，而且还容易让学生产生疲倦感，激发不了学生的创新与创造能力，难以满足学生的需求。

传统的实践教学方式存在学生草草应付现象。随着信息网络的发展，个别学生在撰写读书报告或者调研心得的过程中存在草草应付，随意粘贴复制网上各种文稿的现象。这样，不仅不利于学生思辨能力的培养，同时也容易造成个别学生学习态度不端正、随意敷衍。

面对新形势，思想政治理论课实践教学要"因事而化、因时而进、因势而新"，适应新媒体时代交流互通方面的变革，革新实践教学方式，调动学生学习积极性。而新媒体也为实践教学的开展提供了新的平台，不仅能够打破传统实践教学环境和时空的局限性，也能够提高学生的参与度、积极性，实现学生全员参与。

内蒙古农业大学作为农林高校，肩负着培养服务于新农业、新农村、新生态建设的新型农业科技人才的重任。基于此，内蒙古农业大学根据新媒体时代思想政治理论课实践教学的特征，并结合农林高校学科特点，充分利用各种线上线下的网络资源，充分发挥各网络平台的功能，探索实践育人的新途径，引导学生深刻理解共产党执政规律、社会主义建设规律和人类社会发展规律，引导学生坚定不移听党话、跟党走，提高学生的获得感、满意度，激发学生学农、知农、爱农、强农、兴农的责任感，为全面推进乡村振兴、全面建设社会主义现代化国家培养卓越农林人才。

（二）新媒体时代思想政治理论课实践教学模式

内蒙古农业大学在提高思想政治理论课课堂教学质量的基础上，结合新媒体时代新形势的变化，根据"思政课程与课程思政同向同行"，尝试构筑实践平台、拓宽实践渠道、创新实践形式，逐渐形成了"社会实践、校园实践与课堂实践"有效融合的农林高校思想政治理论课实践教学模式。也就是说，在学校党委的正确领导下，充分发挥马克思主义学院、教务处、学生处、团委与其他教学学院的协同育人效应，实现以学生为主体，并充分利用农林高校特色教育资源，达到多维实践方式的有机融合。在学生实践的过程中，学生把在《毛泽东思想和中国特色社会主义理论体系概论》课堂上学到的知识与各类实践相结合，实现了思政小课堂与社会大课堂有效融合，让学生在实践中感受理论的魅力。

1. 社会实践

社会实践主要是教师带领学生深入农村、社区、企业、爱国主义教育基地等进行社会调查，引导学生了解社会、体察民情、真实感悟社会。学生把在《毛泽东思想和中国特色社会主义理论体系概论》课堂上学到的理论知识带到了田间、地头、林场。新媒体时代，学生在社会实践的过程中，充分利用农大视频号、农大微校园等平台，以直播的形式展示了中国农村、牧区、林区取得的重大成就，了解农村发展过程中的技术困境、管理困境，了解林业生态建设过程中面临的问题。学生通过直播分享、发布视频号等形式展示了农业、农村的变化，在一定程度上能够改变大部分学生对农林专业的刻板印象，同时也通过具体实践向大众展示了农业如何与高新技术结合，农业如何智慧信息化。这种利用新媒体平台进行社会实践，不仅能够推动专业实践与思想政治理论课社会实践的有机融合，而且也能够在实践中促使学生通过各种网络平台搜集信息，以讲述我国农业决策、农业制度的变迁历程，并深刻理解我国推进乡村全面振兴的重大意义，理解"绿水青山就是金山银山"理念的深刻内涵。在这个过程中内蒙古农业大学逐渐形成了特色的社会实践品牌，如"百名博士农村行、牧区行"、"三下乡"暑期社会实践，大学生农业技术志愿服务等。这些活动充分发挥了学生的主体作用，提升了学生的专业素养、增强了学生服务"三农"和保护生态环境的意识。

2. 校园实践

校园实践主要是在课堂外、校园内开展的与思想政治理论课相关的实践教学活动。新媒体时代，校园实践活动形式也是多元的。诸如，利用微信公众号、视频号、朋友圈等新媒体平台，开展思想政治理论课主题调研、微电影比赛、校史故事宣讲、书香诵读等校园实践活动，通过云比赛、云展示、云宣讲，将"12·14"英雄集体、烈士郝龙彪、光明使者李莹、道德模范杜威、"见义勇为先进分子"张文波等先进集体、先进个人的先进事迹传扬好，将老一辈专家学者支援内蒙古创建内蒙古农业大学的故事讲好，将农大职工服务"三农"、服务科技的故事讲好。这些实践活动不仅培养了学生创新创业能力，提升学生文化素养，有效地实现第一课堂与第二课堂的协同联动，而且还能够引导广大学生向榜样学习，并自觉树立勤俭好学、无私奉献、心系他人、贡献祖国的意识和情怀。

3. 课堂实践

新媒体为线上实践和线下实践的有机融合提供了技术支持和渠道，学生既可以直观考察网上数字展馆，又可以将线下实践活动成果数字化、网络化。《毛泽东思想和中国特色社会主义理论体系概论》课程的课堂实践主要是授课教师利用虚拟仿真实验室、思想政治理论课优慕课平台、线上红色教育基地、红色博物馆、经典文献引导学生参与各种形式的实践教学。授课教师首先根据教学大纲、社会热点、时政热点设置实践教学主题与展示方式。比如，授课教师根据实践教学主题安排学生制作微电影，进行线上主题讨论、主体辩论赛，参观线上红色资源，分享经典诵读等。多样化的实践方式不仅节约成本，而且还能够给学生带来沉浸式体验。借助全媒体、融媒体进行实践教学，不仅能够培养学生的团队协作能力，满足学生追求时尚、个性的需求，还能够提高学生的参与度，进而使学生在交互式参与中实现了自我教育。同时，这种新式的实践方式还培养学生的收集资料能力、分析辨别能力，引导学生正确认识社会上的各种错误思潮，并敢于对那些丑化、黑化英雄人物、领导人物、中国社会主义制度的错误观点和行径进行批驳，敢于发声和亮剑。

（三）新媒体时代实践教学模式的运行机制

内蒙古农业大学结合农林院校特色与人才培养目标，逐步构建了农林院校思想政治理论课实践教学模式的运行机制。

第一，完善协同实践育人新机制。内蒙古农业大学引导教职工树立"大思政"理念，积极探索实践育人新模式，鼓励各职能部门、各学院挖掘实践育人要素，统筹整合农林院校实践育人资源与新时代教育资源，逐渐形成了多部门协同联动的实践育人机制，并有效地实现了思政课程与课程思政实践育人同向同行。

第二，筹建实践教学平台。学校搭建思想政治理论园地、革命文化传承、思想政治理论课虚拟仿真实验室、云畜牧等新媒体平台，探索"互联网+思政育人"新路径，实现了线上线下相融合，通过这些平台宣传党和国家的最新政策，大力弘扬中华优秀传统文化、革命文化、社会主义先进文化，大力宣传农林院校助推乡村振兴的鲜活事迹，实现了思想政治理论课、专业课与新媒体技术的高度融合，充分发挥新媒体平台思想政治引领作用，提高了思想政治理论课实践教学的感染力与吸引力。

第三，实施思想政治理论课实践教学质量提升方案。为了切实有效提升思想政治理论课实践教学实效，马克思主义学院采取了一系列措施：一是通过集体备课，组织思想政治理论课教师学习党的最新精神、理念，学习马克思主义理论相关学科最新研究成果，学习实践教学新理念新方法，提升教师实践教学素养。二是组织教师根据教学大纲、马克思主义理论学科前沿问题和社会热点设定实践教学主题，基本要求和实施方案。

第四，革新实践教学评价机制。实践教学评价是实践教学活动能否取得实效的重要一环。以往的实践教学评价由授课教师根据学生提交的读书报告或实践练习册进行打分，但是这种方式也存在不足。一方面学生间的互助、团队协作与竞争意识没有被激发起来，另一方面师生间也没有形成有效的互动与反馈机制。而新的实践教学评价机制则是多方、多元化的评价方式，其中包括授课教师评分、各小组互评、网络大众评分以及实践教学平台根据学生讨论、签到、抢答等情况的自助打分。新的实践教学评估机制提高了学生的积极性与竞争意识，从而实现了价值性与知识性相统一、理论性与实践性相统一。

第五，构建实践教学管理机制。为了有效推进新的实践教学模式，建立"授课教师—小组负责人—小组成员"三级实践教学管理机制。首先，授课教师对所带班级学生进行分组，选出小组负责人，并建立小组负责人微信联系群。其次，授课教师在小组负责人微信群发布实践教学主题。最后，各小组负责人组织小组成员拟定实践选题和实践方案。三级实践教学管理机制一方面能够有效推进实践活动的实施，同时也能够带动学生主动参与实践活动，提高学生的参与度。

（四）新媒体时代实践教学的实施效果

通过对思想政治理论课实践模式的创新，逐渐构建了以参与型、双互型、研讨型为特征的多元实践教学模式，思想政治理论课的教学效果、教学参与度、学生的认同度得到了提升。

1. 学生参与度、认同度进一步提高

在实践教学中，通过舞台剧、辩论赛、调研等方式调动学生的积极性。实践教学形式多样，思想政治理论课逐渐"活"起来。这不仅培养了学生的团队合作能力、发散性思维能力，而且也培养了学生的创新能力，满足了学生多样化需求。例如，学生对"劣迹艺人""孟晚舟事件""中西抗疫反差"等问题的讨论，不仅能够调动学生积极性，也让学生在搜集问题中了解社会，使得学生对国家治理体系和治理能力现代化有了更深刻的认识。这使得学生对"中国共产党为什么能，中国特色社会主义为什么好，马克思主义为什么行，中国化时代化的马克思主义为什么行"有了更深刻的理解。在实践模式满意度调查中，90%以上的学生喜欢表演舞台剧，80%的学生喜欢品读经典活动，85%的学生喜欢参观各类网上红色展馆。实践教学模式的革新，也使得学生逐渐养成自觉搜集红色故事、自觉传承红色故事的习惯。甚至有些学生组团参观网上红色展馆，分享红色故事。学生在实践中逐渐正确认识了"世界和中国发展大势"，正确认识了"中国特色和国际比较"，这进一步增强了学生的"四个自信"，也增强了他们为实现中华民族伟大复兴而不断奋斗的决心。

2. 学生主体作用得以充分发挥

多种形式的实践教学活动不仅能够充分地发挥学生的主体作用，而且还能够加

深他们对马克思主义理论知识的理解与感悟。例如，组织学生关于中国式现代化道路的讨论，让学生真切地理解中国的现代化道路与西方现代化模式的本质区别，从而让学生更加深刻地认识中国社会主义制度的优越性。再如，线上教师与学生"键对键"地进行讨论，使得教师能够真切地了解学生思想状况，了解学生对相关知识的掌握程度，有效地解决学生思想的疑惑。这些实践方式让学生真正地参与进来，让学生成为实践教学的主角，并较好地实现了主导性和主体性相统一。

3. 比较好地实现了理论性与实践性相统一

在实践教学中，树立"把理论融入故事，用故事讲清道理，以道理赢得认同"的实践教学理念。在学生进行实践展示的过程中，注重引导学生采用理论与故事相融合的方法。在制作微电影的过程，教师引导学生将理论知识转化为视频故事，将抽象的理论转化为可观可听的立体式视频故事。这不仅提高了学生编剧、摄影、剪辑等能力，也培养了学生的综合素养。学生用短而精的故事挖掘内蒙古育人资源，也展现出了马克思主义理论的魅力。如，学生展示的不同年代"农民住房"，通过农民住房结构、住房用材、住房设施的变化来展现新中国成立70多年以来农民日常生活的变化，进一步展现农民生活由温饱到小康再到美好生活的变化。用故事的力量来讲述真理的说服力，用故事来展现中国特色社会主义制度的优势。把故事寓于理论之中，有效地实现了理论性与实践性相统一。

4. 有效地实现了校史故事、专业课与思政课的有机融合

内蒙古农业大学逐渐构建了"十全育人"体系的"大思政"格局，实现了"思政课程"与"课程思政"同向同行，为实现专业课、思政课、校史故事有机融合提供了保障。新媒体时代实践教学模式实现了社会实践、校园实践与课堂实践的有效联通，实现了多种实践方式的有效联动，打破专业课与思政课之间相互隔绝的状态。如教师在讲授乡村振兴战略时，可以把农林院校特色和优势利用起来，组织学生搜集内蒙古农业大学科技创新助推内蒙古自治区乡村振兴的故事、搜集农大专家学者知农、惠农、爱农的故事。如在讲授中国特色社会主义社会建设方面，引导学生分享我校食品科学与工程学院专家学者致力于食品安全、肠道安全的故事。又如在讲授中国特色社会主义生态文明建设时，组织学生分享我校在防沙固林方面的科技创新。再如，讲授创新理念时，引导学生搜集我校专家学者致敬学术，追求卓越的故事。这些鲜活榜样的故事，不仅使得思政课"活"起来，而且也调动了专业课

与思政课的思政元素，宣讲了农大故事，培养了学生传承与创新精神，培养了学生"知农、爱农、护农"的情怀，增强了学生的"三农"人的责任感。

新媒体时代，内蒙古农业大学依托自身办学特色，借助于新媒体资源和平台，挖掘专业课、思政课的思政元素，实现了社会实践、校园实践与课堂实践多元实践方式的统一，实现了课程思政与思政课程实践教学的有效融通，实现了线上线下有效沟通，实现了实践教学的优化。

三

"大思政课"矩阵式实践教学模式探索

河北农业大学马克思主义学院　王　岩　安江燕

实践教学在"大思政课"育人效能发挥中具有不可替代的重要作用，在"大思政课"育人格局构建背景下，许多高校都在逐步探索开展实践教学新模式，注重实践教学的灵活性、立体性、针对性以及实效性，但仍存在实践教学理念、内容、方法和途径上的参差与不足，需要进一步规范实践教学指导、拓宽实践教学载体、推动实践教学跨界融合，完善实践教学基地建设从而更好地实现育人效果。河北农业大学马克思主义学院思政课实践教学指导中心历经多年探索，创建了"矩阵式"思政课实践教学模式，以立德树人、创新育人、育时代新人为目标，在实现实践教学与理论教学紧密对接的基础上，实现思政教育与专业教育、双创教育的深度融合，搭建"大思政融合育人"实践教学平台，突破线性思维和壁垒界限，最大限度实现从实践教学小窗口到思政课育人大格局的转变。

（一）思政实践育人现存问题

1.联单思政实践育人缺少"立体模式"

以往，思政课实践育人主要是利用第二课堂，以主题活动的形式来开展实践，缺少立体实践育人体系，本成果基于新时代思政课改革创新需求，通过定制式、融合式、三化式、统筹式、协同式等方法，以"立德树人、创新育人、育时代新人"为目标，创建思政课"三大实践育人平台"，开展翻转实践、虚拟实验、服务实践三个环节相结合的思想政治理论实践课多维立体教学体系，形成"三三三矩阵式"实践育人范式，效果显著，特色突出。

2.思政实践缺少"合唱形态"

以往高校思政实践形态长期存在着"独唱式"育人形态,这对"双一流"建设、一流课程建设、一流人才培养及高校内涵式发展是不利的。从教育体系上看,传统的思想政治理论课注重的是德育观、世界观、人生观等教育,无疑这是必要的,但高校作为培养国家高层次创新型人才的重要阵地,特别是思政实践课仅仅有这些是不够的,还必须顺应时代要求,提高思政实践育人的全面性效果。另外,思想政治教育与双创教育、专业教育、素质教育相融合,具有较强的实践性与时代特点,改变以往高校思政教育的"独唱式"形式,把学生的综合素质水平提升放在第一位,创设"合唱式"实践形式,提升高校思想政治教育的实效性。

3.思政实践形式的"单一性"

思政课实践育人,既要有统一课程设定,又有核心课程融入,才能真正做到显性教育与隐性教育融会贯通,从单一课程到多元课程体系的转变,建设"大思政"实践育人的课程体系,体现思政实践育人的开放性、多维性、自主性、融合性,打通思想政治理论课实践育人"最后一公里",增强思政教育的说服性、感染性、接受性、获得性,使思政课更能够最大限度发挥主渠道功能,思政实践育人把价值教育、素质教育、能力教育、创新教育融为一体,助力一流人才的培养。

4.思政实践缺乏"协同育人"

伴随着全面育人教育的不断深入,高校思想政治理论实践育人,应秉持"以生为本"充分发挥协同育人的优势,有效提升学生全面成长的获得感。思政课实践活动应与各个专业学院、学生管理部门、学校宣传部门和双创指导中心等协作开展,共同搭建实践教育资源的共享平台,在深入基层实践中,结合学生所学专业,用所学知识和技术创新服务社会发展、服务乡村振兴,从而提高合作探究、创新实践、服务社会的能力,马克思主义学院通过与学校、学院、各个部门的协同实践育人,搭建起"大思政"实践育人共享平台。

（二）思政实践教学育人创新方法

1. 采用"定制式"翻转实践教学方法

目前，马克思主义学院有 2 门国家一流课程、3 门省级精品开放课程、2 门省级一流课程，我们结合思政课各门课程的内容和特点，开展不同类型的思政课翻转实践教学。例如：大一新生的"德法"课，开展弘扬"太行山精神""李保国精神""时代新农人精神"等微型剧和微视频翻转实践活动，培养大学生崇高的价值观和正确的人生态度；大二的"纲要"课，开展"中国共产党史""中国革命史""中国建设史"的知史讲史翻转实践活动，把讲台让给学生，学生通过一个个感人奋进的历史故事，既教育了自己，又教育了同伴，讲好中国故事、弘扬中国精神，增强思政课育人教育效果；接下来的"概论"课，开展"毛泽东思想""实事求是思想""改革开放思想""中国特色社会主义思想""习近平治国理政思想"的大学生讲思政课的翻转实践活动。

实践教学活动设计，按照人才培养的教育教学规律，从理论→实践、从实践→理论的层层递进，采用不同课程、不同特点的"定制式"翻转实践教学方法，课堂实践教学不仅丰富多彩，同时提升大学生对思想政治理论课的亲切感、接受性、满意度和获得感。

2. 建立"三环节"转化的思政课实践育人体系

以"立德树人、创新育人、育时代新人"为目标，思政课实践教学改革创新要完成由"理论→实践、实践→创新、创新→育人"的三大环节转化。

（1）理论环节向实践环节转化

思政课围绕立德树人根本任务，根据学生专业学情分析积极探索时效性、吸引性和感染性强的教学方法，突破传统实践教学的指令性、单一性及封闭性状况，强调实践教学的参与性、选择性和开放性，实现立德与树人的有机融合结合。

（2）实践环节向创新环节转化

思政课实践教学设计，把中国共产党的理论创新、道路创新、制度创新、文化创新之教育元素，纳入实践教学活动中，同时，结合学生自身专业发展需要，围绕着学生创新素质和创新能力的提高，通过创新思维及手段，使学生在探究的动态过程中掌握知识、内化情感、树立信念、指导行动。

（3）创新环节向育人环节转化

思政实践育人的核心任务是培养大学生树立正确的世界观、人生观、价值观，自觉践行社会主义核心价值观，培养担当民族复兴大任的接班人，"创新育人"就是为了"育时代新人"，对学生创新素质和实践能力的培养，最终是为了更好地培育"有理想、有本领、有担当的时代新人"，这也是思政实践育人改革创新的重要环节。

3. 突破线性思维，构建多元立体实践教学范式

河北农业大学马克思主义学院思政课实践教学指导中心创设集"翻转实践+虚拟实践+数智实践+校园实践+社会实践+红旅实践"一体化的实践教学体，结合不同年级的阶段性特点，开展以"适应、引导、感悟、体验"为主题的课堂实践、"宣传、活动、提高、成长"为主题的校园实践、"创新、服务、奉献、助力"为主题的社会实践的一体化建设，促进思政课实践教学圈层不断向外拓展，建设"思专创"融合实践教学平台，教学资源融合互补。2020年思政课实践教学指导中心的《思想政治理论实践课》获首批国家级社会实践一流本科课程；2023年思政课实践教学指导中心获得河北省高校优秀教学基层组织。

4. 运用协同思维，打造"矩阵式"思政课实践教学新模式

思政课实践教学指导中心坚持开门建课、强化问题意识、突出实践导向，探索形成了"矩阵式"实践教学新模式：落实"课+教+学"三优化课程建设、实施"课+校+社"的模块实践教学、建立"思+专+创"融合实践教学平台，构建"大思政课"实践育人体系。2019—2022年思政课实践教学指导中心教师指导学生"思创专"融合实践创新项目获得国家级和省级奖励74项，提升了大学生在思政实践中的责任感、获得感和成就感。

5. 创新实践载体，搭建思政课虚拟实验教学平台

河北农业大学思政课实践教学指导中心建设了思政课虚拟仿真实验教学平台，建成了5门思政虚拟仿真课程，目前已运行了6轮，共有万名学生在实验教学平台学习。

6. 多维立体，建好用好实践教学基地

思政课实践教学指导中心基于农林院校特色，立足培养"知农爱农强农兴农"

创新型人才，整合校内外社会实践基地资源，建设了三大类实践教学基地："感悟乡村振兴"认知实践基地、"传承红色基因"体验实践基地、"放飞青春梦想"服务实践基地，把"青年红色筑梦之旅"融入思政社会实践，建设成为融党史教育、国情思政、双创实践、乡村振兴、红色筑梦为一体的"思政实践金课"，突出"农特色"的思政实践育人风范。

农科院校思政实践育人除了要培育"有理想、有本领、有担当的时代新人"，还要培养学农、知农、爱农的兴农人才，因此，农科院校的思政课实践育人要突出"农"味，塑造学生的"三农"情怀。特别是河北农业大学的思政课，必须弘扬享誉全国的"一条道路两个精神"。建设挂牌实践基地、帮扶实践基地、对接实践基地20余个，"思想政治理论实践课"把服务农村建设和发展的实践作为重点项目培育，今年社会实践的主题是"奋进新时代助力乡村振兴"，培养大学生服务社会、服务乡村振兴的意识和能力。

（三）总结

百年积淀，河北农业大学形成了鲜明的办学特色，开创了享誉全国的"太行山道路"，用"艰苦奋斗、甘于奉献、求真务实、爱国为民"的"太行山精神"，培育着一代代农大人在学农、爱农、务农的路上，成为河北农业大学思政实践育人最宝贵的精神财富。将"太行山精神"作为实践课程的特色内容融入实践教学中，用成长的经历、身边的动人故事，针对所教授的不同专业学生，结合专业特点进行实践教学设计、准备实践教学材料、选择实践教学案例："农大科教扶贫新路径""农大三区科技服务""农大张北及涞源精准扶贫""新河高产高效示范基地""梨工程中心威县试验站""蠡县麻山药致富路""立体治山模式致富""太行林果脱贫致富""太行山农业创新驿站""无土栽培农业设施创新驿站""博士农场"等几十个案例，使"太行山精神"入脑入心，推进学生承载河北农大人的精神气质，站在新起点传承和弘扬"太行山精神"。"太行山精神"的弘扬与传承，培育了胸怀国家人民、甘于奉献，成为立大志、明大德、成大才、担大任的时代新人。实施乡村振兴战略是推进农业农村现代化的重中之重，农业院校学生在服务乡村振兴中更应坚持"爱国为民"精神，在解决农村发展问题中求真学问，把厚植爱农情怀建立在精细化、高品质的服务中，激发创新活力，提升学术水平，为助力乡村振兴发挥积极作用。

　　李保国老师作为河北农业大学知识分子的先进典型，他30多年扎根太行山区，把太行山生态治理和群众脱贫奔小康作为毕生追求，致力于林业技术开发与推广，完成山区开发研究成果28项，示范推广面积达1826万亩，让140万亩荒山披绿，使山区增收35.3亿元，带动10万多农民脱贫致富，探索出了山区脱贫新模式。他带领学生和科研团队，培育出了"富岗"苹果、"绿岭"核桃等多个全国知名品牌，走出了一条"生产为科研出题、科研为生产解难"的路子。习近平总书记对李保国同志先进事迹的高度评价，也是对河北农业大学坚持"太行山道路""太行山精神"的充分肯定。培养学生在服务乡村振兴实践中，始终向李保国老师学习，把农民的冷暖挂在心头，时时刻刻、设身处地为农民切身利益着想，把农民对美好生活的向往，作为创新的出发点和落脚点，以创新成果回应农民在生产生活中遇到的问题，从产业发展角度，真正把生产与生态融合在一起，创造农耕品牌。

　　百年农大师德传承的就是"太行山精神"和"李保国精神"，河北农大有百余年连绵不断的办学历史，文化积淀历久弥新，一代代农大人坚守立德树人初心，勇担强农兴农使命，凝结出"太行山精神""李保国精神"宝贵财富。河北农业大学思政教师有责任、有义务培育新一代农大青年从现在做起、从自身做起，通过不断学习"太行山精神""李保国精神"，在思想上、政治上、文化上充实自己，有理想、有本领、有担当，农大青年作为强农兴农科技创新攻坚战中的生力军，努力提高自己的素质，以无私奉献的精神、渊博的知识为农村建设发展服务。

四

"红绿交融"助推"新农科"创新型人才培养

山东农业大学马克思主义学院　李国锋

全面推进"大思政课"建设，是学习贯彻落实习近平新时代中国特色社会主义思想，聚焦立德树人根本任务，推动用党的创新理论铸魂育人的必然要求。山东农业大学"大思政课"建设秉持"学以致用""学用结合"，立足于涉农高校专业特色，重在厚植"新农科"专业人才的"大国三农"情怀，打造了以"红绿交融"为特色支撑创新型人才培养的"大思政课"建设新样态。

（一）"红绿交融"思政实践教学设计

1. 要解决的主要问题

强化问题意识、突出实践导向、开门办思政课，是新时代思政课教学改革创新的重要举措。然而，当前高校"大思政课"建设存在重视程度不够、方式方法不多、理论联系实践不强等问题，重活动轻引领、"硬融入""表面化"等现象依然存在。主要表现在：

（1）教学目标定位偏差。教学过程是在教学目标指引下完成的，明确、清晰的目标对于"大思政课"教学来说至关重要。当前"大思政课"教学存在教学目标不合理的情况，主要表现为与本学校实际不符、与政策要求有偏差、与学生诉求不匹配等问题。教学目标定位的偏离直接导致教学实施难度大、效果差，不被学生认可和接受，使"大思政课"教学最终流于形式。

（2）教学主体积极性不高。"大思政课"教学是在学校、地方等多方参与和支持的基础上开展的，教学主体不仅包括学校各级党委、学校各职能部门、思政课教师、学生等，也包括地方党委、政府部门、教学基地、合作企业、基层员工等。

教学主体观念上的不重视、精力分配的不合理导致其对教学活动的参与积极性不高，仅把其作为一项不得不完成的任务，教学效果无法保证，最终使得"大思政课"教学难以为继。

（3）教学形式不丰富。教学形式的多样性和创新性是提高学生参与积极性的关键。而长久以来，思政课教学形式较为单一，专题讲座和主题教育活动是长期以来实践教学的主要形式，而这两种教学形式难以调动学生参与积极性。由于缺乏新颖的符合时代发展的多样化的教学形式，学生普遍不愿参与，最终沦为加分工具。

2. "红绿交融"思政实践教学的目标定位

涉农高校专业特色鲜明，从根本上看，能否正确把握和深刻认识人与自然的关系，关乎"新农科"创新型人才培养目标的达成，关乎立德树人根本目标的实现。"红绿交融"思政课实践教学，就是坚持目标导向，把马克思主义"红"的底色和涉农高校专业"绿"的特色深度融合，"以红点绿"勾勒实践底色、"以绿促红"凸显实践特色、"红绿交融"厚植学生爱农情怀、练就兴农本领，助力"新农科"专业建设和乡村振兴。

以"红绿交融"为特色的思政课实践教学的目标定位如下：

（1）实践教学与思政课程内容密切相关。思政课实践教学过程需要解析马克思主义基本原理、基本观点和社会实践主题的内在逻辑关系，但此处的实践教学内容并非马克思主义理论的基本内容，而是后者的深化和扩展，用以开阔受教育者的认知视野和知识面，提升他们知农爱农的情怀和强农兴农的使命担当。

（2）实践教学场域可以在课堂内也可以在课堂外，是"服从"专业人才培养目标的教学活动。囿于在校生人数激增、教学经费紧张、安全等内部因素和市场经济等诸多外部因素，思政课乃至专业课的实践教学场域也在发生重大变化。从实际出发，新时代涉农高校思政课"红绿交融"实践教学场所可以是学校内部的课堂、实验室、实验站、创新创业园区等，也可以拓展到各级各类高新技术示范园区、主题活动中心、实践研修基地、爱国主义教育基地等，其中的根本主线是要服从和满足于"新农科"专业人才培养的目标。

（3）实践教学中"教育者在场"并且发挥主导作用。教育者主导作用的彰显，是实践教学活动得以有效开展的基本条件。在实践教学中，学生不仅是参与主体，也是组织管理的主体。要积极彰显学生的主体性地位，要做到：其一，重视实践教学中学生的自主性、能动性和创造性，体现出以学生为主体的实践教育观念；

其二，在实践教学中，教学计划的制订要考虑到学生的学科专业方面的差异，教学的组织实施要尊重学生的差异，学生成绩的评定要体现出学生的主体性；其三，要准确定位师生关系，树立与学生平等、合作的理念，积极创造机会和条件，让学生在实践教学中找到自己的"自由发展区"。

3. "红绿交融"思政课实践教学的基本原则

基于"新农科"创新型人才培养目标和实践教学要求，遵循青年成才规律和思政课教育教学规律，"红绿交融"思政课实践教学秉持实事求是原则、特色优势原则和系统性整体性原则等基本原则，将其贯彻于实践教学过程的各方面和始终。

（1）时代性原则。"思政课是第一课"，是立德树人的主渠道和主阵地。新时代思政课实践教学必须紧紧围绕"培养什么人、怎样培养人、为谁培养人"这个根本问题，立足于农学类专业人才培养的时代要求，打造层次分明、分工明确的实践教学课程体系、实践体系和评价体系，实现思政课实践教学与农学类专业实践教学双赢共进，努力培养能够担当民族复兴大任的时代"新农人"。

（2）学科特色原则。优势特色是学科生存和发展的原动力，是学科人才顺利就业服务的"王道"，思政课实践教学必须紧紧围绕强化学科特色展开。"红绿交融"思政课实践教学以"以红点绿""以绿促红"为核心，以新时代农业科学技术应用能力培养为主线，以应变能力培养为关键，以科教融合为途径，致力于培养具有懂农业、爱农村、爱农民的"三农"情怀和有创新、创造和敬业精神的应用型、复合型高素质专门人才。

（3）整体性原则。理论教学与实践教学是密不可分的系统整体，只有充分发挥各个环节、各个要素的功能，才能形成教学合力，切实增强教学的实效性。"红绿交融"思政课实践教学的整体性主要体现在思政课教师与专业教师、理论教学和实践教学、思政课与专业课等方面的系统协调统一，体现在课堂、校园、基地三级实践平台和同学评价、教师评价、社会评价三维评价体系的协调统一，以一体化、整体性实践教学培养学生的知农爱农情怀和强农兴农本领。

（二）"红绿交融"思政实践教学的"山农"探索

1. "以红点绿"勾勒实践底色

（1）"耀动青春·我爱思政"微视频展演。依托"思想道德与法治"课教学开展。聚焦立德树人根本任务，号召青年学生围绕新时代伟大实践、全环境立德树人等，善用社会大课堂，充分挖掘地方红色文化、校史资源，将生动鲜活的实践成就、英雄模范的先进事迹等制作成一批弘扬主旋律、传播正能量的优秀短视频作品，唱响请党放心、强国有我的青春誓言。要求突出思政引领主题，提高有效性，把道理讲深、讲透、讲活。注重创新方式方法、形式载体，提倡新颖的视听表现形式，重在效果，力求入脑入心。鼓励支持原创，主题明确贴切、理论准确有据、内容鲜活具体、材料真实典型，达到沟通心灵、启智润心、激扬斗志的教育作用。活动以学生小组为单位参赛，设置初赛、复赛、决赛三个环节，择优奖励并推荐参加全省高校大学生"我心中的思政课"微电影大赛，激发了青年学子的主体性和能动性。

（2）中国共产党人使命担当"同城大课堂"。依托《中国近现代史纲要》课教学开展。聚焦"使命担当"主题，将中国百年乡村变迁史融入实践教学，打造"中国共产党与百年乡村变迁'初心课堂'"。通过现场教学和组建大学生志愿讲解员团队，引导大学生了解中国乡村百年变迁史，掌握新中国成立以来我国"三农"工作基本脉络，感悟中国共产党领导下中国农业农村发展取得的伟大成就，沉浸式体验包括学校先优典型在内的中国共产党人在中国乡村发展中的使命担当，让参与学生在情景再现中实现理论与现实结合，深化对所学专业的认识，厚植爱农情怀，树立理想信念，深刻理解"新农人"在乡村振兴舞台上的担当与使命，立志为推进农业农村现代化、全面建设社会主义现代化国家贡献青春力量。活动通过创设历史情境，利用设问、互动讨论、形成结论的方式激发学生的学习兴趣，营造浓厚的实践课堂气氛，运用图片、视频、问答、故事、理论解读、案例剖析等多种手段，引导学生主动思考、积极发言，引导学生熟练运用马克思主义立场、观点、方法分析社会发展问题，提升思维能力、表达能力。

（3）"我可爱的家乡"乡村大调研。依托山东农业大学"万名学子联万村，我为家乡作贡献"大调研，指导学生组建调研小组，摸清家乡发展"家底"，服务家乡高质量发展。学生以小组为单位赴生源地各行政村、各社区、各街道进行生产指导、技术推广、志愿服务、政策宣讲等，以实际行动深入开展学习贯彻习近平新时代中国特色社会主义思想主题教育，完成对自己家乡的调研。以调研小组为单位完成村级问卷、农场问卷、合作社问卷、企业问卷、农户问卷等填写工作，运用所学专业开展技术服务指导、开展农业政策宣讲等，帮助农民解决作物、蔬菜、果树、畜禽等方面实际问题，探索开展直播带货，推广花生、小麦、肥料等新品种、新技术，在充满希望的田野上播撒科技强农兴农的种子，交出了服务乡村振兴齐鲁样板的"山农"答卷。师生通过下基层、讲政策、采数据、送技术、办实事等，进一步加深了对服务乡村振兴的思考感悟，与农民、涉农企业、乡镇等建立了联系渠道，真正把学校办在了齐鲁大地上，书写了新时代农大师生服务家乡建设的生动故事，在全省乡村引起了强烈反响。

（4）"强农有我"青春志愿行。志愿服务工作是学生接触社会、服务社会的良好途径。结合学生日常生活、学习和假期社会实践活动，组建青年志愿服务队深入基层宣讲农业农村政策，服务乡村基层经济组织，辅导留守儿童学习等，绽放"青春强农"力量。通过志愿服务，学生不仅感受到了中华优秀传统文化的魅力、增强了对民族文化的自豪感和保护意识等，还锻炼了多方面能力，体会到基层工作的不易，体会到志愿服务工作者的可敬之处，进一步增强了社会责任感。本活动是效果良好的思政实践课，一方面能够为社区、社会作贡献，另一方面能够提高学生的社会责任感、团队合作能力以及自身素质。在服务社会的过程中，实现知识目标与价值目标的统一，既增强了思政教学的实效性，又提高了学校美誉度。

（5）"鲜活三夏"劳动实践。"三夏"劳动实践既是农业科研生产试验，也是"劳动育人"的重要载体，更是"新农科"学生厚植"三农"情怀、练就兴农本领的重要实践途径。选定山东省黄河三角洲农业高新技术产业示范区、岳洋农作物专业合作社、泮河校区科技创新园、马庄基地等作为实践场地，学生以小组为单位对小麦进行了样品收割、选种留种、晾晒脱粒、烤种等处理，对玉米进行分地播种、覆土平地及标记工作。让学生深入田间地头品尝夏收之"鲜"，激活"三农"情怀，培养了劳动观念和吃苦耐劳的精神，是思政教育、专业教育和劳动教育的深度融合，是传承"山农"优良传统、赓续"山农"精神的重要创新。

2．"以绿促红"凸显实践特色

（1）落实劳动实践育人。劳动教育是中国特色社会主义教育制度的重要内容，直接决定社会主义建设者和接班人的劳动精神面貌、劳动价值取向和劳动技能水平。2018年9月，习近平总书记在全国教育大会上明确提出"要在学生中弘扬劳动精神，教育引导学生崇尚劳动、尊重劳动，懂得劳动最光荣、劳动最崇高、劳动最伟大、劳动最美丽的道理，长大后能够辛勤劳动、诚实劳动、创造性劳动"。把劳动教育纳入人才培养全过程，积极探索具有中国特色的劳动教育模式，是全面贯彻党的教育方针，落实全国教育大会精神，坚持立德树人的重要举措。

山东农业大学思政课实践教学紧密结合"新农科"人才培养目标和劳动教育实际，以一流专业建设为引领，思政课教师和专业教师共同带领，结合农忙时节和专业特点赴实践教学基地开展劳动教学。主要内容包括小麦、玉米、棉花和花生等主要农作物的土地翻耕、播种、施肥、浇水等田间管理以及农作物的收割、晾晒、储存和室内烤种等具体形式的劳动。在劳动过程中，一方面，教会学生掌握现代农业机械、技术、信息的使用方法，运用现代有机农业科学技术进行田间劳动和管理；另一方面，引导学生深刻体验思想、制度、道德等精神要素在劳动中的价值，从而引领大学生热爱劳动、崇尚劳动。

例如，我校国家一流本科专业建设点农学专业开展了"三田两地一课堂"劳动实践，主要目的是使学生通过劳动初步接触本专业的业务实际，了解主要农作物的生长状况、生产情况、科研现状，熟悉主要农作物的播种、管理、收获、测产和烤种的基本方法和技能，熟悉现代农业机械的类型和使用方法，增强学生对专业的感性认识，培养学生的劳动观念和吃苦耐劳、艰苦奋斗、勤俭节约、奋发学习以及集体主义的精神。通过田间劳动，完成规定的农业劳动任务，根据出勤考核和遵守组织纪律情况，取得优秀、良好、及格、不及格四级相应学分，记入学生档案。劳动课成绩评定由班主任、辅导员、指导教师负责，吸收班级劳动委员参加。劳动成绩综合评定合格以上者可获得1个学分。

通过感同身受的农业劳动实践，青年大学生不仅增强了诚实劳动意识、积累了职业经验、提升了就业创业能力，而且有助于树立正确择业观和到艰苦地区和行业工作的奋斗精神，懂得了空谈误国、实干兴邦的深刻道理。更重要的是，在亲自动手实践的过程中，青年学生深切体会到人与自然的"感性对象性"关系、自然是"人的无机的身体""劳动创造了人本身"等马克思主义的生态智慧，大大深化了大学生对马克思主义劳动观和人与自然关系的理解和对"两山理论"、人与自然和谐共生的现代化等的把握，从而达到劳动教育"以劳树德、以劳增智、以劳强体、以劳育美"的教学目的，为新时代农业大学生"懂农业、爱农村、爱农民"的"三农"情怀奠定了坚实基础。

（2）夯实专业实践育人。在农业高校的课程体系中，工程学、生物学、农林学等专业课程不但与生态环境关系密切，而且还肩负着为国家培养创新型人才的使命，是"农业强国"战略的重要支撑。因此必须将思政教育与专业教育相结合，培养具有生态素养的"新农科"创新型人才。然而，目前我国高校大学生实践教学模式，不论是专业实习实训，还是课程实践教学，基本上局限于本专业或课程内容范围，各自为战、互不干涉。这样的实践教学本质上是工业文明主导下的教学模式，与人与自然和谐共生的现代化建设明显不符，甚至严重削弱了教育强国要求的实践教学效果。由此出发，我们聚焦"新农科"专业实践，打好"请进来""走出去"的组合拳。

一是"请进来"综合提升思政课教师指导能力。根据教育背景和科研兴趣，将思政课教师相对固定于相关学科大类开展思政实践教学，对大学生进行有针对性的思政理论和实践教学指导，强化思政课教师与专业课教师的沟通交流机制，以期促进思政课教学与专业课教学在内容与形式上的统一。主要做法包括：①立足学生专业特色，邀请具有环境、生态背景的专业教师同堂讲授生态文明的课程和案例，在思政课实践教学中加入专业课实践教学元素，实现思政课与专业课实践教学同向同行，打造高校思想政治理论课"红绿交融"全方位育人新模式。②重视思政课教师培训，邀请生态教育方面的专家学者和专业课教师开展讲座等活动，鼓励思政课教师学习生态学基础理论和了解授课学院专业知识，以此推进生态文明教育在思政教育和专业教育中的创新融入。③探索与校外企业建立长期稳定的思政课"红绿交融"实践教学基地和生态教育基地，与农学、植物保护学等其他专业校外实训实践相结合，充分利用其他专业的实践教学资源开展立体式教学。

二是"走出去"夯实专业实习实训。"新农科"学生专业实习实训的时间较长，且多安排在校外，学生的思想状况是否平稳对于防止实习过程出现各种安全等突发事件有着极其重要的影响作用。实习的顺利进行本身就有如何加强实习管理、提高实习效果的迫切需要。以马克思主义关于人与自然关系的思想教育为切入口，不但有效推进实习的纪律性和学习效果，而且可以让学生与社会的直接接触，变空洞说教为生动实例，可以收到事半功倍的效果。主要做法包括：①周密安排教学计划。以专业实习为平台，对学生进行生态文明实践教育需要从学生培养计划的制订和教学计划的安排就开始全面考虑。根据不同专业实习的特点和思想政治教育的需要，安排在相应的时间段。只有在总体培养计划的框架中合理安排专业实习与思想教育的良好结合，才能保证在实施过程中思想政治教育不被忽略。具体实施上要求负责思想教育的学院领导参与教学计划的制订，熟悉专业实习的安排步骤，为合理开展思想教育打好基础。②专业教师与思政课教师联合辅导实习。打破传统教育中专业教师单纯带专业实习、思政课教师单纯带思政教育的彼此截然分开的做法，将思政课教师纳入专业实习指导，在具体分工中，专业教师和辅导员各有侧重。专业教师注重专业学习的指导，思政课教师则在实习的每一个环节采取各种灵活的形式进行生动的思想教育工作。③明确专业教师的思想政治教育职能。专业教师多学有所长，其成长历程对学生有很大的启发意义。选拔优秀青年专业教师担任班主任，明确参与思想教育工作，鼓励其从专业学习的角度，以个人的成长经历为基础，全面切入思想教育工作。提倡人人是思想教育的辅导员，人人为教学一线服务的口号，打破辅导员和专业教师的界限，开创思想教育的新局面。

（3）用好分类实践育人。分类实践教学是按照国家学科分类对大学生分门别类进行有针对性的实践教学活动，主要包括假期社会实践教学以及在校内外实践教学，目的在于实现高校思政课实践教学与专业课实践教学在内容与形式上的统一，以期培养德智体美劳全面发展的社会主义建设者。把马克思主义关于人与自然关系的思想融入分类社会实践教学，彰显马克思主义理论在各类学科发展中的优势，不仅让大学生认识到各门学科的价值，更重要的是要使大学生认识到马克思主义关于人与自然关系的思想对于各类学科发展的重要性。

根据高校学科分类，我们在全校范围内选择了水利工程、食品科学与工程、林学、资源与环境工程、会计、植物保护、园艺、农学、动物科学等相关专业作为实践教学试点专业，深入学生课堂有针对性地部署实践教学、社会调查等方面的任务，全过程、精准化指导学生开展了丰富多彩的大学生社会实践教学活动，撰写社会调查报告607篇，总计182.1万字。通过分类实践学习，学生的学习体会更加深刻，影响也更加深远，不仅认识到"人与自然是什么关系"，还能认识到人与自然为什么是这样的关系以及怎样才能建构这样的关系等系列问题，真正实现学科建设与思政课教学的统一、人文学科与自然科学的统一、专业人才与复合型人才的统一。

（三）"红绿交融"思政实践教学的"山农经验"

1. 锚定"新农科"创新型人才培养

"新农科"专业人才必须以国家农业现代化需求为导向，以服务乡村振兴战略为目标。山东农业大学制定了"宽口径、厚基础、强能力、高素质、广适应"的人才培养总要求，目标在于培养"一懂两爱"，具有科学的世界观和方法论，熟悉农业科学与技术领域国内外发展现状，具有较强的自主学习能力、创新创业能力的应用型、复合型高级专门人才。

从"新农科"专业人才培养目标出发，山东农业大学"红绿交融"思政实践教学定位如下：在知识目标方面，要求学生牢牢把握马克思主义基本原理、基本观点、基本方法等，深刻认识以党的创新理论为指引的马克思主义社会科学方法论；在能力目标方面，着力提高学生的逻辑思辨能力和实践创新能力，能够将课堂知识与乡村实践紧密结合起来，打通科产教融合服务乡村振兴"最后一公里"，服务农业强国建设；在价值目标方面，探索激发学生"自找苦吃"的精气神，扎根基层了解农村、农民和农业，厚植家国情怀和农业强国兴国担当，努力成为能够担当民族复兴大任的时代新农人。

2. 探索创新"红绿交融"思政育人

（1）创新课程内容与资源。一是锚定"新农科"专业人才培养，打造了以"红绿交融"为特色的"五三三"实践教学模式：凝练了"微视频展演""同城大课堂""三夏劳动""乡村大调研""青春志愿行"五大实践主题，构建了课堂、校园、基地三级实践平台，同学评价、教师评价、社会评价三维评价体系，着重培养学生知农爱农情怀和强农兴农能力。二是以一流专业建设为引领，依托思政VR实践教学中心，强化与部门、学院密切协同，思政社会实践与"三田两地一课堂"专业实践、"互联网+创新创业"大赛、大学习领航计划等同向同行，带领学生走进农村、走近农民、走向农业。三是紧密结合"万名学子联万村　我为家乡作贡献"大调研，与黄河三角洲农业高新技术产业示范区、岳洋农作物专业合作社以及万余个乡村振兴驿站等密切合作，利用中国共产党与百年乡村变迁"初心课堂"等，开展多维度实践教学，带领同学们"用脚步丈量真实乡土"，打通科产教融合服务乡村振兴的"最后一公里"。

（2）凸显涉农高校思政实践育人特色。一是聚焦"红绿交融"助推"新农科"。对标一流专业人才培养要求，力促马克思主义"红"的底色与"新农科"专业"绿"的特色深度融合，"以红点绿"勾勒实践底色、"以绿促红"凸显实践特色、"红绿交融"厚植学生爱农情怀、练就兴农本领，助力"新农科"专业建设和乡村振兴。二是聚焦"使命担当"培育"新农人"。以习近平总书记对青年的嘱托为理论主线，将"使命担当"贯穿于五大主题实践教学，鼓励青年学子走进田间地头"吃苦进补"，在乡村振兴的广阔历史舞台上绽放青春绚烂之花。

（3）全要素激活课程教学。一是问题驱动全程教学。聚焦社会热点焦点，以"挑战性"问题引导教学，让学生们沉浸式感受"大国三农"，重在增强学生辩证思维能力和综合实践能力。二是多维构建全域教学。五大实践主题重在锻炼实践能力，厚植"三农"情怀；三级实践平台重在强力支撑，激活创新潜能；三维评价体系重在以评促建、激活内生潜能,从而多维激发学生家国情怀和使命担当。三是多要素联动全环境教学。整合域内思政实践资源,多部门多领域协同,线上线下、现实虚拟融合,课堂内外、校园社会联通,多场域全要素拓展实践教学,引导学生在服务乡村振兴中解民生、治学问,贡献青春力量。

3.持续建设计划

当前,"红绿交融"思政实践教学依然存在思政实践教学模式和资源库建设还不够丰富,教学模式在组织实施、环节衔接方面还需进一步优化,师生把握世情党情国情学情系统性不强,创新思维和方法需进一步强化等问题与不足。下一步,要着力做好以下工作:

第一,拓展理论教学"大课堂"。将马克思主义基本原理和党的创新理论、中华优秀传统文化深度融入"新农科"思政实践课堂,精心设计教学环节,深耕"红绿交融"实践教学,总结提升实践成果。

第二,探索合力育人"大实践"。统筹构建课堂内外、线上线下、校园社会"大资源""大平台""大基地",加强教学研究和资源开发,探索建立长效合作机制,汇聚全社会优秀资源,开拓"大实践"育人新格局。

第三,提升"大师资"综合实力。"以研促教"培育课程改革与教学研究新的生长点,"以教促研"探索青年成才规律和思政实践育人规律,双向交互综合提升团队教学和研究水平。

五

实施"润心工程"构建"六位一体"大思政工作格局

山东农业工程学院马克思主义学院　周安忠[①]

2019年3月18日，习近平总书记主持召开学校思想政治理论课教师座谈会，并发表题为《思政课是落实立德树人根本任务的关键课程》的重要讲话，为推进思政课内涵式发展指明了前进方向、提供了根本遵循。5年来，在习近平总书记重要讲话精神指引下，山东农业工程学院马克思主义学院紧紧围绕立德树人根本任务，聚焦打造学生真心喜爱、终身受益、毕生难忘的思政金课这篇文章，大力实施"润心工程"，不断完善大思政工作体系，探索构建"六位一体"大思政工作格局，切实发挥思政课培根铸魂、价值引领、启智润心的重要作用。

（一）山东农业工程学院"润心工程"体系建设

1. 牢牢把握立德树人根本任务，守好思政初心

"为谁培养人、培养什么人、怎么培养人"是教育的根本问题。思政课肩负着为党育人、为国育才的重要使命。学院坚决贯彻落实习近平总书记指示要求，守初心、担使命，把讲好思政课作为检验全体思政课教师是否心怀"国之大者"的试金石，全方位锻造、全链条培育，把新时代变革的伟大实践与思政课课堂紧密联系起来，用生动鲜活的实践故事和深刻系统的理论阐释推动党的创新理论成果进课堂、进教材、进学生头脑。

---

① 周安忠 男，1981年1月生，陕西安康人，山东农业工程学院马克思主义学院党总支书记、院长、副教授，山东大学马克思主义学院博士研究生，主要研究方向：思想政治教育，人才工作，基层党建。

（1）坚持校内课程思政与思政课程同向同行。坚持思政课讲出党恩国情，专业课讲出思政味。以课程建设为抓手，建优做强以"习近平新时代中国特色社会主义思想概论"为核心的新时代思政课必修课课程群，引导学生运用马克思主义立场观点方法分析社会现实，回应时代诉求，坚定理想信念，明确使命担当。坚持推进"基于问题导向的专题教学改革"，用好用足"周末理论大讲堂"等学习培训平台，组织思政课程和课程思政教师开展研讨会、集体备课等活动，打破学科壁垒、内容隔阂，推动各类课程相互支持、相互借鉴，把马克思主义基本原理与习近平新时代中国特色社会主义思想、中华优秀传统文化、中华民族伟大复兴实践相结合，切实讲好中国故事背后蕴含的学理道理哲理，不断增强思政课的思想性、理论性和亲和力、针对性。制订思政课教学改革方案和课程思政建设方案，将思政教育有机融入课程教学的各环节，推动思政课程和课程思政同向同行、双轮驱动，在潜移默化中对学生进行思政教育，增强学生的思想道德素质，提升学习动力，激发创新创造潜能，引导学生实现知、情、意、行的统一。

（2）坚持推进思政小课堂同社会大课堂、网络新课堂相结合。坚持开门办思政课，以系统思维构建思政课堂和社会实践、网络空间相互融合的思政教育大阵地。马克思主义学院与校党委组织部、党委宣传部、学生工作部、团委、各教学院系全面联动配合，将思政教育与师生思想政治工作紧密融合、与学生第二课堂充分结合、与社会实践活动和网络思政教育有机弥合。在开好开齐开足思政课同时，积极利用校内VR虚拟仿真教学设施、校史馆、农业农村改革发展博物馆、网络空间新阵地为思政课持续拓展教育空间，用日新月异的新思想丰富思政课；以学校乡村振兴服务项目"专家大院"为载体，拓展思政课教师实践研修空间，引导思政课教师在服务乡村振兴中深刻把握世情、国情、党情、乡情，丰富课堂教学的鲜活素材，提高思政课教学的现实性、时代性和体验感、代入感；全面联合校团委、各二级学院协同推进寒暑期思政实践项目指导和大学生公开讲思政课的指导，实现校内思政小课堂与校外社会大课堂的协同，推动理论教学向实践教学拓展，用丰富多彩的社会大课堂增强思政课针对性，让思政教育在时间上无时不有、空间上无处不在，坚定不移推进习近平新时代中国特色社会主义思想铸魂育人，实现"三全"育人、五育并举。

（3）坚持共建共享形成协同育人新格局。全面打造行走的思政课、纪念馆里的思政课，与中共山东早期革命纪念馆、郭永怀纪念馆、原山艰苦创业教育基地、孔繁森纪念馆、王杰精神纪念馆等场馆合作共建大思政课实践教学基地，充分利用社会资源，拓展育人空间，形成"请进来"和"走出去"双向互动的联学联研联讲机制，探索建立资源共享机制、智力支持机制、产教融合机制，形成育人合力，为大学生开展志愿服务、社会实践提供支持和保障。积极响应教育部号召，组织推进大中小思政一体化建设，与学校驻地中小学结成协作组，定期开展教学研究、课程展示、思政实践活动，为统筹推进大中小思政课工作机制、教育教学、教师培训等方面一体化建设建言献策，将"小课堂"与"大思政"进行有机整合，实现大中小学思政课教学融通、资源互通，努力打造一批高质量的思政示范课程，深耕一批高水平的教学研究成果，形成协同育人新格局。

2. 坚持以文化人丰厚思政教育内容，筑牢育人恒心

坚持把红色文化、中华优秀传统文化作为加强学生思想政治教育的重要载体，全面培养学生爱党、爱国、爱"三农"的家国情怀，倾力打造与学生思想成长密切联系的文化氛围，不断丰厚思政教育内容，以文化人筑牢学生思想建设的恒心。

（1）坚持党建与教学科研融合发展，发挥党建引领文化育人功能作用。结合实际，以打造"五个党建"文化品牌为目标，强化党建引领文化育人体系建设。"五个党建"文化品牌：即"理论领航"书香党建、"思政课程"教学党建、"学理阐释"科研党建、"服务三农"文化党建、"五进宣讲"公益党建，锚定以品牌聚人心、以品牌创业绩、以品牌促发展"三大目标导向"，开展政治赋能、党建赋能、文化赋能"三大赋能行动"，不断推进党建文化品牌创建工程提质升级，把教工党支部建成党性强、业务精、工作实、作风良、有特色有朝气的党支部，把教师党员打造成为学生思想教育的先锋示范者、引领者。学院党总支被评为省级先进党组织，教师党支部均被评为五星级党支部、学院党员教师多次荣获省级教学比赛一等奖、特等奖，在思政视频大赛、"挑战杯"红色赛道比赛、寻找青年政治家等文化科技育人活动中，党员教师、学生多次斩获省级一等奖等，充分彰显党建引领文化育人的价值功能。

（2）坚持传承红色基因，讲好红色中国故事。坚持以理论武装引领发展，教育引导广大师生做习近平新时代中国特色社会主义思想的忠实践行者，做红色党史的宣讲者、红色基因的传承者。在校内开设了"中国精神"专题讲座，面向全体学生宣讲伟大建党精神、延安精神、西柏坡精神、教育家精神、科学家精神等；举办师生面对面讲坛，宣讲党和国家当下正在发生的变革实践和理论创新成果；全面组织开展大学生讲思政课活动，将红色基因融入每一名学子的学习之中；举办学习近

平著作、读马列经典读书会活动，新时代大讲堂活动等，不断将红色基因传承活动引向深入。与此同时，学院教师自发组成理论宣讲团，深入社区、企业、农村、地方政府机关等宣讲党的二十大精神，让党的创新理论进入寻常百姓家，让红色中国故事走进基层、深入社区、扎根乡村。

（3）坚持讲好农耕文化里的中国，服务乡村全面振兴战略。锚定涉农高校办学定位，结合建设中华民族现代文明这一新的文化使命，深入挖掘中华农耕文明、传统农耕文化优秀基因，向学生讲好中华优秀农耕传统文化故事。一方面以比赛项目、课内实践、暑期社会实践等为抓手，精心设计美丽乡村建设调研、乡村振兴齐鲁样板建设情况调研、乡土中国文化调研等专题，组织动员师生全面发掘、践行、宣讲乡村变革的伟大成就，增强师生文化自信；另一方面以课程建设、教材建设等为依托，形成特色育人项目，结合服务黄河流域高质量发展重大战略，组织开设了中华农耕文明中的音乐之声、黄河文化概要、中华优秀传统文化等选修课程，组织编写《涉农高校思想政治教育实践探索》《中华优秀农史人物事件》等标志性思政教辅读物辅导，为讲好五千年农耕文明里的中国、讲好新时代中国贡献积极力量。

3."六位一体"联动铸就树人信心

"为谁培养人、培养什么人、怎么培养人"这个根本问题的落脚点在树人，在于培养和造就一大批具有坚定马克思主义信仰、坚定中国特色社会主义道路自信、坚定中华民族伟大复兴必胜信心的时代新人。经过多年探索，通过守初心、筑恒心，学院构建起"六位一体"联动树信心的系列有效做法经验，并取得显著成效。

一是以"读"领学。设立"学习近平著作、读马列经典"读书会，开展"平语近人""思政述评""我来讲党史""经典诵读"等学习实践活动，以师带生，覆盖思政课课堂，将马列经典理论和党的创新理论融入日常、融入课堂，实践以学增智的要求。

二是以"研"助学。与全国思政研修基地、红色教育基地、纪念场馆以及优秀传统文化教育基地等建立密切结对合作关系，挂牌设立"大思政课"实践教育基地，通过寒暑假组织全体思政课教师进行实践研修，通过思想政治理论实践课程组织全体学生深入场馆基地进行红色研学，打造"行走的思政课""纪念馆里的思政课"，践行传承红色基因要求。建立"大中小学思政课一体化"合作建设平台，全面对接中小学院校，着力提升了思政教育铸魂育人实效。

三是以"讲"固学。设立"新时代大讲堂""中国精神"讲坛、推出"师生面对面"栏目等，遴选骨干教师组建校院两级理论宣讲团，以校内师生、学校驻地社区、"专家大院"设置村、第一书记帮扶村镇、国有企业为对象，全面展开理论宣讲，升华理论领悟力，践行让"党的创新理论飞入寻常百姓家"的宣讲要求。

四是以"赛"促学。连续多年举办大学生科技文化艺术节，打造以"春之韵、夏之风、秋之声、冬之火"为主题的学生德育、智育、体育、美育、劳育精彩赛事；组织师生参加思政教学比赛、大学生讲思政课比赛、学习强国知识竞赛、中华经典文化传诵比赛等，找准理论难点、社会热点与学生需求点链接的契合点，贴近青年人的"话题域"，通过比赛推动学研用深化，搭建起实践育人新途径。

五是以"演"传学。组织师生创作思政舞台剧《江山》《追忆百年农史，筑梦时代未来》以及思政短视频等，面向校内外进行展演、展示，通过"共情"达到"传情"，通过"演说"达到"润心"，将深刻理论生动展现到社会大舞台，做到通过"小切口"实现"大效应"，将思政育人效果通过思政教育主体的阐发进行实践检验。

六是以"行"增学。坚持第一课堂与第二课堂、理论教学与实践教学紧密结合，长期以"三下乡"志愿服务、服务乡村振兴专题调研、社区志愿活动等方式，组织师生全面深入经济社会一线，了解社情民意，服务经济社会发展，接受社会大课堂的洗礼和熏陶，让师生在社会的大熔炉中得到磨炼和锻炼，实现思政小课堂与社会大课堂有机衔接，推动思政育人格局新发展。

（二）山东农业工程学院"六位一体"思政实践探索的具体做法与成效

1. 建设平台机制

一是2023年设立"学习近平著作、读马列经典"读书会，开展"平语近人"学习汇报活动，以师带生，覆盖思政课课堂，将马列经典理论和党的创新理论融入日常、融入课堂，以"读"启智，践行习近平总书记提出的年轻干部要成为栋梁之材，要胜任领导工作，需要掌握的本领是很多的，最根本的本领是理论素养的要求。

二是2020年开始与全国思政研究基地、红色教育基地、纪念场馆以及优秀传统文化基地等建立密切结对合作关系，挂牌设立"大思政课"实践教育基地，通过寒暑假组织全体思政课教师进行实践研修，通过思想政治理论实践课程组织全体学生深入场馆基地进行红色研学，打造行走的思政课、纪念馆里的思政课，以"研"助学、促思，践行传承红色基因要求。建立"大中小学思政课一体化"合作建设平台，全面对接中小学院校，着力提升思政教育铸魂育人实效。

三是2019年设立"新时代大讲堂""中国精神"讲坛、推出"师生面对面"栏目等，遴选骨干老师组建校院两级理论宣讲团，以校内师生、学校驻地社区、第一书记帮扶村镇、国有企业为对象，全面展开理论宣讲，以"讲"固学，升华理论领悟力，践行让"党的创新理论飞入寻常百姓家"的宣讲要求。

四是连续举办18届大学生科技文化艺术节，打造以"春之韵、夏之风、秋之声、冬之火"为主题的学生德育、智育、体育、美育、劳育精彩赛事；2017年开始组织师生参加思政教学比赛、大学生讲思政课比赛、学习强国知识竞赛、中华经典文化传诵比赛等方式，以"赛"促学，通过比赛推动学研用的深化，搭建实践育人新途径。

五是2020年开始组织师生创作思政舞台剧、思政短视频等，面向校内外进行展演、展示，通过"共情"达到"传情"，通过"演说"达到"润心"，将深刻理论生动展现到社会大舞台，做到通过"小切口"实现"大效应"，以"演"传理，将思政育人效果通过思政教育主体的阐发进行实践检验。

六是长期以"三下乡"志愿服务、服务乡村振兴专题调研、社区志愿活动等方式，组织全面深入经济社会一线，了解社情民意，服务经济社会发展，以"行"增智，接受社会大课堂的洗礼和熏陶，让学生在社会的大熔炉中得到磨炼和锻炼。

2. 完善管理体制机制

一是党委牵头抓总，党委宣传部、教务处、人事处、团委、学生工作部、马克思主义学院有力配合，各教学院部协同联动，全体师生广泛参与，实现思政课和课程思政全面同向同行的工作推进机制。

二是以改革创新为抓手，以质量建设为核心，以育人效果为目标导向，以项目化推进为具体举措的工作落实机制。

三是以校内外一体化联动、课内外一体化设计为基本格局的工作思路，将执行上级政策要求、调研社会需求、了解师生诉求进行统筹考虑，实现规范化、特色化、创新性三者有效统一的实践联动机制。

3.形成的突出成效和广泛影响

一是形成一系列制度文件。制定了《新时代思想政治理论课教学改革实施意见》《大思政课实践教育基地建设办法》《思想政治理论课实践指导大纲》《加强新时代马克思主义学院建设的实施方案》《关于实施课程思政教育教学改革的指导意见》等关于推进实践育人体系建设的制度文件。

二是以相关探索做法为基础，申报的"思政课教学质量评估评价指标体系研究"项目被确定为省级教育综合改革项目。

三是组织实施的《创新新时代高校思想政治理论课教学模式项目实施方案》取得显著成效，得到省思政主管部门充分肯定，承担了首批省级思政课教改重大项目，学校思政课教师先后荣获全国思政课教学展示比赛一等奖、省青年教师教学比赛一等奖、思政课教学比赛特等奖、思政课教学设计特等奖等多项奖励，指导学生在教育部"领航计划"第六届全国高校大学生讲思政课公开课活动中荣获三等奖、优秀奖，多名思政课教师被评为山东学校优秀思政课教师，各项成绩在全省本科高校名列前茅。

组织师生开展的"慢性病健康科普与服务"社会实践活动建立专项社会实践基地14个，受益人数超过5万人，完成调查报告14份，出版《家庭营养健康指导手册》等科普书籍2本，5次获评省级"三下乡"社会实践优秀团队，1次获评全国"三下乡"社会实践优秀团队，孵化营养健康相关项目大学生省创新创业项目6项，荣获"互联网+"大赛国家级铜奖1项、省级金奖1项、省级银奖2项，荣获挑战杯大赛银奖1项、铜奖1项。开展的山东省食品安全现状调查研究报告受到时任副省长王随莲批示。

四是《光明日报》《人民日报》《中国教育报》《中国青年报》《大众日报》、学习强国平台、灯塔—党建在线、齐鲁网等媒体对学校的做法予以报道。与红色场馆的联学联建正日益走向深入。有关做法应邀在全国同类高校教学年会上作典型介绍，得到同行肯定。

民族要复兴，乡村必振兴。没有农业农村现代化，就没有整个国家现代化。加快推进农业农村现代化是中国式现代化的题中应有之义，是实现农业大国向农业强国跨越的基础和支撑。涉农高校要引导学生积极参与到农业生产、技术研发与产业推广，厚植爱农情怀，自觉肩负起农业强国建设的使命任务与责任担当，提振农业强国建设信心，充分发挥高等农林教育新农科人才培养的育人功能，促进知识转化为行动，助推农业增产增收、产业持续发展、农民脱贫致富。新征程上，要以习近平新时代中国特色社会主义思想为指导，让学子有"知之深，爱之切"的"三农"情怀，积极投身农业农村现代化建设伟大事业，为实现乡村全面振兴贡献力量，这是涉农高校"大思政课"建设职责所在、目标所在，也是贡献所在。